现代信息管理与信息系统核心教材

商务数据分析与应用

袁瑞萍　李俊韬　编著

清 华 大 学 出 版 社
北京交通大学出版社
· 北京 ·

内 容 简 介

本书主要讲述商务数据分析的基本理论、方法及其应用。全书分为三篇，第 1 篇基础篇，介绍商务数据分析的基础理论及 Python 等数据分析工具。第 2 篇方法篇，包括数据预处理方法、特征工程方法，以及近年来流行的机器学习和深度学习方法及其在商务数据分析中的应用。第 3 篇案例篇，以 3 个商务数据分析的综合项目开发实例展示商务数据分析过程和各种方法的综合应用。本书注重理论联系实际，提供丰富的案例及代码，可以让读者在实践中学习和掌握最新的商务数据分析方法。

图书在版编目（CIP）数据

商务数据分析与应用/袁瑞萍，李俊韬编著.—北京：北京交通大学出版社：清华大学出版社，2021.10

ISBN 978－7－5121－4599－3

I. ①商…　Ⅱ. ①袁…　②李…　Ⅲ. ①商业统计-统计数据-统计分析-教材　Ⅳ. ①F712.3

中国版本图书馆 CIP 数据核字（2021）第 224963 号

商务数据分析与应用

SHANGWU SHUJU FENXI YU YINGYONG

责任编辑：田秀青

出版发行：清华大学出版社　　　邮编：100084　　电话：010-62776969　　http://www.tup.com.cn
　　　　　北京交通大学出版社　　邮编：100044　　电话：010-51686414　　http://www.bjtup.com.cn
印 刷 者：北京时代华都印刷有限公司
经　　销：全国新华书店
开　　本：185 mm×260 mm　　印张：17.25　　字数：448 千字
版 印 次：2021 年 10 月第 1 版　　2021 年 10 月第 1 次印刷
印　　数：1~1500 册　　定价：49.00 元

本书如有质量问题，请向北京交通大学出版社质监组反映。对您的意见和批评，我们表示欢迎和感谢。

投诉电话：010－51686043，51686008；传真：010－62225406；E-mail：press@bjtu.edu.cn。

前　言

随着信息技术的快速发展，企业积累了大量的数据，同时也面对着越来越激烈的竞争，迫切需要从大量数据中分析出有用的信息以辅助决策，快速应对市场的变化。因此，企业对商务数据分析人才的需求日益增长，很多大专院校开设了相关专业。但商务数据分析是一个较新的领域，随着企业数据规模越来越大，传统的数据分析方法很难满足需求，深度学习等新兴的方法在商务数据分析领域展现出了明显优势，具有广阔的应用前景。目前市面上缺乏理论联系实际，紧跟商务数据分析应用前沿的教材和参考书。

本书理论联系实际，系统讲述了商务数据分析的原理及方法，并结合案例深入阐述面向商务大数据处理的深度学习等最新的数据分析方法及其应用，最后结合商务数据分析的 3 个实战案例展示了各种方法的综合应用。本书分为三篇：基础篇、方法篇和案例篇。第 1 篇基础篇（第 1~2 章），主要介绍商务数据分析的基础理论及 Python 等数据分析工具。第 2 篇方法篇（第 3~12 章），主要阐述商务数据分析中的数据清理和数据预处理方法，决策树、支持向量机、集成学习、神经网络等机器学习方法，以及近年来流行的卷积神经网络、循环神经网络、深度森林等深度学习方法在商务数据分析中的应用。第 3 篇案例篇（第 13~15 章），包括二手车交易价格预测、电商企业商品销量预测、某地区物流需求量预测 3 个商务数据分析的综合项目开发实例。

本书系统讲述了商务数据分析最新的方法和技术及其应用，提供了丰富的案例和代码（相关数据集和代码可以微信扫描本书扉页的二维码获取），可以帮助读者深入浅出地理解商务数据分析的基本理论，在实践中学习和掌握最新的商务数据分析方法。本书可以作为大数据管理和应用、电子商务、信息管理和信息系统等专业高年级学生和管理科学与工程研究生的教材，或商务数据分析从业者的学习指导书。

本书由袁瑞萍博士、李俊韬教授编著。其中第 3~12 章、第 14 章由袁瑞萍编写，第 1~2 章、第 13 章和第 15 章由李俊韬编写，全书由袁瑞萍统稿。在本书写作过程中，博士生魏辉、姜盈帆，硕士生秦振波、陈宇、刘敏、杨帆、赵焕丽、傅之家、杨雅璇、邢朝阳等参与了资料搜集整理、编写代码、校对书稿等工作，在此一并感谢。

由于编者知识与水平有限，错漏之处敬请各位读者和专家批评指正。

编者

2021. 10　北京

目　　录

第1篇　基　础　篇

第2篇　方　法　篇

第1篇 基 础 篇

本篇主要介绍商务数据分析的基本理论及 Python 等数据分析工具，是进一步学习后面各章知识的基础。本篇包括第 1~2 章的内容：

第 1 章 商务数据分析理论基础，主要介绍商务数据类型、商务数据分析的流程和类型等基础知识，以及用 Python 进行商务数据分析的原因。

第 2 章 Python 基础知识，主要介绍数据分析工具 Python 的基础知识，包括环境搭建、Python 解释器的使用和一些常用包的使用，如 NumPy、Pandas 、Matplotlib 等。

第1章　商务数据分析理论基础

随着计算机技术的发展和普及，各个行业都开始采用计算机及相应的信息技术进行数据管理，企业生成、收集、存储及处理数据的能力大大提高，数据量与日俱增。在商业、电信、互联网、科学研究等方面，大量丰富的数据使传统数据分析手段很难从中得到知识，因而陷入了"数据丰富，知识缺乏"的困境，商务数据分析应运而生。

商务数据分析是一个以机器学习、人工智能以及数据库等为基础的决策过程。它可以从一些看似没有关联的数据中提取出隐藏在其中的知识，通过对业务数据的分析处理，发掘其中暗含的有价值的信息，从而助力企业经营者适时调整市场政策、规避风险。本章主要介绍商务数据分析的基本理论，包括商务数据类型、商务数据分析流程和商务数据分析类型等。

1.1　商务数据类型

商务数据主要是指在业务运营过程中产生的各类数据，例如：

（1）表格型数据，其中各列可能是不同的类型（字符串、数值、日期等），如保存在关系型数据库中或以制表符、逗号为分隔符的文本文件中的数据。

（2）多维数组（矩阵）。

（3）通过关键列相互联系的多个表。

（4）间隔平均或不平均的时间序列等。

虽然大部分数据集都能被转化为更加适合分析和建模的结构化形式，但如果无法直接将数据集进行转化，也可以将数据集的特征提取为某种结构化形式。例如：一组新闻文章可以被处理为一张词频表，这张词频表就可以用于情感分析，大部分电子表格软件（比如Microsoft Excel）的用户对此类数据不会感到陌生。

1.2　商务数据分析流程

商务数据分析从实际问题出发，结合商业需求描述数据分析流程，具体流程包括6个步骤，如图1-1所示。

1. 业务理解

从业务的角度确定业务目标，对拥有的资源、风险性和偶然性等形式进行评价，以数据挖掘为切入点，思考商业问题，指定每个阶段的时间框架。

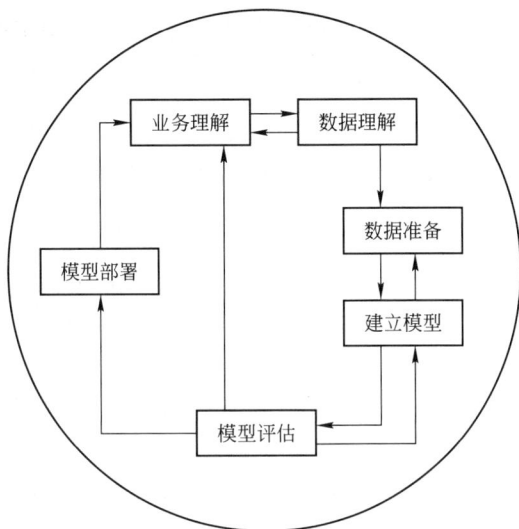

图 1-1 商务数据分析流程

2. 数据理解

首先收集原始数据并形成数据报告，随后对数据进行探索性分析并描述，最后分析数据中隐藏的信息并做出相应的假设。

3. 数据准备

数据准备又被称为数据预处理阶段，包括属性选择、数据清洗、数据重构、整合数据以及格式化数据等，各任务可以执行多次并且顺序不唯一。

4. 建立模型

选择和应用不同的建模方法使得模型调参达到最优，如果建模过程中产生数据层面的特殊要求，则需要返回至数据准备阶段。

5. 模型评估

对上一步获取的模型进行评估，不仅需要评估其准确性和性能，还包括是否符合业务目标，只有在确保所有重要的业务问题都被考虑后才可以进行下一步。

6. 模型部署

数据挖掘并非以建模为根本目标，而是为了从产品销量数据中寻找有价值的信息以便使用。该阶段可以根据业务需求的不同变换模型的部署形式，可以生成一份简单的报告，也可以将模型部署到企业的市场运营后台系统中。

1.3 商务数据分析阶段和方法

1.3.1 商务数据分析的阶段

商业领域中，数据分析能够帮助企业进行判断和决策，以便采取相应的策略与行动。商务数据分析包括现状分析、原因分析和预测分析三个阶段，如图 1-2 所示。

图1-2 商务数据分析的三个阶段

1. 现状分析

现状分析指的是收集过去发生的业务数据进行分析，以评价业务的发展现状。最典型的现状分析就是经营分析。企业每个月都会例行地统计各项经营指标，通过经营指标可以描述和衡量企业现阶段的整体运营情况，比如产品销售情况、用户发展情况、企业利润等，以评判哪些方面做得好，哪些方面做得不够好，哪些方面增长较稳定，哪些方面出现异常变化等。

在现状分析中，企业面临最大的挑战，就是需要构建一套全面的、系统的、合理的企业运营指标，通过这些指标能够及时诊断出企业的整体运营问题，比如知道企业现阶段的整体运营数据，可以通过各个经营指标的完成情况来衡量企业的运营状态，以说明企业整体运营好坏程度。

2. 原因分析

原因分析就是要确定企业运营变化的原因，找到影响业务运行的关键影响因素，进而提出运营策略建议。比如分析企业运营情况中比较好的方面和比较差的方面分别由哪些原因引起，以此对相关策略进行调整和优化。

3. 预测分析

预测分析就是预测将来可能会发生什么。当把握了业务的运行规律，找到了影响业务的关键影响因素之后便可以建立模型，用模型来拟合业务的运行模式，进而对业务未来发展趋势进行预测，为制订企业运营目标及策略提供有效的参考与决策依据。

1.3.2 商务数据分析的方法

对应商务数据分析的三个阶段，在数据分析领域内，也有类似的三大类分析方法：描述性分析、探索性分析、预测性分析，如图1-3所示。

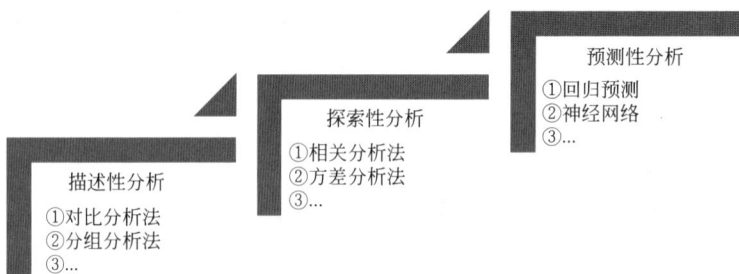

图1-3 商务数据分析的三种方法

1. 描述性分析

描述性分析是指运用制表和分类、图形以及计算概括性数据来描述数据特征的各项活动。描述性分析要对调查总体所有变量的有关数据进行统计性描述，主要包括数据的频数分析、集中趋势分析、离散程度分析，以及图形。

2. 探索性分析

探索性分析是指为了形成值得假设的检验而对数据进行分析的一种方法，当数据分析者不清楚数据中所包含的模型或者所隐含的关系时，会尝试各种方法来探索发现数据中可能存在的关系。这是对传统统计学假设检验手段的补充，该方法由美国著名统计学家约翰·图基（John Tukey）命名。探索性分析侧重在数据之中发现新的性质特征，为后面的分析提供研究价值。

3. 预测性分析

预测性分析专门用来预判业务在未来的发展趋势。在商业领域，预测模型会寻找历史数据和交易数据的规律，以识别可能的风险和商机。预测模型捕捉各个因素之间的联系，以评估风险及与之相关的潜在条件，从而指导商业决策。最常见的预测性分析方法有定量预测（如回归预测、时序预测等）和定性预测（如逻辑回归、决策树、神经网络等）。

1.4　用 Python 进行商务数据分析

自 1991 年诞生以来，Python 已经成为最受欢迎的动态编程语言之一，其他还有 Perl、Ruby 等。由于拥有大量的 Web 框架，自 2005 年起，使用 Python 和 Ruby 进行网站建设工作非常流行。这些语言常被称作脚本语言，因为它们可以用于编写简短而粗糙的小程序（脚本）。在众多解释型语言中，Python 发展形成了一个巨大而活跃的科学计算社区。Python 从一个边缘或"自担风险"的科学计算语言，成为数据科学、机器学习、学界和工业界软件开发最重要的语言之一。由于 Python 的库不断改良，使其成为数据分析任务的一个优选方案。结合其在通用编程方面的强大实力，完全可以只使用 Python 这一种语言构建以数据为中心的应用。

课后习题

1. 商务数据包括哪些类型？
2. 简述商务数据分析的基本流程。
3. 商务数据分析包括哪三种方法？分别有什么作用？

第 2 章　Python 基础知识

在 Python 编程语言问世 20 余年的时间里，Python 不仅完成了自身的"进化"，还获得了大量的用户。现在 Python 作为最具人气的编程语言之一，在商务数据分析领域得到了广泛的应用。本章将介绍 Python 的基础知识，为后面的商务数据分析实例的实现打下基础。

2.1　Python 环境搭建

2.1.1　Python 版本

在不同的操作系统中，Python 存在细微的差别，最常使用的两个版本是 Python 2.x 和 Python 3.x。虽然 Python 3.x 是最新的版本，但 Python 2.x 仍在被大量使用。在安装 Python 时，需要慎重选择 Python 的版本，因为两个版本之间没有兼容性（严格地讲，是没有"向后兼容性"），会发生用 Python 3.x 写的代码不能被 Python 2.x 执行的情况。本书中使用 Python 3.x，因此，只安装了 Python 2.x 的读者建议另外安装 Python 3.x。

2.1.2　安装 Anaconda 发行版

Python 的安装方法有很多种，本书推荐使用 Anaconda 发行版。该发行版集成了必要的库，使用户可以一次性完成安装。Anaconda 是一个侧重于数据分析的发行版，比如，有助于数据分析的库 NumPy、Matplotlib 等都包含在其中。

下面介绍 Anaconda 3.x 版本的安装步骤。

（1）访问 Anaconda 官方下载网址：https：//www.anaconda.com/products/individual，如图 2-1 所示。

图 2-1　Anaconda 官方下载网址

（2）单击"Download"按钮，然后根据自己的系统类型和系统位数下载对应的安装包，本书下载的是 Python 3.7 版本，如图 2-2 所示。

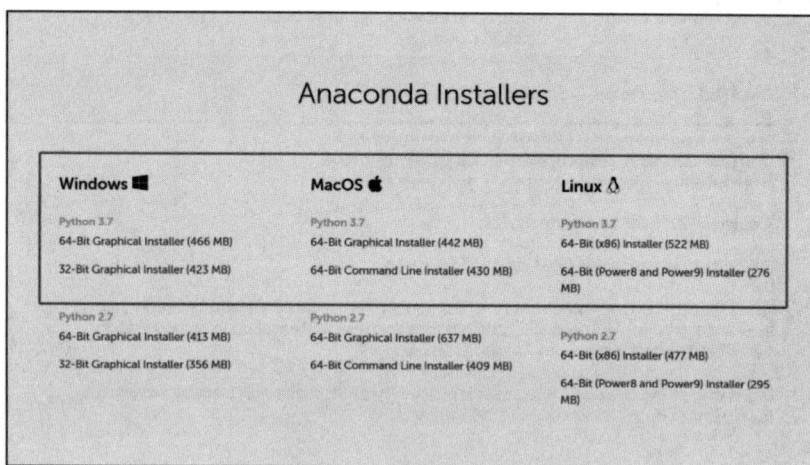

图 2-2　下载 Python 3.7 版本

（3）打开已下载好的安装包，单击"Next"按钮，如图 2-3 所示。

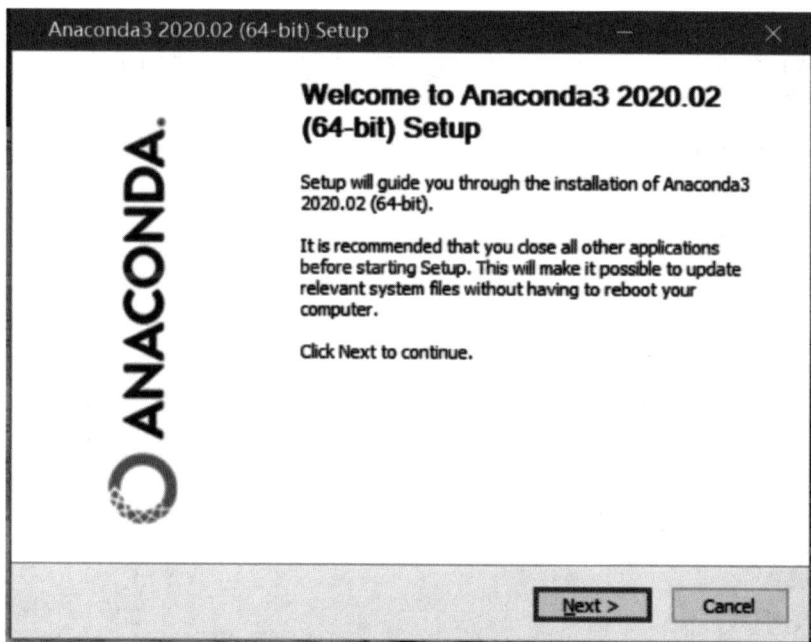

图 2-3　打开安装包进行安装

（4）单击"I Agree"按钮，同意协议进入下一步，如图 2-4 所示。

（5）选择"Just Me"或"All Users"选项都可以，然后单击"Next"按钮，如图 2-5 所示。

如果弹出如图 2-6 所示窗口，选择"是"按钮即可。

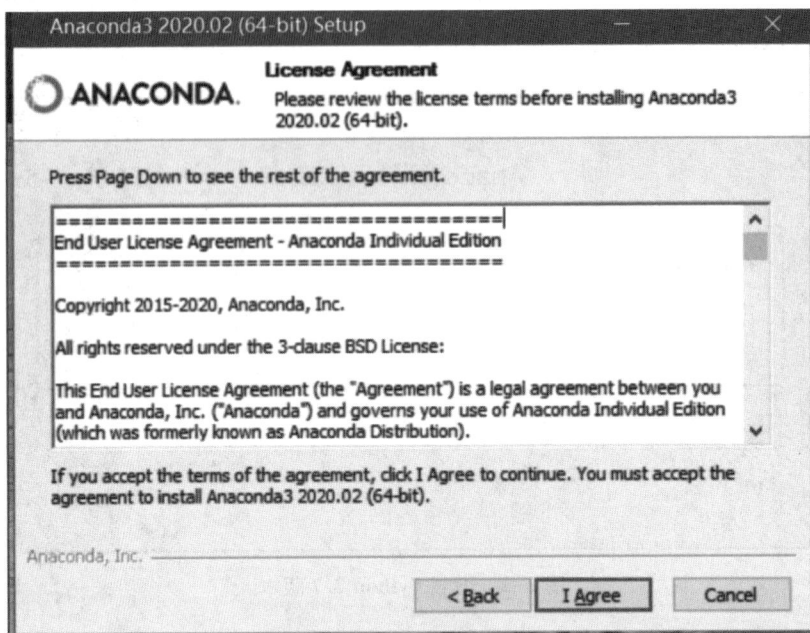

图 2-4　同意安装协议

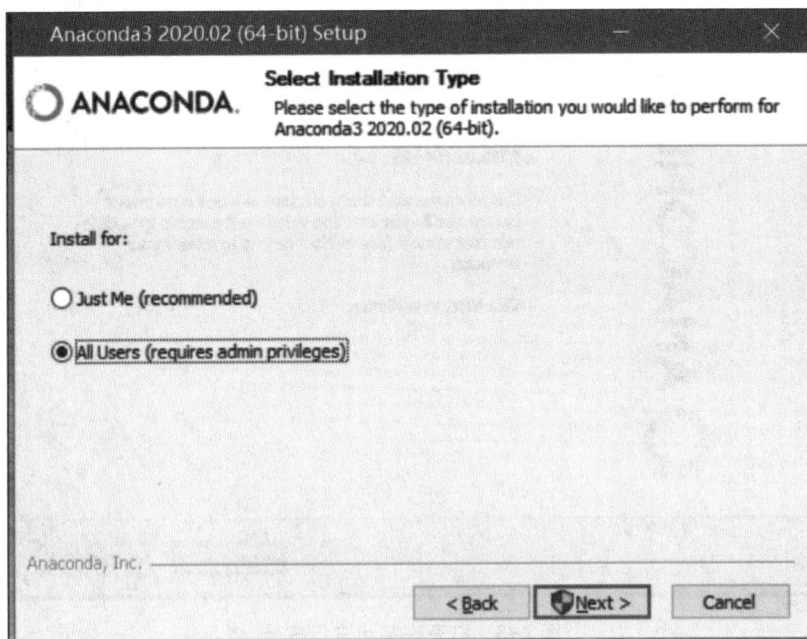

图 2-5　选择安装类型

（6）设置安装路径：可以保持默认路径，也可根据自己的喜好选择安装路径，然后单击"Next"按钮，如图 2-7 所示。

（7）勾选"Add Anaconda3 to the system PATH environment variable"选项，自动添加为

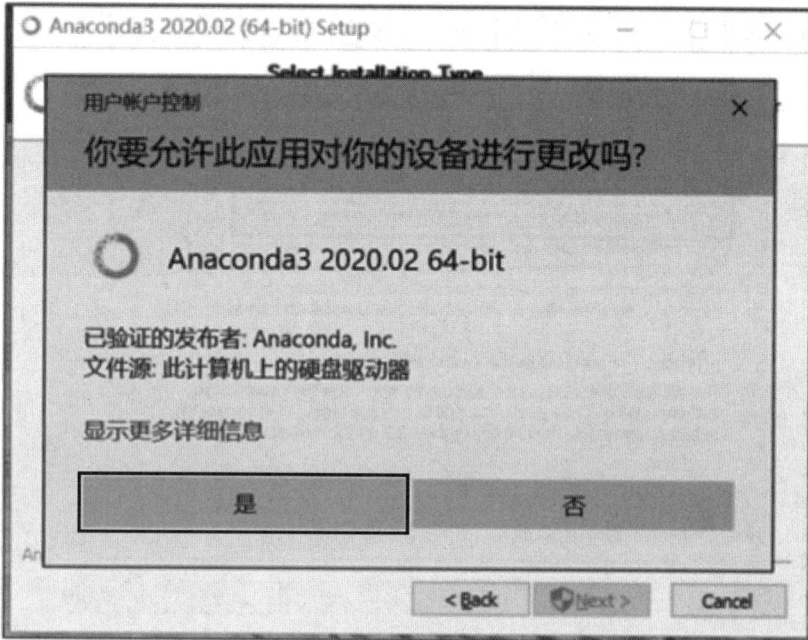

图 2-6　选择允许设备更改

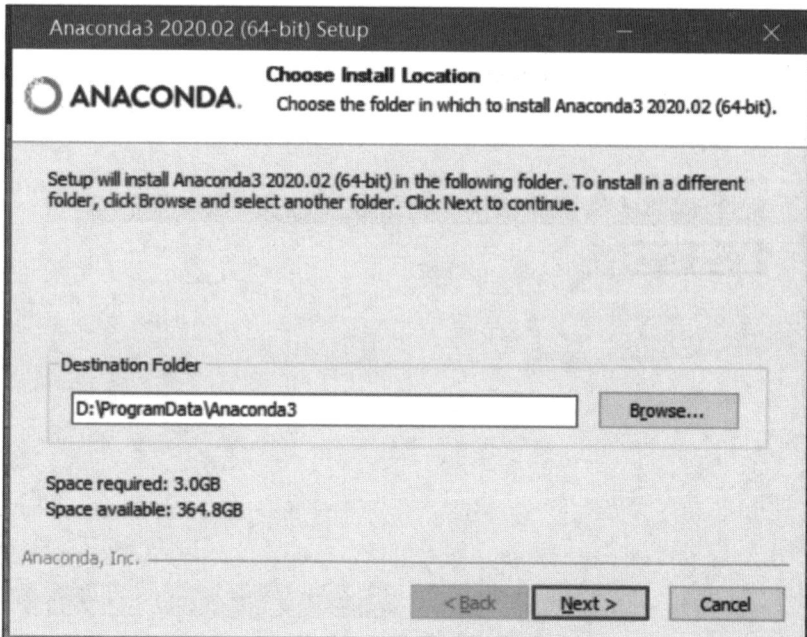

图 2-7　选择安装路径

环境变量，第二项保持默认勾选状态，然后单击 "Install" 按钮，如图 2-8 所示。

　　请耐心等待安装，大概需要 3~5 min 时间，如图 2-9 所示。

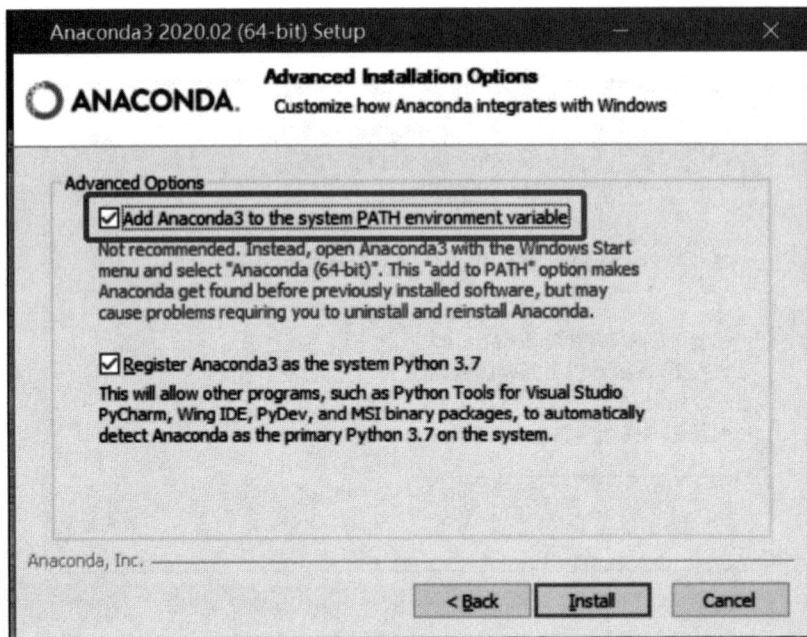

图 2-8　选择添加到环境变量

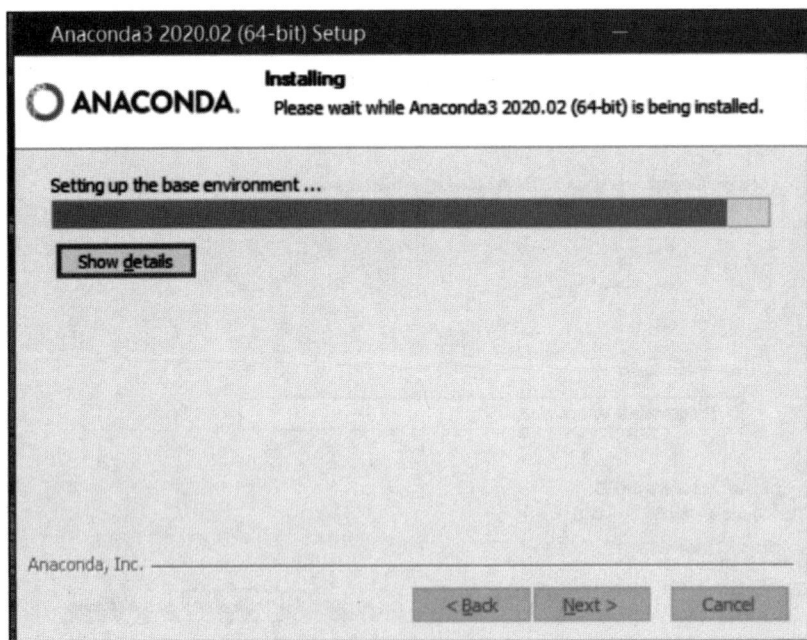

图 2-9　等待安装

（8）依次单击两次"Next"按钮，如图 2-10 所示。

（9）单击"Finish"按钮，到此 Anaconda 就完成安装了，如图 2-11 所示。

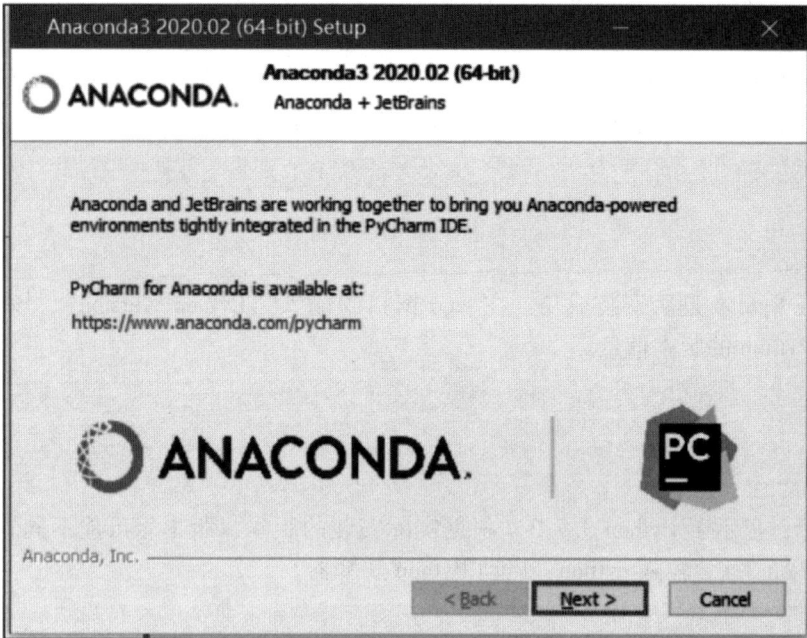

图 2-10　确认安装

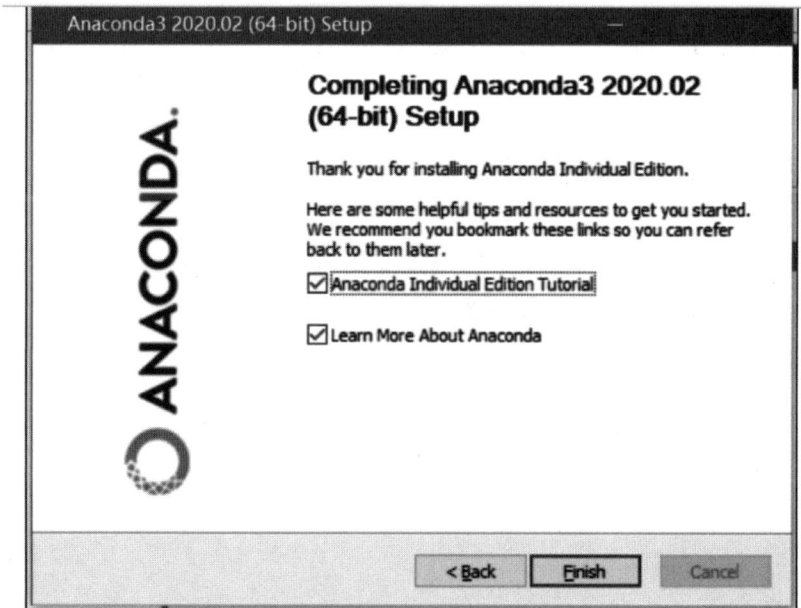

图 2-11　完成安装

2.1.3　检验安装是否成功

完成 Python 和 Anaconda 的安装后，要先确认一下是否安装成功。按键盘"WIN+R"组合键，在弹出的窗口中输入"cmd"，然后单击"确定"按钮。

（1）验证 Anaconda 是否安装成功。在弹出的黑色窗口中输入"conda-V"，注意"V"是大写，然后按 Enter 键（回车键）执行命令。如果下一行显示为"conda x. x. x"（x 表示数字）则表示安装成功，该命令为显示 Anaconda 的版本号。

```
conda-V
```

输出：

```
conda 4.10.1
```

（2）验证 Python 是否安装成功。在 cmd 窗口中输入"Python-version"，该命令会输出已经安装的 Python 的版本信息。

```
Python-version
```

输出：

```
Python 3.7.3
```

如上所示，显示了 Python 3.7.3（根据实际安装的版本，版本号可能不同），说明已正确安装了 Python 3. x。输入 python，启动 Python 解释器。

```
python
```

输出：

```
Python 3.7.3 (default, Mar 27 2019, 17:13:21) [MSC v.1915 64 bit (AMD64)] ::
Anaconda,Inc.on win32
Type "help","copyright","credits" or "license" for more information.
```

2.2　Python 解释器

Python 解释器也被称为"对话模式"，用户能够以和 Python 对话的方式进行编程。下面介绍 Python 解释器中常用的基本编程概念。

2.2.1　数据类型

编程中数据类型（data type）表示数据的性质，有整数、小数、字符串等类型。Python 中的 type（）函数可以用来查看数据类型。

```
type(10)
```

输出：

```
<class 'int'>
```

```
type(2.178)
```

输出：

```
<class 'float'>
```

```
type("hi")
```

输出：

```
<class 'str'>
```

根据上面的结果可知，10 是 int 类型（整型），2.178 是 float 类型（浮点型），"hi"是 str 类型（字符串）。另外，"类型"和"类"这两个词有时用作相同的意思。对于输出结果 <class 'int'>，可以将其解释成"10 是 int 类（类型）"。

2.2.2　变量

可以使用 x 或 y 等字母定义变量（variable）。此外，还可以使用变量进行计算，也可以对变量赋值。

```
x=10#初始化
print(x)#输出 x
```
输出:
```
10
```
```
x=100#赋值
print(x)
```
输出:
```
100
```
```
y=3.14
x*y
```
输出:
```
314.0
```
```
type(x*y)
```
输出:
```
<class 'float'>
```

Python 属于"动态类型"编程语言，所谓动态，是指变量的类型是根据情况自动决定的。在上面的例子中，用户并没有明确指出"x 的类型是 int（整型）"，是 Python 根据 x 被初始化为 10，从而判断出 x 的类型为 int。此外，也可以看到，整数和小数相乘的结果是小数（数据类型的自动转换）。另外，"#"是注释的意思，它后面的文字会被 Python 忽略。

2.2.3　列表

除了单一的数值，还可以用列表（数组）汇总数据。

```
a=[1,2,3,4,5] #生成列表
print(a) #输出列表的内容
```
输出:
```
[1,2,3,4,5]
```
```
len(a) #获取列表的长度
```
输出:
```
5
```
```
a[0] #访问第一个元素的值
```
输出:

```
1
a[4]
```

输出：

```
5
```

```
a[4]=99 #赋值
print(a)
```

输出：

```
[1,2,3,4,99]
```

元素的访问是通过 a[0]这样的方式进行的。[]中的数字称为索引（下标），索引从 0 开始（索引 0 对应第一个元素）。此外，Python 的列表提供了切片（slicing）这一便捷的标记法。使用切片不仅可以访问某个值，还可以访问列表的子列表（部分列表）。

```
print(a)
```

输出：

```
[1,2,3,4,99]
```

```
a[0:2] #获取索引为 0 到 2(不包括 2)的元素
```

输出：

```
[1,2]
```

```
a[1:] #获取从索引为 1 的元素到最后一个元素
```

输出：

```
[2,3,4,99]
```

```
a[:3] #获取从第一个元素到索引为 3(不包括 3)的元素
```

输出：

```
[1,2,3]
```

```
a[:-1] #获取从第一个元素到最后一个元素的前一个元素之间的元素
```

输出：

```
[1,2,3,4]
```

```
a[:-2] #获取从第一个元素到最后一个元素的前 2 个元素之间的元素
```

输出：

```
[1,2,3]
```

进行列表的切片时，需要写成 a[0:2]的形式。a[0:2]用于取出从索引为 0 的元素到索引为 2 的元素的前一个元素之间的元素。另外，索引-1 对应最后一个元素，-2 对应倒数第二个元素。

2.2.4　字典

列表根据索引按照 0，1，2，... 的顺序存储值，而字典则是以键值对的形式存储数据。字典就像《新华字典》那样，将单词和它的对应含义存储起来。

```
me={'height':180} #生成字典
me['height'] #访问元素
```

输出：

```
180
me['weight']=70 #添加新元素
print(me)
```

输出：

```
{'height':180,'weight':70}
```

2.2.5　布尔型

Python 中布尔（bool）型取 True 或 False 中的一个值。针对布尔型的运算符包括 and、or 和 not（针对数值的运算符有+、−、＊、/等，根据不同的数据类型使用不同的运算符）。

```
hungry=True #饿了?
sleepy=False #困了?
type(hungry)
```

输出：

```
<class 'bool'>
```

```
not hungry
```

输出：

```
False
```

```
hungry and sleepy #饿并且困
```

输出：

```
False
```

```
hungry or sleepy #饿或者困
```

输出：

```
True
```

2.2.6　if 语句

根据不同的条件选择不同的处理分支时可以使用 if/else 语句。

```
hungry=True
if hungry:
  print("I'm hungry")
```

输出：

```
I'm hungry
```

```
hungry=False
if hungry:
  print("I'm hungry") #使用空白字符进行缩进
else:
  print("I'm not hungry")
  print("I'm sleepy")
```

输出：

```
I'm not hungry
I'm sleepy
```

Python 中的空白字符具有重要的意义。上面的 if 语句中，"if hungry"：下面的语句开头有 4 个空白字符，这是缩进的意思，表示当前面的条件（if hungry）成立时，此处的代码会被执行。这个缩进也可以用 tab 表示，Python 中推荐使用空白字符。一般而言，每缩进一次，使用 4 个空白字符。

2.2.7 for 语句

进行循环处理时可以使用 for 语句。

```
for i in [1,2,3]:
print(i)
```

输出：

```
1
2
3
```

这是输出列表［1，2，3］中的元素的例子。使用"for... in..."：语句结构，可以按顺序访问列表等数据集合中的各个元素。

2.2.8 函数

可以将一连串的处理定义成函数（function）。

```
def hello():
  print("Hello World!")
hello()
```

输出：

```
Hello World!
```

此外，函数可以取参数。

```
def hello(object):
  print("Hello"+object+"!")
hello("cat")
```

输出：

```
Hello cat!
```

另外，字符串的拼接可以使用+。

关闭 Python 解释器时，系统为 Linux 或 Mac OS X 的情况下输入 Ctrl+D（按住 Ctrl，再按 D 键）；系统为 Windows 的情况下输入 Ctrl+Z，然后按 Enter 键。

2.3 NumPy

在机器学习的实现中，经常出现数组和矩阵的计算。NumPy（Numerical Python 的简称）的数组类（numpy.array）提供了很多便捷的方法，在实现深度学习时，将使用这些方法。NumPy 是高性能科学计算和数据分析的基础包，其部分功能如下：

（1）具有矢量算术运算和复杂广播能力的快速且节省空间的多维数组。

（2）用于对整组数据进行快速运算的标准数学函数（无须编写循环）。

（3）用于读写磁盘数据的工具以及用于操作内存映射文件的工具。

（4）线性代数运算、随机数的生成以及傅里叶变换功能。

（5）用于集成由 C、C++、FORTRAN 等语言编写代码的工具。

2.3.1　导入 NumPy

NumPy 是外部库，“外部”是指不包含在标准版的 Python 中。因此，首先要导入 NumPy 库。

```
import numpy as np
```

Python 中使用 import 语句来导入库。这里的“import numpy as np”直译为“将 numpy 作为 np 导入”。通过写成这样的形式，之后 NumPy 相关的方法均可通过 np 来调用。

2.3.2　生成 NumPy 数组

生成 NumPy 数组，需要使用 np. array（）方法。np. array（）接收 Python 列表作为参数，生成 NumPy 数组（numpy. ndarray）。

```
x=np. array([1.0,2.0,3.0])
print(x)
```

输出：

```
[1. 2. 3.]
```

```
type(x)
```

输出：

```
<class 'numpy. ndarray'>
```

2.3.3　NumPy 的算术运算

下面是 NumPy 数组算术运算的例子。

```
x=np. array([1.0,2.0,3.0])
y=np. array([2.0,4.0,6.0])
x+y #对应元素的加法
```

输出：

```
array([3.,6.,9.])
```

```
x-y
```

输出：

```
array([-1.,-2.,-3.])
```

```
x*y # element-wise product
```

输出：

```
array([2.,8.,18.])
```

```
x/y
```

输出：

```
array([0.5,0.5,0.5])
```

这里需要注意的是，数组"x"和数组"y"的元素个数是相同的（两者均是元素个数为 3 的一维数组）。如果"x"和"y"的元素个数相同，可以对各个元素进行算术运算；如果元素个数不同，程序就会报错，所以元素个数保持一致非常重要。另外，"对应元素的"的英文是 element-wise，比如"对应元素的乘法"就是"element-wise product"。

NumPy 数组不仅可以进行 element-wise 运算，还可以和单一的数值（标量）组合起来进行运算。此时，需要在 NumPy 数组的各个元素和标量之间进行运算，这个功能也被称为广播（详见后文）。

```
x=np.array([1.0,2.0,3.0])
x/2.0
```

输出：

```
array([0.5,1.0,1.5])
```

2.3.4　NumPy 的 N 维数组

NumPy 不仅可以生成一维数组（排成一列的数组），也可以生成多维数组，比如，可以生成如下的二维数组（矩阵）。

```
A=np.array([[1,2],[3,4]])
print(A)
```

输出：

```
[[1 2]
 [3 4]]
```

```
A.shape
```

输出：

```
(2,2)
```

```
A.dtype
```

输出：

```
dtype('int64')
```

这里生成了一个 2×2 的矩阵 A。另外，矩阵 A 的形状可以通过 shape 查看，矩阵元素的数据类型可以通过 dtype 查看。矩阵的算术运算如下：

```
B=np.array([[3,0],[0,6]])
A+B
```

输出：

```
array([[4,2],[3,10]])
```

```
A*B
```

输出：

```
array([[3,0],
    [0,24]])
```

与数组的算术运算一样，矩阵的算术运算也可以在相同形状的矩阵间以对应元素的方式进行运算，还可以通过标量（单一数值）对矩阵进行算术运算，这也是基于广播的功能。

```
print(A)
```
输出：
```
[[1 2]
 [3 4]]
```
```
A*10
```
输出：
```
array([[10,20],[30,40]])
```

2.3.5　广播

在 NumPy 中，形状不同的数组之间也可以进行运算。之前的例子中，在 2×2 的矩阵 A 和标量 10 之间进行了乘法运算。在这个过程中，标量 10 被扩展成了 2 × 2 的形状，然后再与矩阵 A 进行乘法运算，如图 2-12 所示，这个巧妙的功能称为广播（broadcast）。

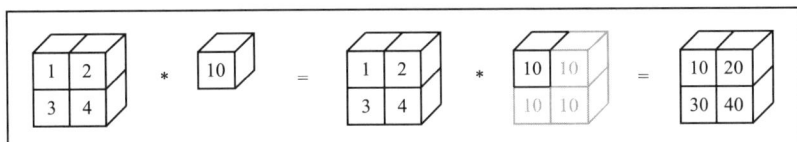

图 2-12　广播例子 1

下面是关于广播的另一个例子。

```
A=np.array([[1,2],[3,4]])
B=np.array([10,20])
A* B
```
输出：
```
array([[10,40],[30,80]])
```
在这个运算中，一维数组 B 被"巧妙地"变成了和二维数组 A 相同的形状，然后再以对应元素的方式进行运算，如图 2-13 所示。

综上，因为 NumPy 有广播功能，所以不同形状的数组之间也可以顺利地进行运算。

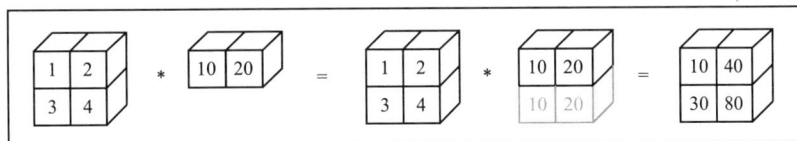

图 2-13　广播例子 2

2.3.6　访问元素

元素的索引从 0 开始。对各个元素的访问可按如下方式进行。

```
X=np.array([[51,55],[14,19],[0,4]])
print(X)
```
输出：

```
[[51 55]
[14 19]
[ 0 4]]
```

```
X[0]  #第0行
```

输出：

```
array([51,55])
```

```
X[0][1]  # (0,1)的元素
```

输出：

```
55
```

也可以使用 for 语句访问各个元素。

```
for row in X:
  print(row)
```

输出：

```
[51 55]
[14 19]
[ 0 4]
```

除了前面介绍的索引操作，NumPy 还可以使用数组访问各个元素。

```
X=X.flatten()  #将 X 转换为一维数组
print(X)
```

输出：

```
[51 55 14 19 0 4]
```

```
X[np.array([0,2,4])]  #获取索引为 0、2、4 的元素
```

输出：

```
array([51,14,0])
```

运用这个标记法，可以获取满足一定条件的元素。例如，要从"X"中抽出大于 15 的元素，可以写成如下形式。

```
X>15
```

输出：

```
array([True,True,False,True,False,False],dtype=bool)
```

```
X[X>15]
```

输出：

```
array([51,55,19])
```

对 NumPy 数组使用不等号等运算符（上例中是"X>15"），结果会得到一个布尔型的数组。上例中就是使用这个布尔型数组取出了数组中的各个元素（取出 True 对应的元素）。

2.4 Pandas

Pandas 含有使数据清洗和分析工作变得更快、更简单的数据结构和操作工具，Pandas

是基于 NumPy 数组构建的，特别是基于数组的函数和不使用 for 循环的数据处理。要使用 Pandas，首先就需要熟悉它的两个主要数据结构：Series 和 DataFrame。虽然它们并不能解决所有问题，但它们为大多数应用提供了一种可靠的、易于使用的基础。

2.4.1　Series

Series 是一种类似于一维数组的对象，它由一组数据（各种 NumPy 数据类型）以及一组与之相关的数据标签（索引）组成。仅由一组数据即可产生最简单的 Series：

```
import pandas as pd
obj=pd.Series([4,7,-5,3])
obj
```

输出：

```
0    4
1    7
2   -5
3    3
dtype:int64
```

Series 的字符串表现形式为：索引在左边，值在右边。由于没有为数据指定索引，于是会自动创建一个 0 到 N−1（N 为数据的长度）的整数型索引。你可以通过 Series 的 values 和 index 属性获取其数组表示形式和索引对象：

```
obj.values
```

输出：

```
array([4,7,-5,3])
```

```
obj.index    #例如 range(4)
```

输出：

```
RangeIndex(start=0,stop=4,step=1)
```

通过如下方式，可以创建带有一个可以对各个数据点进行标记的索引的 Series。

```
obj2=pd.Series([4,7,-5,3],index=['d','b','a','c'])
obj2
```

输出：

```
d    4
b    7
a   -5
c    3
dtype:int64
```

```
obj2.index
```

输出：

```
Index(['d','b','a','c'],dtype='object')
```

与普通 NumPy 数组相比，可以通过索引的方式选取 Series 中的单个或一组值：

```
obj2['a']
```

输出:

```
-5
```

```
obj2['d']=6
obj2[['c','a','d']]
```

输出:

```
c    3
a    -5
d    6
dtype:int64
```

"['c','a','d']"是索引列表,即使它包含的是字符串而不是整数。

使用 NumPy 函数或类似 NumPy 的运算(如根据布尔型数组进行过滤、标量乘法、应用数学函数等)都会保留索引值的链接:

```
obj2[obj2>0]
```

输出:

```
d    6
b    7
c    3
dtype:int64
```

```
obj2* 2
```

输出:

```
d    12
b    14
a    -10
c    6
dtype:int64
```

```
np.exp(obj2)
```

输出:

```
d    403.428793
b    1096.633158
a    0.006738
c    20.085537
dtype:float64
```

还可以将 Series 看成是一个定长的有序字典,因为它是索引值到数据值的一个映射,可以用在许多原本需要字典参数的函数中:

```
'b'in obj2
```

输出:

```
True
```

```
'e'in obj2
```

输出:

```
False
```

如果数据被存放在一个 Python 字典中，也可以直接通过这个字典来创建 Series：

```
sdata={'Ohio':35000,'Texas':71000,'Oregon':16000,'Utah':5000}
obj3=pd.Series(sdata)
obj3
```

输出：

```
Ohio      35000
Oregon    16000
Texas     71000
Utah      5000
dtype:int64
```

如果只传入一个字典，则结果 Series 中的索引就是原字典的键（有序排列），也可以传入排好序的字典的键以改变顺序：

```
states=['California','Ohio','Oregon','Texas']
obj4=pd.Series(sdata,index=states)
obj4
```

输出：

```
California    NaN
Ohio          35000.0
Oregon        16000.0
Texas         71000.0
dtype:float64
```

在这个例子中，"sdata"中与"states"索引相匹配的那 3 个值会被找出来并放到相应的位置上，但由于"California"所对应的"sdata"值找不到，所以其结果就为"NaN"（"非数字"not a number，在 Pandas 中，它用于表示缺失或 NA 值）。因为"Utah"不在"states"中，所以它被从结果中除去。

Python 使用缺失或 NA 表示缺失数据，"Pandas"的"isnull"和"notnull"函数可用于检测缺失数据：

```
pd.isnull(obj4)
```

输出：

```
California    True
Ohio          False
Oregon        False
Texas         False
dtype:bool
```

```
pd.notnull(obj4)
```

输出：

```
California    False
Ohio          True
Oregon        True
Texas         True
```

```
dtype:bool
```
Series 也有类似的实例方法：
```
obj4.isnull()
```
输出：
```
California    True
Ohio          False
Oregon        False
Texas         False
dtype:bool
```
对于许多应用而言，Series 最重要的一个功能是，它会根据运算的索引标签自动对齐数据：
```
obj3
```
输出：
```
Ohio      35000
Oregon    16000
Texas     71000
Utah       5000
dtype:int64
```
```
obj4
```
输出：
```
California    NaN
Ohio          35000.0
Oregon        16000.0
Texas         71000.0
dtype:float64
```
```
obj3+obj4
```
输出：
```
California    NaN
Ohio          70000.0
Oregon        32000.0
Texas         142000.0
Utah          NaN
dtype:float64
```
上述过程可以认为是类似数据库中 join 的操作。Series 对象本身及其索引都有一个 name 属性，该属性跟 Pandas 其他的关键功能关系非常密切：
```
obj4.name='population'
obj4.index.name='state'
obj4
```
输出：
```
state
California    NaN
```

```
Ohio            35000.0
Oregon          16000.0
Texas           71000.0
Name:population,dtype:float64
```

Series 的索引可以通过赋值的方式直接进行修改：

```
obj
```

输出：

```
0     4
1     7
2    -5
3     3
dtype:int64
```

```
obj.index=['Bob','Steve','Jeff','Ryan']
```

```
obj
```

输出：

```
Bob       4
Steve     7
Jeff     -5
Ryan      3
dtype:int64
```

2.4.2　DataFrame

DataFrame 是一个表格型的数据结构，它含有一组有序的列，每列可以是不同的值类型（数值、字符串、布尔值等）。DataFrame 既有行索引也有列索引，它可以看作是由 Series 组成的字典（共用同一个索引）。DataFrame 中的数据是以一个或多个二维块进行存放的（而不是列表、字典或别的一维数据结构）。

创建 DataFrame 的办法有很多，最常用的一种是直接传入一个由等长列表或 NumPy 数组组成的字典：

```
data={'state':['Ohio','Ohio','Ohio','Nevada','Nevada','Nevada'],
      'year':[2000,2001,2002,2001,2002,2003],
      'pop':[1.5,1.7,3.6,2.4,2.9,3.2]}
frame=pd.DataFrame(data)
```

结果 DataFrame 会自动加上索引（跟 Series 一样），且全部列会被有序排列：

```
frame
```

输出：

```
    pop   state   year
0   1.5   Ohio    2000
1   1.7   Ohio    2001
2   3.6   Ohio    2002
```

```
3   2.4   Nevada   2001
4   2.9   Nevada   2002
5   3.2   Nevada   2003
```

如果使用的是 Jupyter notebook，Pandas DataFrame 对象会以对浏览器友好的 HTML 表格的方式呈现。

对于特别大的 DataFrame，head 方法会选取前五行：

```
frame.head()
```

输出：

```
     pop   state   year
0    1.5   Ohio    2000
1    1.7   Ohio    2001
2    3.6   Ohio    2002
3    2.4   Nevada  2001
4    2.9   Nevada  2002
```

如果指定了列序列，则 DataFrame 的列就会按照指定顺序进行排列：

```
pd.DataFrame(data,columns=['year','state','pop'])
```

输出：

```
     year   state   pop
0    2000   Ohio    1.5
1    2001   Ohio    1.7
2    2002   Ohio    3.6
3    2001   Nevada  2.4
4    2002   Nevada  2.9
5    2003   Nevada  3.2
```

如果传入的列在数据中找不到，就会在结果中产生缺失值：

```
frame2 = pd.DataFrame(data, columns=['year','state','pop','debt'], index=
['one','two','three','four','five','six'])
frame2
```

输出：

```
      year   state   pop   debt
one   2000   Ohio    1.5   NaN
two   2001   Ohio    1.7   NaN
```

```
three  2002   Ohio    3.6   NaN
 four  2001  Nevada   2.4   NaN
 five  2002  Nevada   2.9   NaN
  six  2003  Nevada   3.2   NaN
```

```
frame2.columns
```

输出：

```
Index(['year','state','pop','debt'],dtype='object')
```

通过类似字典标记的方式或属性的方式，可以将 DataFrame 的列获取为一个 Series：

```
frame2['state']
```

输出：

```
  one    Ohio
  two    Ohio
three    Ohio
 four  Nevada
 five  Nevada
  six  Nevada
Name:state,dtype:object
```

```
frame2.year
```

输出：

```
  one   2000
  two   2001
three   2002
 four   2001
 five   2002
  six   2003
Name:year,dtype:int64
```

注意，返回的 Series 拥有与原 DataFrame 相同的索引，且其 name 的属性也已经被相应地设置好了。行也可以通过位置或名称的方式进行获取，比如用"loc"属性：

```
frame2.loc['three']
```

输出：

```
 year  2002
state  Ohio
  pop   3.6
```

```
debt    NaN
```

Name:three,dtype:object

列可以通过赋值的方式进行修改。例如：可以给原本为空的"debt"列赋上一个标量值或一组值：

```
frame2['debt']=16.5
frame2
```

输出：

	year	state	pop	debt
one	2000	Ohio	1.5	16.5
two	2001	Ohio	1.7	16.5
three	2002	Ohio	3.6	16.5
four	2001	Nevada	2.4	16.5
five	2002	Nevada	2.9	16.5
six	2003	Nevada	3.2	16.5

```
frame2['debt']=np.arange(6.)
frame2
```

输出：

	year	state	pop	debt
one	2000	Ohio	1.5	0.0
two	2001	Ohio	1.7	1.0
three	2002	Ohio	3.6	2.0
four	2001	Nevada	2.4	3.0
five	2002	Nevada	2.9	4.0
six	2003	Nevada	3.2	5.0

将列表或数组赋值给某个列时，其长度必须跟 DataFrame 的长度相匹配。如果赋值的是一个 Series，就会精确匹配 DataFrame 的索引，所有的空位都将被填上缺失值：

```
val=pd.Series([-1.2,-1.5,-1.7],index=['two','four','five'])
frame2['debt']=val
frame2
```

输出：

	year	state	pop	debt
one	2000	Ohio	1.5	NaN
two	2001	Ohio	1.7	-1.2
three	2002	Ohio	3.6	NaN

```
four   2001  Nevada  2.4  -1.5
five   2002  Nevada  2.9  -1.7
six    2003  Nevada  3.2  NaN
```

为不存在的列赋值会创建出一个新列。关键字“del”用于删除列。作为“del”的例子，先添加一个新的布尔值的列，“state =='Ohio'”：

```
frame2['eastern']=frame2.state =='Ohio'
frame2
```

输出：

	year	state	pop	debt	eastern
one	2000	Ohio	1.5	NaN	True
two	2001	Ohio	1.7	-1.2	True
three	2002	Ohio	3.6	NaN	True
four	2001	Nevada	2.4	-1.5	False
five	2002	Nevada	2.9	-1.7	False
six	2003	Nevada	3.2	NaN	False

del 方法可以用来删除这列：

```
del frame2['eastern']
frame2.columns
```

输出：

```
Index(['year','state','pop','debt'],dtype='object')
```

另一种常见的数据形式是嵌套字典：

```
pop={'Nevada':{2001:2.4,2002:2.9},'Ohio':{2000:1.5,2001:1.7,2002:3.6}}
```

如果嵌套字典传给 DataFrame，pandas 就会被解释为外层字典的键作为列索引，内层字典的键则作为行索引：

```
frame3 =pd.DataFrame(pop)
frame3
```

输出：

	Nevada	Ohio
2000	NaN	1.5
2001	2.4	1.7
2002	2.9	3.6

也可以使用类似 NumPy 数组的方法，对 DataFrame 进行转置（交换行和列）：

```
frame3.T
```

输出：

```
       2000  2001  2002
Nevada  NaN   2.4   2.9
Ohio    1.5   1.7   3.6
```

内层字典的键会被合并、排序以形成最终的索引。如果明确指定了索引，则不会这样：

```
pd.DataFrame(pop,index=[2001,2002,2003])
```

输出：

```
      Nevada  Ohio
2001   2.4    1.7
2002   2.9    3.6
2003   NaN    NaN
```

由 Series 组成的字典差不多也是一样的用法：

```
pdata={'Ohio':frame3['Ohio'][:-1],'Nevada':frame3['Nevada'][:2]}
pd.DataFrame(pdata)
```

输出：

```
      Nevada  Ohio
2000   NaN    1.5
2001   2.4    1.7
```

DataFrame 可以处理的数据类型说明如表 2-1 所示。

表 2-1　DataFrame 可以处理的数据类型说明

类型	说明
二维 ndarray	数据矩阵，还可以传入行标和下标
由数组、列表或元组组成的字典	每个序列会变成 DataFrame 的一列，所有序列的长度必须相同
NumPy 的结构化/记录数组	类似于"由数组组成的字典"
由 Series 组成的字典	每个 Series 会成为一列。如果没有显式指定索引则各 Series 的索引会被合并成结果的行索引
由字典组成的字典	各内层字典会成为一列。键会被合并成结果的行索引，跟"由 Series 组成的字典"的情况一样
字典或 Series 的列表	各项将会成为 DataFrame 的一行。字典键或 Series 索引的并集将会成为 DataFrame 的行标
由列表或元组组成的列表	类似于"二维 ndarray"

类型	说明
另一个 DataFrame	该 DataFrame 的索引将会被沿用，除非显式指定了其他索引
NumPy 的 MaskedArray	类似于"二维 ndarray"的情况，只是掩码值在结果 DataFrame 会变成"NA/缺失值"

如果设置了 DataFrame 的 index 和 columns 的 name 属性，则这些信息也会被显示出来：

```
frame3.index.name='year'; frame3.columns.name='state'
frame3
```

输出：

```
state Nevada  Ohio

year

2000   NaN    1.5

2001   2.4    1.7

2002   2.9    3.6
```

跟 Series 一样，values 属性也会以二维 ndarray 的形式返回 DataFrame 中的数据：

```
frame3.values
```

输出：

```
array([[nan,  1.5],
       [2.4,  1.7],
       [2.9,  3.6]])
```

如果 DataFrame 各列的数据类型不同，则值数组的"dtype"就会选用能兼容所有列的数据类型：

```
frame2.values
```

输出：

```
array([[2000,'Ohio',1.5,nan],
       [2001,'Ohio',1.7,-1.2],
       [2002,'Ohio',3.6,nan],
       [2001,'Nevada',2.4,-1.5],
       [2002,'Nevada',2.9,-1.7],
       [2003,'Nevada',3.2,nan]],dtype=object)
```

2.4.3　索引对象

Pandas 的索引对象负责管理轴标签和其他元数据（比如轴名称等）。构建 Series 或

DataFrame 时，所用到的任何数组或其他序列的标签都会被转换成一个 index：

```
obj=pd.Series(range(3),index=['a','b','c'])
index=obj.index
index
```

输出：

```
Index(['a','b','c'],dtype='object')
```

```
index[1:]
```

输出：

```
Index(['b','c'],dtype='object')
```

index 对象是不可变的，因此用户不能对其进行修改：

```
index[1]='d'
```

"不可变" 可以使 index 对象在多个数据结构之间安全共享：

```
labels=pd.Index(np.arange(3))
labels
```

输出：

```
Int64Index([0,1,2],dtype='int64')
```

```
obj2=pd.Series([1.5,-2.5,0],index=labels)
obj2
```

输出：

```
0    1.5
1   -2.5
2    0.0
dtype:float64
```

```
obj2.index is labels
```

输出：

```
True
```

除了类似于数组，index 的功能也类似一个固定大小的集合：

```
frame3
```

输出：

```
state Nevada Ohio
year
2000   NaN   1.5
2001   2.4   1.7
2002   2.9   3.6
```

```
frame3.columns
```

输出：

```
Index(['Nevada','Ohio'],dtype='object',name='state')
```

```
'Ohio'in frame3.columns
```

输出：

```
True
```

```
2003 in frame3.index
```

输出：

```
False
```

与 Python 的集合不同，Pandas 的 index 可以包含重复的标签：

```
dup_labels=pd.Index(['foo','foo','bar','bar'])
dup_labels
```

输出：

```
Index(['foo','foo','bar','bar'],dtype='object')
```

选择重复的标签，会显示所有的结果。每个索引都有一些方法和属性，它们可用于设置逻辑并回答有关该索引所包含数据的常见问题。

2.5　Matplotlib

在商务数据分析中，图形的绘制和数据的可视化非常重要。Matplotlib 是用于绘制图形的库，使用 Matplotlib 可以轻松地绘制图形和实现数据的可视化（Matplotlib 库的网址：http：//matplotlib. org/gallery. html）。下面介绍图形的绘制方法和图像的显示方法。

2.5.1　绘制简单图形

可以使用 Matplotlib 的 pyplot 模块绘制图形，下面以绘制正弦函数曲线为例介绍图形的绘制方法。

```
import numpy as np
import matplotlib.pyplot as plt
#生成数据
x=np.arange(0,6,0.1) #以 0.1 为单位,生成 0 到 6 的数据
y=np.sin(x)
#绘制图形
plt.plot(x,y)
plt.show()
```

使用 NumPy 的 arange 方法生成数据 $[0, 0.1, 0.2, \cdots, 5.8, 5.9]$，将其设为 x。对 x 的各个元素，应用 NumPy 的正弦函数 np. sin()，通过将 x、y 的数据传给 plt. plot 的方法绘制图形。最后，通过 plt. show() 显示图形。运行上述代码后，就会显示图 2-14 所示的图形。

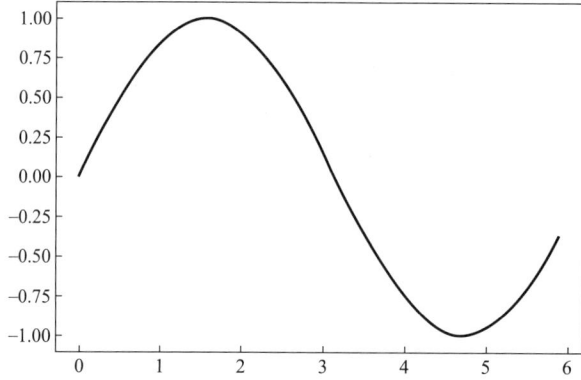

图 2-14 正弦函数的图形

2.5.2 Pyplot 的功能

在上述正弦函数的图形中，尝试追加余弦函数的图形，并尝试使用 Pyplot 的添加标题和 x 轴标签名等其他功能。

```
import numpy as np
import matplotlib.pyplot as plt
#生成数据
x=np.arange(0,6,0.1) #以0.1为单位,生成0到6的数据
y1=np.sin(x)
y2=np.cos(x)
#绘制图形
plt.plot(x,y1,label="sin")
plt.plot(x,y2,linestyle="--",label="cos") #用虚线绘制
plt.xlabel("x") # x轴标签
plt.ylabel("y") # y轴标签
plt.title('sin & cos ') #标题
plt.legend()
plt.show()
```

输出结果如图 2-15 所示，图的标题、轴的标签名都被标出来了。

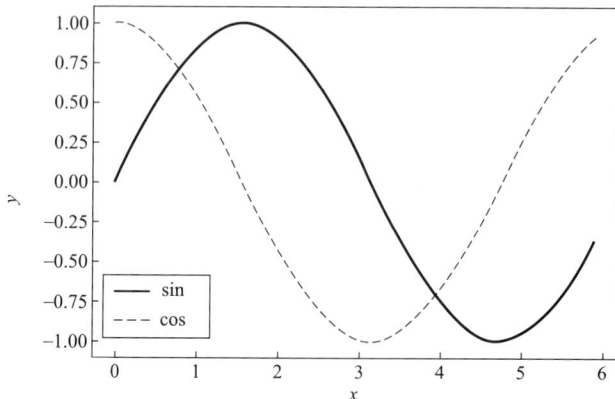

图 2-15 正弦函数和余弦函数的图形

2.5.3　显示图像

Pyplot 中还提供了用于显示图像的方法 imshow( )。另外，可以使用 matplotlib. image 模块的 imread( )方法读入图像。例如：

```
import matplotlib.pyplot as plt
from matplotlib. image import imread
img=imread('C:/Users/灰灰/Pictures/联想锁屏壁纸/8521231.jpg')
# 读入图像(设定合适的路径!)
plt. imshow(img)
plt. show()
```

运行上述代码后，会显示图 2-16 所示的图像。

图 2-16　显示图像

可以根据实际情况，变更文件名或文件路径。

课后习题

1. 下列哪一项不是 Python 的数据类型？（　　　）
   A. string　　　　　　B. float　　　　　　C. rational　　　　　　D. int
2. 以下哪条语句定义了一个 Python 字典？（　　　）
   A. {1：2，2：3}　　B. {1，2，3}　　　　C. [1，2，3]　　　　D. (1，2，3)
3. 用 Python 创建一个 10~49 的数组，并将其倒序排列。
4. 请利用 Matplotlib 库编写一个程序，绘制出 y=x * x+18 这条抛物线，并且命名坐标轴和图表标题为 Parabola。

第2篇 方 法 篇

本篇主要阐述商务数据分析中的常用方法,包括数据预处理,特征工程和数据建模方法。数据建模方法包括决策树、支持向量机、集成学习、神经网络等机器学习方法,以及近年来流行的卷积神经网络、循环神经网络、深度森林等深度学习方法。方法篇是本书的核心部分,包含第3~12章。

第3章 商务数据分析方法概述。主要介绍商务分析中常用的方法,包括数据预处理、特征工程,常用的机器学习和深度学习分析方法以及常用的深度学习框架。

第4章 数据预处理。主要介绍数据预处理的过程和方法,包括数据探索性分析、数据清洗、数据重构、数据可视化等,并通过两个案例展示了数据清洗的过程和数据预处理全流程。

第5章 特征工程。主要介绍特征缩放、特征编码、特征提取、特征选择、特征构建的方法,并通过泰坦尼克号数据展示特征工程过程。

第6章 决策树方法及其应用。主要介绍决策树的原理、构造过程和决策树算法,并通过用户购买行为预测案例展示决策树在商务数据分析中的应用。

第7章 支持向量机方法及其应用。主要介绍支持向量机方法中涉及的相关问题,并通过鸢尾花分类预测展示支持向量机在商务数据分析中的应用。

第8章 集成学习方法及其应用。主要介绍 Bagging、Boosting、随机森林、XGBoost 等集成学习方法,并通过鸢尾花分类预测和泰坦尼克号的生存预测展示集成学习方法在商务数据分析中的应用。

第9章 神经网络及其应用。主要介绍前馈神经网络、反馈神经网络、激活函数、损失函数等,并通过港口货物吞吐量预测展示神经网络在商务数据分析中的应用。

第10章 卷积神经网络及其应用。主要介绍卷积神经网络的结构,卷积神经网络算法实现,并通过股票趋势预测展示卷积神经网络在商务数据分析中的应用。

第11章 循环神经网络及其应用。主要介绍循环神经网络结构和记忆能力,以及长短期记忆网络模型,并通过通货膨胀率预测展示长短期记忆神经网络在商务数据分析中的应用。

第12章 深度森林及其应用。主要介绍深度森林方法的原理及算法流程,并通过母婴商品销量预测展示深度森林算法在商务数据分析中的应用。

第3章 商务数据分析方法概述

商务数据类型繁多、数据价值密度相对较低，需要更加完善的数据处理技术和数据分析方法。本章主要介绍商务数据分析方法，包括数据预处理、特征工程；常用的机器学习分析方法，如决策树、支持向量机、随机森林、XGBoost、神经网络等；近年来在商务数据分析中流行的卷积神经网络、循环神经网络、深度森林等深度学习方法以及深度学习的框架。

3.1 数据预处理

数据预处理是商务数据分析中必不可少的环节。数据预处理可以挖掘数据特征，提高原始数据的质量，为后续的商务数据分析提供必要的数据形式。数据预处理之前首先要对数据进行探索性分析，主要包括对数据进行描述，查看数据的分布，比较数据之间的关系，培养对数据的直觉和对数据进行总结等。

商务数据预处理主要是对数据进行清洗、重构、转换和规约。数据清洗是指对数据集中可能存在的缺失数据、异常数据或者重复数据进行必要的处理。缺失值、异常值还有重复值不仅会影响数据的分布，扭曲数据使用者对总体特征的判断，也会影响数据分析方法的应用，造成数据分析结果失真。数据重构也称为数据整合，是对同一目标总体不同来源、异构数据的合并。数据转换是指将数据转换为统一的适用于数据分析方法应用的数据形式。数据规约是指在尽量保证原数据完整性的前提下将数据集的规模缩小，以提高数据分析的效率。数据预处理方法将在第4章详细阐述。

3.2 特征工程

特征工程是对原始数据进行一系列工程处理，将其提炼为特征，供算法和模型使用。本质上讲，特征工程是一个表示和展现数据的过程。实际工作中，特征工程的目的是去除原始数据中的杂质和冗余，设计更高效的特征以刻画求解的问题与预测模型之间的关系。特征工程主要包含特征缩放、特征编码、特征选择、特征提取、特征构建等，将在第5章详细阐述。

3.3 机器学习方法

近年来，已经有众多机器学习方法被应用于商务数据分析，研究结论证实机器学习方法可以提高数据分析的可靠性和准确性。下面简单介绍几种常用的机器学习方法，具体方法及其在商务数据分析中的应用将在第 6~9 章详细介绍。

1. 决策树

决策树（decision tree）是一类常见的机器学习方法，以二分类任务为例，从给定训练集训练一个模型用以对新实例进行分类，这个把样本分类的任务，可看作对"当前样本属于正类吗？"这个问题的"决策"或"判定"过程。决策树呈树形结构，在分类问题中，表示基于特征对实例进行分类的过程。学习时，利用训练数据，根据损失函数最小化的原则建立决策树模型；预测时，对新的数据利用决策模型进行分类。

2. 支持向量机

支持向量机（support vector machine，SVM）是一类按监督学习方式对数据进行二元分类的广义线性分类器，其决策边界是对学习样本求解的最大边距超平面。SVM 使用铰链损失函数计算经验风险并在求解系统中加入了正则化项以优化结构风险，是一个具有稀疏性和稳健性的分类器。SVM 可以通过核方法进行非线性分类，是常见的核学习方法之一。

3. 集成学习方法

集成学习通过将多个学习器进行结合，可获得比单一学习器更好的泛化性能。如 Bagging 基于每个采样集训练出一个基学习器，再将这些基学习器进行结合。Boosting 的主要思想是将弱分类器组装成一个强分类器，在 PAC（概率近似正确）学习框架下，通过加法模型将弱分类器进行线性组合。随机森林算法是由 Breiman 和 Bagging 算法结合集成学习思想提出的一种有监督学习算法，它运用 Bootstrap 重复抽样技术得到多种决策树组合，最终将多种决策树组合的预测结果归总后作为整体输出。XGBoost（XGB）是一种基于回归树的提升算法，是对 GBDT 算法的进一步优化，XGBoost 算法可以自动进行多线程并行计算。

4. 神经网络

神经网络（neural network，NN）是机器学习中的一种模型，是一种模仿动物神经网络行为特征，进行分布式并行信息处理的算法数学模型。这种网络依靠系统的复杂程度，通过调整内部大量结点之间相互连接的关系，从而达到处理信息的目的。多层神经网络由三部分组成：输入层、中间层和输出层，每一层都由单元组成。常见的神经网络类型有前馈神经网络和反馈神经网络。前馈神经网络采用一种单向多层结构，其中每一层包含若干个神经元。在该神经网络中，各神经元可以接收前一层神经元的信号，并产生输出到下一层。整个网络中无反馈，信号从输入层向输出层单向传播，可用一个有向无环图表示。反馈神经网络内神经元间有反馈，可以用一个无向的完备图表示。该神经网络的信息处理是状态的变换，可以用动力学系统理论处理。在反馈神经网络中，每个神经元同时将自身的输出信号作为输入信号反馈给其他神经元，它需要工作一段时间才能达到稳定，系统的稳定性与联想记忆功能有密切关系。

3.4 深度学习方法

3.4.1 深度学习简介

深度学习是指机器学习中一种通过模拟人脑的神经结构，对数据进行表征学习的方法。

深度学习的概念源于人工神经网络，含多个隐藏层的多层感知器就是一种深度学习结构。因此，深度学习又被称为深层神经网络，是从之前的人工神经网络模型发展而来的。

早期对人工神经网络的研究，由于受到算法理论、数据、硬件的制约，一直停留在单层或浅层的网络结构。现在的神经网络规模发生了巨大变化，它可以轻松包含多达数百个层、数百万个神经元，神经元之间还有复杂的连接结构。这主要是由于现代科学技术的发展打破了之前的制约，使棘手的任务变得可能，具体体现在以下三个方面：

（1）计算能力。计算机的计算能力迅速提高，特别是 GPU（graphics processing unit）的广泛使用，为神经网络训练所需的复杂运算提供了基础。例如：Google 旗下的人工智能公司 DeepMind 使用 176 个 GPU 优化了 40 天的深度神经网络（AlphaGo），在围棋游戏中击败最优秀的人类玩家。

（2）大数据。训练深度神经网络需要大量的数据集，以防止过拟合问题和微调参数。深度神经网络的性能通常随着数据量的增加而提高。实证结果表明，即使深度神经网络已经拥有数百万个数据点，也仍然可以从附加数据中受益。

（3）优化算法。在深度神经网络中优化参数是一项艰巨的任务。2006 年，Hinton 和 Salakhutdinov 提出了通过在添加新的隐含层和优化网络参数之间交替优化来逐渐增加神经网络深度的方法，被视为深度学习的开创性工作。这项稳定的优化技术为学习更深层的网络铺平了道路。庞大的数据集使人们无法直接优化整体性能，取而代之的是通过随机优化来训练深度神经网络。另外，为了改善优化性能，有许多常见的优化方法（如 Adam、AdaGrad、RMSProp）作为随机梯度下降算法的变体，通常与步长的自适应调节配合使用。

区别于传统的浅层学习，深度学习的不同在于：

（1）强调了模型结构的深度，通常有五六层，甚至十几层的隐层结点。

（2）明确了特征学习的重要性。也就是说，通过逐层特征变换，将样本在原空间的特征表示变换到一个新特征空间，从而使分类或预测更容易。与人工规则构造特征的方法相比，利用大数据来学习特征，更能够刻画数据丰富的内在信息。

通过设计建立适量的神经元计算结点和多层运算层次结构，选择合适的输入层和输出层，通过网络的学习和调优，建立起从输入到输出的函数关系，虽然不能 100% 找到输入与输出的函数关系，但是可以尽可能地逼近现实的关联关系。使用训练成功的网络模型，就可以实现对复杂事务处理的自动化要求。

深度学习还具有适应性强，易于转换的优势，该技术可以更容易地适应不同的领域和应用。迁移学习使预先训练的深度网络可以适用于同一领域内的不同应用程序。例如：一旦了解了语音识别领域的基础深度学习理论，那么学习如何将深度网络应用于自然语言处理并不是太具有挑战性，因为基准知识非常相似。

深度学习通过组合低层特征形成更加抽象的高层表示属性类别或特征，从而在大量的输入数据中学习有效特征表示，并把这些特征用于分类、回归和信息检索。深度学习是学习样本数据的内在规律和表示层次，这些学习过程中获得的信息对诸如文字、图像和声音等数据的解释有很大的帮助。它的最终目标是让机器能够像人一样具有分析学习的能力，能够识别文字、图像和声音等数据。人工智能、机器学习与深度学习之间的关系如图 3-1 所示。

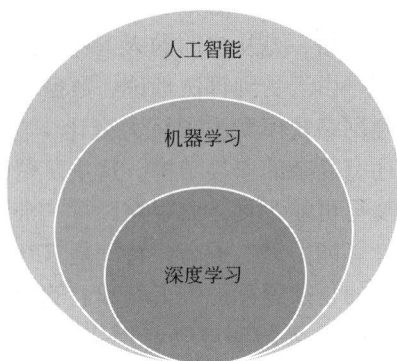

图 3-1　人工智能、机器学习与深度学习之间的关系示意图

3.4.2　深度学习方法简介

商务分析是指通过大数据分析为个人、公司和组织创造价值的方法和实践,成功进行商务分析竞争的核心是建立预测模型。与传统的机器学习算法相比,深度神经网络(deep neural networks,DNN)可显著改善模型的预测性能。因此深度学习在商务数据分析中具有巨大的潜在应用价值,商务分析受深度学习的影响正在发生根本性的转变。下面介绍几种商务分析中常用的深度学习方法。

1. 卷积神经网络

卷积神经网络(convolutional neural network,CNN)和之前介绍的神经网络一样,可以像乐高积木一样通过组装层来构建。不过,CNN 中新出现了卷积层和池化层。卷积神经网络是一类包含卷积计算且具有深度结构的前馈神经网络,是深度学习的代表算法之一。卷积神经网络具有表征学习能力,能够按其阶层结构对输入信息进行平移不变分类。

2. 循环神经网络

循环神经网络(recurrent neural network,RNN)是一类具有短期记忆能力的神经网络,挖掘数据中的时序信息以及语义信息的深度表达能力,在语音识别、语言模型、机器翻译以及时序分析等方面实现了突破。循环神经网络的主要用途是处理和预测序列数据。循环神经网络的来源就是为了刻画一个序列当前的输出与之前信息的关系。从网络结构上,循环神经网络会记忆之前的信息,并利用之前的信息影响后面结点的输出。

3. 深度森林

深度森林(deep forest,DF)是一个新的基于树的集成学习方法,是传统森林模型在广度和深度上的一种集成。它通过对树构成的森林进行集成并串联起来达到让分类器进行表征学习的目的,从而提高分类的效果。

3.4.3　深度学习框架

1. TensorFlow

TensorFlow 是一个使用数据流图进行数值计算的开源软件库,由于 TensorFlow 使用 C++ Eigen 库,所以库可在 ARM 架构上编译和优化。这也就意味着用户可以在各种服务器和移动设备上部署自己的训练模型，无须执行单独的模型解码器或者加载 Python 解释器。作为当前最流行的深度学习框架，TensorFlow 获得了极大的成功，但对它的批评也不绝于耳，总结起来主要有以下四点。

（1）过于复杂的系统设计，TensorFlow 在 GitHub 代码仓库的总代码量超过 100 万行。这么大的代码仓库，对项目维护者来说是一个难以完成的任务，而对读者来说，学习 TensorFlow 底层运行机制更是一个极其痛苦的过程，并且大多数时候这种尝试以放弃告终。

（2）频繁变动的接口。TensorFlow 的接口一直处于快速迭代之中，并且没有很好地考虑向后兼容性，这导致现在许多开源代码已经无法在新版的 TensorFlow 上运行，同时也间接导致了许多基于 TensorFlow 的第三方框架出现缺陷。

（3）接口设计过于晦涩难懂。在设计 TensorFlow 时，创造了图、会话、命名空间、PlaceHolder 等诸多抽象概念，对普通用户来说难以理解。同一个功能，TensorFlow 提供了多种实现，这些实现良莠不齐，使用中还有细微的区别，很容易将用户带入坑中。

（4）文档混乱脱节。TensorFlow 作为一个复杂的系统，文档和教程众多，但缺乏明显的条理和层次，虽然查找很方便，但用户却很难找到一个真正循序渐进的入门教程。

由于直接使用 TensorFlow 的生产力过于低下，包括 Google 官方等众多开发者尝试基于 TensorFlow 构建一个更易用的接口，包括 Keras、Sonnet、TFLearn、TensorLayer、Slim、Fold、PrettyLayer 等数不胜数的第三方框架每隔几个月就会在新闻中出现一次，但是又大多归于沉寂，至今 TensorFlow 仍没有一个统一易用的接口。

凭借 Google 着强大的推广能力，TensorFlow 已经成为当今最炙手可热的深度学习框架，但是由于自身的缺陷，TensorFlow 离最初的设计目标还很遥远。另外，由于 Google 对 Tensor-Flow 略显严格的把控，目前各大公司都在开发自己的深度学习框架。TensorFlow 的模块结构如图 3-2 所示。

TensorFlow 安装方式：

（1）官网下载 Anaconda 并安装：https：//www. anaconda. com/download/。

（2）依次在 Anaconda Prompt 控制台，按以下 5 个步骤输入指令进行安装。

① 安装 py3+ cmd：conda create-n py3. 6 python＝3. 6 anaconda。

② 激活虚拟环境 cmd：activate py3. 6。

③ 激活 TSF 预安装 cmd：conda create-n tensorflow python＝3. 6；activate tensorflow。

④ 安装 TSF：pip install —ignore-installed —upgrade tensorflow，或 pip install —ignore-installed —upgrade tensorflow-gpu。

⑤ 退出虚拟环境 cmd：deactivate py3. 6。

（3）使用 Tensorflow 搭建神经网络。使用 Tensorflow 搭建神经网络主要包含以下 6 个步骤：

① 定义添加神经层的函数；

② 准备训练的数据；

③ 定义结点准备接收数据；

④ 定义神经层：隐藏层和预测层；

⑤ 定义 loss 表达式；

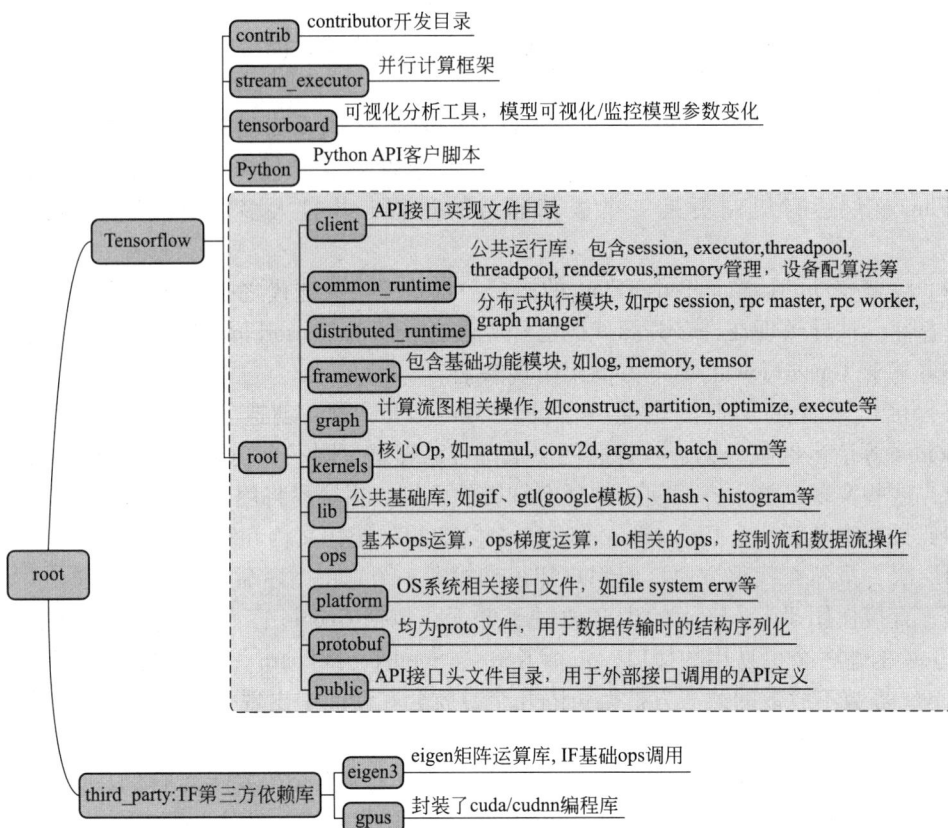

图 3-2　TensorFlow 的模块结构

⑥ 选择 optimizer 使 loss 达到最小;

⑦ 对所有变量进行初始化,通过 sess. run optimizer,迭代多次进行学习。

TensorFlow 构建神经网络识别手写数字,具体代码如下所示。

```python
import tensorflow. compat. v1 as tf
tf. disable_v2_behavior()
import numpy as np
#添加层
def add_layer(inputs,in_size,out_size,activation_function=None):
    Weights=tf. Variable(tf. random_normal([in_size,out_size]))
    biases=tf. Variable(tf. zeros([1,out_size])+0.1)
    Wx_plus_b=tf. matmul(inputs,Weights)+biases
    if activation_function is None:
        outputs=Wx_plus_b
    else:
        outputs=activation_function(Wx_plus_b)
    return outputs
#训练的数据
```

```
x_data=np.linspace(-1,1,300)[:,np.newaxis]
noise=np.random.normal(0,0.05,x_data.shape)
y_data=np.square(x_data)-0.5+noise
#定义结点准备接收数据
xs=tf.placeholder(tf.float32,[None,1])
ys=tf.placeholder(tf.float32,[None,1])
#定义神经层:隐藏层和预测层
#输入值是 xs,在隐藏层有10个神经元
l1=add_layer(xs,1,10,activation_function=tf.nn.relu)
#添加输出层,输入值是隐藏层 l1,在预测层输出1个结果
prediction=add_layer(l1,10,1,activation_function=None)
#定义 loss 表达式
# the error between prediciton and real data
loss=tf.reduce_mean(tf.reduce_sum(tf.square(ys-prediction),reduction_indices
=[1]))
#选择 optimizer 使 loss 达到最小
#定义了减少 loss 的方式学习率是0.1
train_step=tf.train.GradientDescentOptimizer(0.1).minimize(loss)
#重要步骤:对所有变量进行初始化
init=tf.initialize_all_variables()
sess=tf.Session()
#上面定义的都没有运算,直到 sess.run 才会开始运算
sess.run(init)
#迭代1000次学习
for i in range(1000):
# training train_step 和 loss 都是由 placeholder 定义的运算,所以这里要用 feed 传入参数
    sess.run(train_step,feed_dict={xs:x_data,ys:y_data})
    if i % 50==0:
        print(sess.run(loss,feed_dict={xs:x_data,ys:y_data}))
```

2. Keras

Keras 是一个高层神经网络 API，由纯 Python 编写而成并使用 TensorFlow、Theano 及 CNTK 作为后端。Keras 为支持快速实验而生，能够把想法迅速转换为结果。Keras 应该是深度学习框架之中最容易上手的一个，它提供了一致而简洁的 API，能够极大地减少一般应用下用户的工作量，避免用户重复工作。

严格意义上讲，Keras 并不能称为一个深度学习框架，它更像一个深度学习接口，构建于第三方框架之上。Keras 的缺点很明显：过度封装导致丧失灵活性。Keras 最初作为 Theano 的高级 API 而诞生，后来增加了 TensorFlow 和 CNTK 作为后端。为了屏蔽后端的差异性，提供一致的用户接口，Keras 做了层层封装，导致用户在新增操作或是获取底层的数据信息时过于困难。同时，过度封装也使 Keras 的程序过于缓慢，许多缺陷都隐藏于封装之中，在绝大多数场景下，Keras 是本书介绍的所有框架中最慢的一个。

学习 Keras 十分容易，但是很快就会遇到瓶颈，因为它缺少灵活性。另外，在使用

Keras 的大多数时间里，用户主要是在调用接口，很难真正学习到深度学习的内容。Keras 主要由 5 大模块构成，模块之间的关系及每个模块的功能如图 3-3 所示。

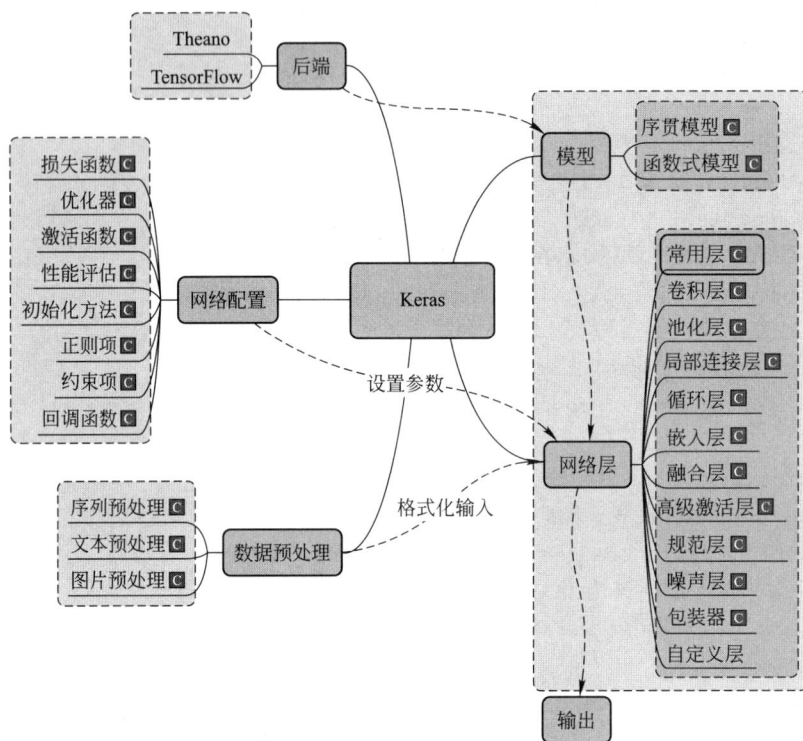

图 3-3 Keras 模块之间的关系及每个模块的功能

Keras 的安装和使用步骤如下：

（1）安装 Anaconda。

（2）安装用于科学计算的 Python 发行版。它支持 Linux、Mac、Windows 系统，提供了包管理与环境管理的功能，可以很方便地解决多版本 Python 并存、切换以及各种第三方包安装问题。

（3）利用 pip 或者 conda 安装 Numpy、Keras、pandas、TensorFlow 等库。

下载地址：https：//www.anaconda.com/what-is-anaconda/。

（4）使用 Keras 搭建神经网络。

使用 Keras 搭建一个神经网络，包括 5 个步骤，分别为选择模型、构建网络层、编译、训练和预测。每个步骤操作过程中使用到的 Keras 模块如图 3-4 所示。

Kears 构建神经网络识别手写数字，具体代码如下所示。

```
from keras.models import Sequential
from keras.layers.core import Dense,Dropout,Activation
from keras.optimizers import SGD
from keras.datasets import mnist
import numpy
```

```
#第一步:选择模型
model=Sequential()
#第二步:构建网络层
model.add(Dense(500,input_shape=(784,)))  #输入层,28* 28=784
model.add(Activation('tanh'))  #激活函数是 tanh
model.add(Dropout(0.5))  #采用 50% 的 dropout
model.add(Dense(500))  #隐藏层结点 500 个
model.add(Activation('tanh'))
model.add(Dropout(0.5))
model.add(Dense(10))  #输出结果是 10 个类别,所以维度是 10
model.add(Activation('softmax'))  #最后一层用 softmax 作为激活函数
#第三步:编译
#优化函数,设定学习率(lr)等参数
sgd=SGD(lr=0.01,decay=1e-6,momentum=0.9,nesterov=True)
#使用交叉熵作为 loss 函数
model.compile(loss='categorical_crossentropy',optimizer=sgd,class_mode='cate-
gorical')
'''第四步:训练
.fit 的一些参数
batch_size:对总的样本数进行分组,每组包含的样本数量
epochs:训练次数
shuffle:是否把数据随机打乱之后再进行训练
validation_split:拿出百分之多少用来做交叉验证
verbose:屏显模式 0:不输出  1:输出进度  2:输出每次的训练结果'''
#使用 Keras 自带的 mnist 工具读取数据(第一次需要连网)
(X_train,y_train),(X_test,y_test)=mnist.load_data()
#由于 mist 的输入数据维度是(num,28,28),这里需要把后面的维度直接拼起来变成 784 维
X_train=X_train.reshape(X_train.shape[0],X_train.shape[1]* X_train.shape[2])
X_test=X_test.reshape(X_test.shape[0],X_test.shape[1]* X_test.shape[2])
Y_train=(numpy.arange(10) ==y_train[:,None]).astype(int)
Y_test=(numpy.arange(10) ==y_test[:,None]).astype(int)
model.fit(X_train,Y_train,batch_size=200,epochs=50,shuffle=True,verbose=0,
validation_split=0.3)
model.evaluate(X_test,Y_test,batch_size=200,verbose=0)
#第五步:输出
print("test set")
scores=model.evaluate(X_test,Y_test,batch_size=200,verbose=0)
print("")
print("The test loss is % f" % scores)
result=model.predict(X_test,batch_size=200,verbose=0)
result_max=numpy.argmax(result,axis=1)
test_max=numpy.argmax(Y_test,axis=1)
result_bool=numpy.equal(result_max,test_max)
```

```
true_num=numpy.sum(result_bool)
print("")
print("The accuracy of the model is % f" % (true_num/len(result_bool)))
```

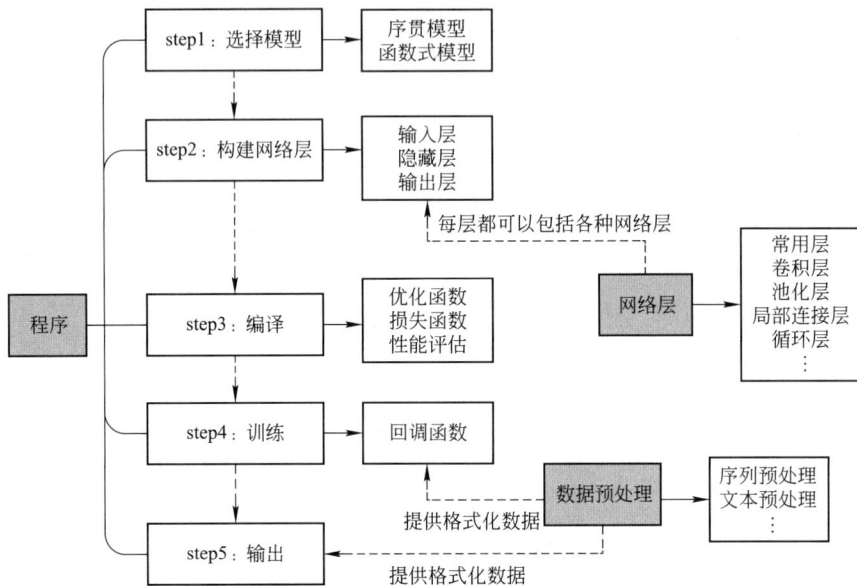

图 3-4　Keras 模块

3. PyTorch

PyTorch 的历史可追溯到 2002 年诞生于纽约大学的 Torch。Torch 使用了一种不是很大众的语言 Lua 作为接口。Lua 简洁高效，但由于其过于小众，用的人不是很多。在 2017 年，Torch 的幕后团队推出了 PyTorch。PyTorch 不是简单地封装 Lua Torch 提供 Python 接口，而是对 Tensor 之上的所有模块进行了重构，并新增了最先进的自动求导系统，成为当下最流行的动态图框架。

（1）简洁：PyTorch 的设计追求最少的封装，尽量避免重复工作。不像 TensorFlow 中充斥着 session、graph、operation、name_scope、variable、tensor、layer 等全新的概念，PyTorch 的设计遵循 tensor→variable（autograd）→nn. Module 三个由低到高的抽象层次，分别代表高维数组（张量）、自动求导（变量）和神经网络（层/模块），而且这三个抽象之间联系紧密，可以同时进行修改和操作。简洁的设计带来的另外一个好处就是代码易于理解。PyTorch 的源码只有 TensorFlow 的十分之一左右，更具体、更直观的设计使 PyTorch 的源码十分易于阅读。

（2）速度：PyTorch 的灵活性不以速度为代价，在许多评测中，PyTorch 的速度表现胜过 TensorFlow 和 Keras 等框架。框架的运行速度和程序员的编码水平有极大关系，但同样的算法，使用 PyTorch 更有可能快过用其他框架。

（3）易用：PyTorch 是所有的框架中面向对象设计的最优雅的一个。PyTorch 的面向对象接口设计来源于 Torch，而 Torch 的接口设计以灵活易用而著称，Keras 的作者最初就是受 Torch 的启发才开发了 Keras。PyTorch 继承了 Torch 的衣钵，尤其是 API 的设计和模块的接口都与 Torch 高度一致。PyTorch 的设计最符合人们的思维，它让用户尽可能地专注于实现自己的想法，即所思即所得，不需要考虑太多关于框架本身的束缚。

（4）活跃的社区：PyTorch 提供了完整的文档，循序渐进的指南，作者亲自维护的论坛供用户交流和求教问题。Facebook 人工智能研究院（FAIR）对 PyTorch 提供了强力支持，作为当今排名前三的深度学习研究机构，FAIR 的支持足以确保 PyTorch 获得持续的开发更新，不至于像许多由个人开发的框架那样昙花一现。

课后习题

1. 数据预处理包括哪些环节？
2. 简述深度学习的特征和优势。
3. 深度学习框架主要有哪些？各有什么优缺点？
4. 讨论人工智能、机器学习与深度学习之间的关系。

第4章　数据预处理

数据预处理是商务数据分析中不可或缺的步骤，它可以挖掘数据特征，提高原始数据的质量，为后续的商务数据分析提供必要的数据形式。数据预处理主要包括数据探索性分析和数据清洗、重构、变换和规约等。本章以泰坦尼克号数据集为例，展示数据预处理的过程。

4.1　数据探索性分析

数据探索性分析（Exploratory Data Analysis，EDA）是一种探索数据的结构和规律的数据分析方法。其主要的工作包含：对数据进行描述，查看数据的分布，比较数据之间的关系，培养对数据的直觉和对数据进行总结。下面举例说明数据探索性分析的过程。

1. 数据加载

数据集下载地址：https：//www.kaggle.com/c/titanic/overview，数据集的属性说明如表4-1所示。

表4-1　数据集的属性说明

属性	说明
PassengerId	乘客 ID
Survived	是否幸存
Pclass	乘客等级（1/2/3 等舱位）
Name	乘客姓名
Sex	性别
Age	年龄
SibSp	堂兄弟/妹个数
Parch	父母与小孩个数
Ticket	船票信息
Fare	票价
Cabin	客舱
Embarked	登船港口

2. 导入 NumPy 和 Pandas

```
import numpy as np
import pandas as pd
```

如果加载失败，可按照上章所述方法在 Python 环境下安装 NumPy 和 Pandas 这两个库。

3. 载入数据

（1）使用相对路径载入数据

```
df=pd.read_csv('train.csv')
df.head(3)
```

（2）使用绝对路径载入数据

```
    df=pd.read_csv('/Users/chenandong/Documents/datawhale数据分析每个人题目设计/
招募阶段/第一单元项目集合/train.csv')#可根据实际情况修改文件路径
    df.head(3)
```

4. 修改表头信息

将表头改成中文，索引改为"乘客ID"。

```
df=pd.read_csv('train.csv',names=['乘客ID','是否幸存','仓位等级','姓名','性别','年
龄','兄弟姐妹个数','父母子女个数','船票信息','票价','客舱','登船港口'],index_col='乘客
ID',header=0)
df.head()
```

5. 查看数据的基本信息

```
df.info()
```

6. 观察表格前 10 行和后 15 行的数据

```
df.head(10)
df.tail(15)
```

7. 判断数据是否为空

数据为空的地方返回 True，其余地方返回 False。

```
df.isnull().head()
```

8. 查看 DataFrame 数据每列的名称

```
df.columns
```

9. 查看"客舱"这列的所有值

```
df['客舱'].unique()
```

10. 将加载并做出改变的数据，在工作目录下保存为一个新文件 train_chinese.csv

```
#注意:不同的操作系统保存下来可能会有乱码,可以加入 encoding='GBK'或者 encoding='utf-8'
df.to_csv('train_chinese.csv')
```

11. 载入 train_ chinese. csv 数据

导入之前保存的 train_ chinese. csv 数据。

```
text=pd.read_csv('train_chinese.csv')
text.head()
```

12. 综合排序

对泰坦尼克号数据（trian.csv）按票价和年龄两列进行综合排序（降序排列）。

```
text.sort_values(by=['票价','年龄'],ascending=False).head(3)
```

排序后，如果仅仅关注"年龄"和"票价"两列，根据常识可以得知票价越高则客舱越好。另外票价前20的乘客中存活的有14人，这是相当高的一个比例，那么是不是可以进一步分析票价和存活之间的关系，以及年龄和存活之间的关系呢？数据分析通常从发现数据之间的关系开始。

13. 计算在船上最大的家族有多少人

```
max(text['兄弟姐妹个数']+text['父母子女个数'])
```

14. 观察泰坦尼克号数据集中"票价"这列数据的基本统计数据

```
text['票价'].describe()
```

从输出结果可以看出，一共有891个票价数据，平均值约为32.20，标准差约为49.69。说明票价波动特别大，25%的人的票价低于7.91的，50%的人的票价低于14.45，75%的人的票价低于31.00，票价最大值约为512.33，最小值为0。

15. 观察泰坦尼克号数据集中父母子女个数这列数据的基本统计数据

```
text['父母子女个数'].describe()
```

4.2 数据清洗

4.2.1 缺失值处理

数据的缺失主要包括记录的缺失和记录中某个字段信息的缺失，两者都会造成分析结果的不准确。

1. 缺失值产生的原因

（1）信息暂时无法获取，或者获取信息的代价太大。

（2）信息被遗漏，人为的输入遗漏或者数据采集设备的遗漏。

（3）属性不存在，在某些情况下，缺失值并不意味着数据有错误，对一些对象来说某些属性值是不存在的，如未婚者的配偶姓名、儿童的固定收入等。

2. 缺失值的影响

（1）数据挖掘建模将丢失大量的有用信息。

（2）数据挖掘模型所表现出的不确定性更加显著，模型中蕴含的规律更难把握。

（3）包含空值的数据会使建模过程陷入混乱，导致不可靠的输出。

3. 缺失值的处理方法

（1）直接使用含有缺失值的特征：当仅有少量样本缺失该特征的时候可以尝试使用。

（2）删除含有缺失值的特征：此方法一般适用于大多数样本都缺少该特征，且仅包含少量有效值。

（3）插值补全缺失值。最常使用的就是插值补全缺失值的做法，这种做法又可以有多种补全方法。

① 均值/中位数/众数补全。如果样本属性的距离是可度量的，则使用该属性有效值的平均值来补全；如果样本属性的距离不可度量，则可以采用众数或者中位数来补全。

② 同类均值/中位数/众数补全。对样本进行分类后，根据同类其他样本该属性的均值补全缺失值，与第一种方法类似。如果均值不可行，可以尝试众数或者中位数等统计数据来补全。

③ 固定值补全。利用固定的数值补全缺失的属性值。

④ 建模预测。利用机器学习方法，将缺失属性作为预测目标进行预测。具体为将样本根据是否缺少该属性分为训练集和测试集，然后采用回归、决策树等机器学习算法训练模型，再利用训练得到的模型预测测试集中样本的该属性的数值。这个方法根本的缺陷是：如果其他属性和缺失属性无关，则预测的结果毫无意义；但是若预测结果相当准确，则说明这个缺失属性是没必要纳入数据集中的。一般的情况是介于两者之间。

⑤ 高维映射。将属性映射到高维空间，采用独热码编码（one-hot）技术。将包含 K 个离散取值范围的属性值扩展为 K+1 个属性值，若该属性值缺失，则扩展后的第 K+1 个属性值置为 1。这种做法是最精确的做法，保留了所有的信息，也未添加任何额外信息，但若预处理时把所有的变量都这样处理，会大大增加数据的维度。这样做的好处是完整保留了原始数据的全部信息、不用考虑缺失值；缺点是计算量大大提升，且只有在样本量非常大的时候效果才好。

⑥ 多重插补。多重插补认为待插补的值是随机的，实践上通常是估计出待插补的值，再加上不同的噪声，形成多组可选插补值，根据某种选择依据，选取最合适的插补值。

⑦ 压缩感知和矩阵补全。压缩感知通过利用信号本身所具有的稀疏性，从部分观测样本中回复原信号。压缩感知分为感知测量和重构恢复两个阶段。

感知测量：此阶段对原始信号进行处理以获得稀疏样本表示。常用的手段是傅里叶变换、小波变换、字典学习、稀疏编码等。

重构恢复：此阶段基于稀疏性从少量观测中恢复原信号，这是压缩感知的核心。

⑧ 手动补全。在许多情况下，根据对所在领域的理解，手动对缺失值进行插补的效果会更好。但这种方法需要对问题领域有很高的认识和理解，要求比较高，如果缺失数据较多，会比较费时费力。

⑨ 最近邻补全。寻找与该样本最接近的样本，使用其属性数值来补全。

4.2.2　异常值处理

异常值分析是检验数据是否有录入错误以及含有不合常理的数据。忽视异常值的存在是十分危险的，不加剔除地把异常值包括进数据的计算分析过程中，会对结果会产生不良影响。异常值是指样本中的个别值，其数值明显偏离其余的观测值。异常值也称为离群点，异常值分析也称为离群点分析。异常值处理有以下做法：

（1）删除含有异常值的记录：直接将含有异常值的记录删除。

（2）视为缺失值：将异常值视为缺失值，利用缺失值处理的方法进行处理。

（3）平均值修正：可用前后两个观测值的平均值修正该异常值。

（4）不处理：直接在具有异常值的数据集上进行数据挖掘。

将含有异常值的记录直接删除的方法简单易行，但缺点也很明显，在观测值很少的情况下，这种删除会造成样本量不足，可能会改变变量的原有分布，从而造成分析结果的不准确。视为缺失值处理的好处是可以利用现有变量的信息，对异常值（缺失值）进行填补。在很多情况下，要先分析异常值出现的可能原因，再判断异常值是否应该舍弃，如果是正确的数据，可以直接在具有异常值的数据集上进行挖掘建模。

4.2.3 泰坦尼克号数据清洗过程

（1）导入 NumPy、Pandas 包和数据。

```
#加载所需的库
import numpy as np
import pandas as pd
#加载数据 train.csv
df=pd.read_csv('train.csv')
df.head(3)
```

（2）查看每个特征值缺失值个数。

```
df.isnull().sum()
```

（3）查看 Age，Cabin，Embarked 列的数据。

```
df[['Age','Cabin','Embarked']].head(3)
```

（4）将 Age 列的数据的缺失值替换为 0。

```
df[df['Age'].isnull()]=0
df.head(3)
```

（5）将整张表的缺失值替换为 0。

```
df.fillna(0).head(3)
```

（6）查看数据中的重复值。

```
df[df.duplicated()]
```

（7）去掉重复值。

```
df=df.drop_duplicates()
df.head()
```

（8）将前面清洗的数据保存为 csv 格式。

```
df.to_csv('test_clear.csv')
```

（9）特征观察与处理。

通过对特征进行观察，可以把特征大概分为两大类：

数值型特征：Survived，Pclass，Age，SibSp，Parch，Fare，其中 Survived，Pclass 为离散型数值特征，Age，SibSp，Parch，Fare 为连续型数值特征。

文本型特征：Name，Sex，Cabin，Embarked，Ticket，其中 Sex，Cabin，Embarked，Ticket 为类别型文本特征。

数值型特征一般可以直接用于模型的训练，但有时候为了模型的稳定性及鲁棒性会对连续变量进行离散化。文本型特征往往需要转换成数值型特征才能用于建模分析。

下面按照不同的方法对年龄进行分箱（离散化）处理，并分别保存为 csv 格式。

① 将连续变量 Age 平均分箱成 5 个年龄段，并分别用 1-5 表示。

```
df['AgeBand']=pd.cut(df['Age'],5,labels=[1,2,3,4,5])
df.head()
df.to_csv('test_ave.csv')
```

② 将连续变量 Age 划分为（0，5］（5，15］（15，30］（30，50］（50，80］五个年龄段，并分别用 1-5 表示。

```
df['AgeBand']=pd.cut(df['Age'],[0,5,15,30,50,80],labels=[1,2,3,4,5])
df.head()
df.to_csv('test_cut.csv')
```

③ 将连续变量 Age 按 10% 30% 50% 70% 90%五个年龄段，并分别用 1-5 表示。

```
df['AgeBand']=pd.qcut(df['Age'],[0,0.1,0.3,0.5,0.7,0.9],labels=[1,2,3,4,5])
df.head()
df.to_csv('test_pr.csv')
```

（10）对文本变量进行变换。

① 查看文本变量名及其种类。

```
df['Sex'].value_counts()
df['Cabin'].value_counts()
df['Embarked'].value_counts()
```

② 将类别文本转换为数值量。

```
df['Sex_num']=df['Sex'].replace(['male','female'],[1,2])
df.head()
```

③ 将类别文本转换为 one-hot 编码。

```
for feat in ["Age","Embarked"]:
    x=pd.get_dummies(df[feat],prefix=feat)
    df=pd.concat([df,x],axis=1)
df.head()
```

（11）从纯文本 Name 特征里提取出 Titles 的特征（Mr、Miss、Mrs 等）。

```
df['Title']=df.Name.str.extract('([A-Za-z]+)\',expand=False)
df.head()
```

（12）写入文件到 test_fin.csv。

```
df.to_csv('test_fin.csv')
```

4.3　数据重构

（1）将 data 文件夹里面的所有数据都载入，与之前的原始数据相比，观察它们之间的关系。

```
text_left_up=pd.read_csv("data/train-left-up.csv")
text_left_down=pd.read_csv("data/train-left-down.csv")
text_right_up=pd.read_csv("data/train-right-up.csv")
text_right_down=pd.read_csv("data/train-right-down.csv")
text_left_up.head()
text_left_down.head()
text_right_down.head()
text_right_up.head()
```

（2）使用 Pandas 的 merge 方法和 DataFrame 的 append 方法将数据 train-left-up.csv 和 train-right-up.csv 横向合并为一张表，并保存这张表为 result_up。将 train-left-down 和 train-right-down 横向合并为一张表，并保存这张表为 result_down。然后将 result_up 和 result_down 纵向合并为 result，完成的数据保存为 result.csv。

```
result_up=pd.merge(text_left_up,text_right_up,left_index=True,right_index=True)
result_down=pd.merge(text_left_down,text_right_down,left_index=True,right_index=True)
result=resul_up.append(result_down)
result.to_csv('result.csv')
result.head()
```

（3）导入基本库和数据。

```
import numpy as np
import pandas as pd
text=pd.read_csv('result.csv')
text.head()
```

（4）计算泰坦尼克号男性与女性的平均票价。

```
df=text['Fare'].groupby(text['Sex'])
means=df.mean()
means
```

（5）统计泰坦尼克号中男女的存活人数。

```
survived_sex=text['Survived'].groupby(text['Sex']).sum()
survived_sex.head()
```

（6）计算不同等级客舱的存活人数。

```
survived_pclass=text['Survived'].groupby(text['Pclass'])
survived_pclass.sum()
```

（7）统计在不同等级票中不同年龄船票花费的平均值。

```
text.groupby(['Pclass','Age'])['Fare'].mean().head()
```

（8）将（4）和（5）的数据合并，并保存到 sex_ fare_ survived.csv 中。

```
result=pd.merge(means,survived_sex,on='Sex')
result.to_csv('sex_fare_survived.csv')
```

（9）得出不同年龄的总的存活人数，然后找出存活的人中最大值的年龄段，最后计算存活率（存活人数/总人数）。

```
#不同年龄的存活人数
survived_age=text['Survived'].groupby(text['Age']).sum()
survived_age.head()
#找出最大值的年龄段
survived_age[survived_age.values==survived_age.max()]
_sum=text['Survived'].sum()
print(_sum)
#首先计算总人数
_sum=text['Survived'].sum()
print("sum of person:"+str(_sum))
precetn =survived_age.max()/_sum
print("最大存活率:"+str(precetn))
```

输出：

```
342
sum of person:342
最大存活率:0.043859649122807015
```

4.4　数据可视化

（1）导入 NumPy、Pandas 包和数据。

```
# 加载所需的库
#如果出现 ModuleNotFoundError:No module named 'xxxx'
#只需在终端/cmd 下 pip install xxxx 即可
% matplotlib inline
import numpy as np
import pandas as pd
import matplotlib.pyplot as plt
text=pd.read_csv(r'result.csv')
text.head()
```

（2）可视化展示泰坦尼克号数据集中男女生存人数分布情况，如图4-1所示。

```
sex=text.groupby('Sex')['Survived'].sum()
sex.plot.bar()
plt.title('survived_count')
plt.show()
```

输出结果如图4-1所示。

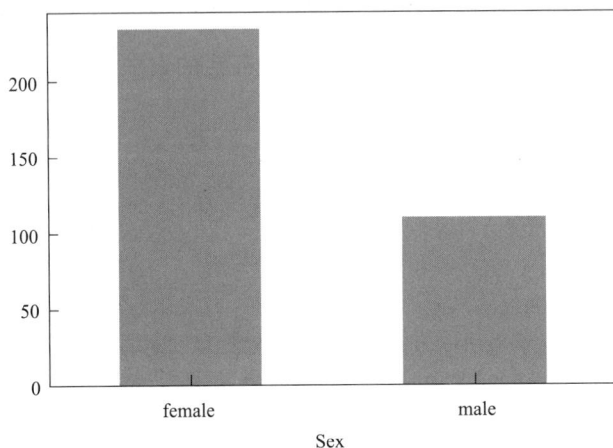

图4-1　男女生存人数分布情况

从图4-1中可以看出，男性的生存人数不到150人，女生的生存人数多于200人。

（3）可视化展示泰坦尼克号数据集中男女生存人数与死亡人数比例图，如图4-2所示。

```
#计算男女中死亡人数,1表示生存,0表示死亡
text.groupby(['Sex','Survived'])['Survived'].count().unstack().plot(kind='
bar',stacked='True')
plt.title('survived_count')
plt.ylabel('count')
```

输出结果如图4-2所示。

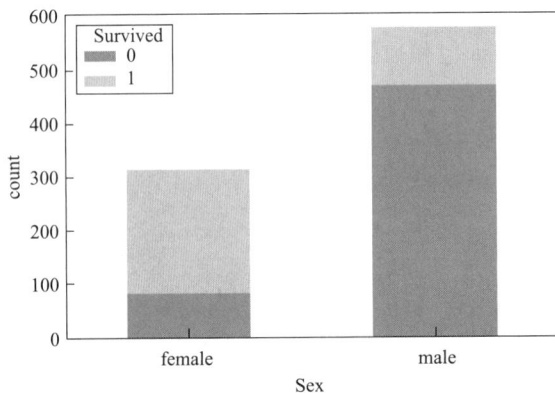

图4-2　男女生存人数与死亡人数比例图

从图 4-2 中可以看出，女性的生存人数多于 200 人，女性的死亡人数不到 100 人，而男性的生存人数不到 150 人，男性的死亡人数将近 500 人。

（4）可视化展示泰坦尼克号数据集中不同票价的人生存和死亡人数分布情况。

```
#排序前绘折线图
fare_sur1=text.groupby(['Fare'])['Survived'].value_counts()
fare_sur1
fig=plt.figure(figsize=(20,18))
fare_sur1.plot(grid=True)
plt.legend()
plt.show()
```

输出结果如图 4-3 所示。

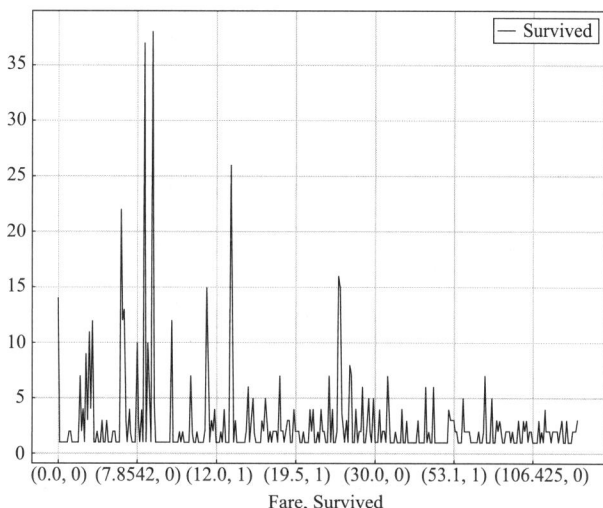

图 4-3　不同票价的人生存人数和死亡人数分布情况（排序前）

从图 4-3 中可以看出，票价为 7.8542 美元的死亡人数最多，票价为 106.425 美元的死亡人数最少，票价 12.0~19.5 生存人数最多。

```
#计算不同票价中生存与死亡人数 1 表示生存,0 表示死亡
fare_sur=text.groupby(['Fare'])['Survived'].value_counts().sort_values(ascending=False)
fare_sur
#排序后绘折线图
fig=plt.figure(figsize=(20,18))
fare_sur.plot(grid=True)
plt.legend()
plt.show()
```

输出结果如图 4-4 所示。

从图 4-4 中可以看出，票价为 8.05 美元的死亡人数最多，票价为 7.5208 美元的死亡人

数最少，票价为 12.475 美元的生存人数最多。

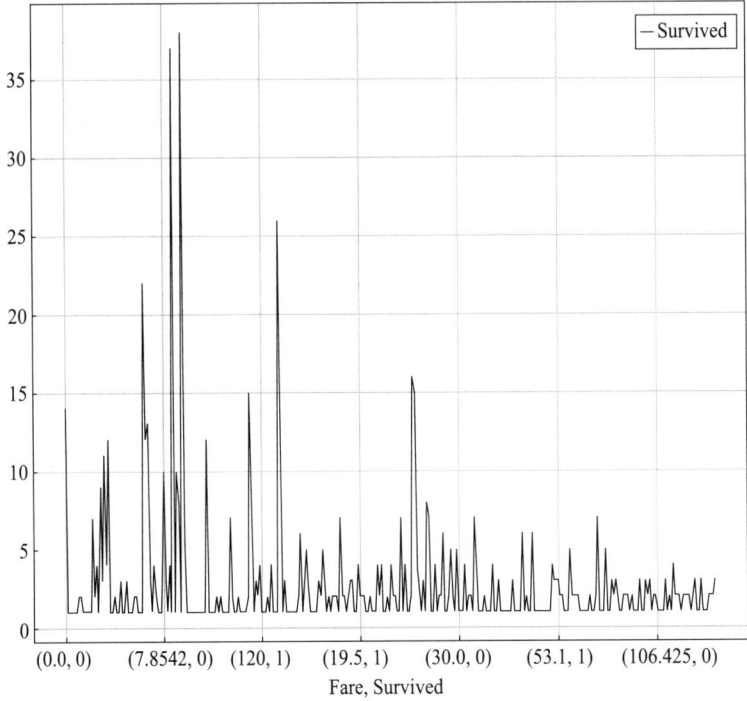

图 4-4　不同票价的人生存和死亡人数分布情况（排序后）

（5）可视化展示泰坦尼克号数据集中不同仓位等级生存和死亡人数的分布情况。

```
#1 表示生存,0 表示死亡
pclass_sur=text.groupby(['Pclass'])['Survived'].value_counts()
pclass_sur
import seaborn as sns
sns.countplot(x="Pclass",hue="Survived",data=text)
```

输出结果如图 4-5 所示。

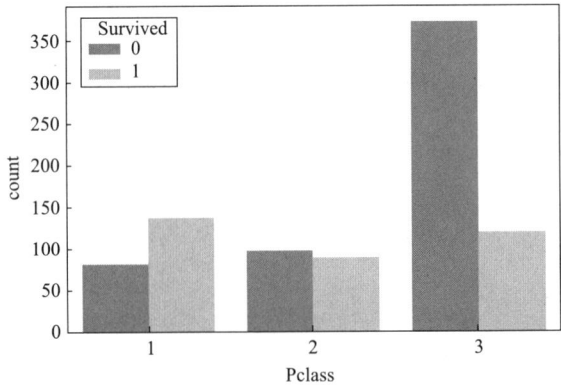

图 4-5　不同仓位等级的人生存和死亡人员的分布情况

从图 4-5 中可以看出，头等舱生还率最高，死亡率最低，二等舱的生存人数和死亡人数居中，三等舱死亡人数最多。

（6）可视化展示泰坦尼克号数据集中不同年龄的人生存与死亡人数分布情况。

```
facet=sns.FacetGrid(text,hue="Survived",aspect=3)
facet.map(sns.kdeplot,'Age',shade=True)
facet.set(xlim=(0,text['Age'].max()))
facet.add_legend()
```

输出结果如图 4-6 所示。

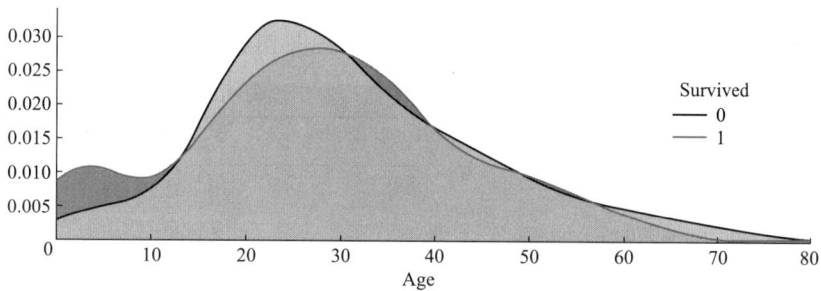

图 4-6　不同年龄的人生存与死亡人数分布情况

从图 4-6 中可以看出，10~30 岁生还率逐渐增加，30 岁以后随着年龄的增加生还率逐渐降低，死亡率同样如此，但是 0~10 岁的生还率要大于死亡率。

（7）可视化展示泰坦尼克号数据集中不同仓位等级的人年龄分布情况。

```
text.Age[text.Pclass==1].plot(kind='kde')
text.Age[text.Pclass==2].plot(kind='kde')
text.Age[text.Pclass==3].plot(kind='kde')
plt.xlabel("Age")
plt.legend((1,2,3),loc="best")
```

输出结果如图 4-7 所示。

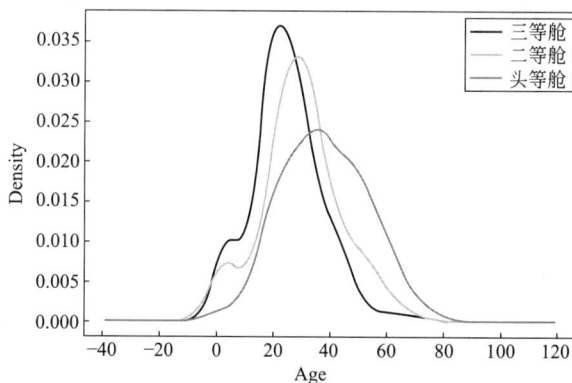

图 4-7　泰坦尼克号数据集中不同仓位等级的人年龄分布情况

从图4-7中可以看出，头等舱中40岁的人最多，二等舱中20岁到40岁的人最多，而三等舱中20岁的人最多。

4.5 京东冰箱订单数据预处理

4.5.1 数据集信息

该数据为2020年5月25日京东大家电销售-冰箱订单数据，按照10%随机抽样后进行数据脱敏最后得到，共有订单数据大约7万条，字段说明如表4-2所示。

表4-2 京东冰箱订单数据集字段说明

字段	说明
user_ log_ acct	用户账号
parent_ sale_ ord_ id	父订单号
sale_ ord_ id	订单号
sale_ ord_ tm	订单时间
sale_ ord_ dt	订单日期
item_ sku_ id	商品 sku
item_ name	商品名称
brandname	品牌名称
sale_ qtty	销售数量
item_ first_ cate_ name	一级品类名称
item_ second_ cate_ name	二级品类名称
item_ third_ cate_ name	三级品类名称
before_ prefr_ unit_ price	优惠前单价
after_ prefr_ unit_ price	优惠后单价
user_ actual_ pay_ amount	实际支付价格
sale_ ord_ valid_ flag	订单有效标志
cancel_ flag	订单取消标志
check_ account_ tm	支付时间
total_ offer_ amount	总优惠金额
self_ ord_ flag	自营标志
user_ site_ city_ id	用户所在城市编号
user_ site_ province_ id	用户所在省份编号
user_ lv_ cd	用户会员等级

订单属性分为3类，分别是用户属性、订单属性以及商品属性，如图4-8所示。

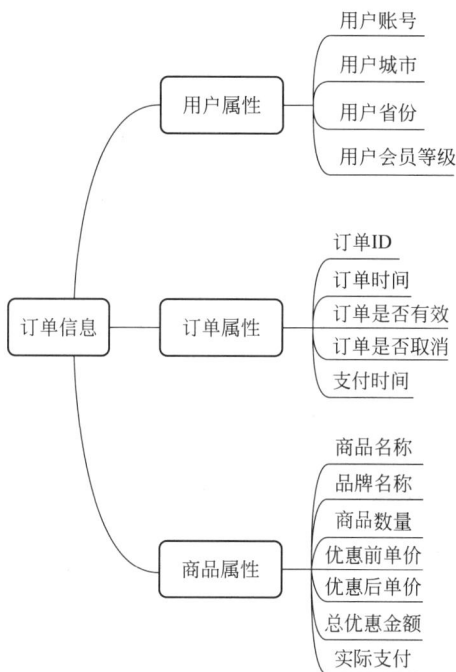

图 4-8　订单属性图

4.5.2　缺失值处理

首先查看文件的数据。

```
import pandas as pd
import numpy as np
import plotly_express as px
import plotly.offline as of
import plotly as py
import plotly.graph_objs as go
df=pd.read_csv('data.csv',sep='\t',encoding="utf-8",dtype=str)
df.head()
df.isnull().sum().sort_values(ascending=False)
```

通过 isnull（）.sum（）可以看到用户的城市、用户所在的省份以及支付时间等数据是缺失的。这部分数据的缺失是因为用户填写个人资料时跳过的部分，当然不影响整个数据的分析。

首先将数据的类型进行转换，同时处理缺失值和异常值。值得注意的是，通过观察可以发现冰箱最低的价格是 288 元，但是数据中发现了很多低于 288 元的订单数据。也就是说这部分数据不能真实代表冰箱实际的订单数据，可能出现了补差价或者补运费的情况，因此这样的数据需要过滤掉。因为订单的编号具有唯一性，因此对于订单编号的重复数据，可以认为出现了重复订单。对于缺失的省份值和缺失的数据，对空白部分进行填充。通过观察可以发现数据的列有重复。

要删除重复的列，首先将数据反转后，删除重复的行再反转回来，实际支付的价格＝商

品数量 * 优惠后的单价。

```python
#将四个属性转为int型
df['sale_qtty']=df['sale_qtty'].astype('int')
df['sale_ord_valid_flag']=df['sale_ord_valid_flag'].astype('int')
df['cancel_flag']=df['cancel_flag'].astype('int')
df['self_ord_flag']=df['self_ord_flag'].astype('int')
#将四个属性转为float型
df['before_prefr_unit_price']=df['before_prefr_unit_price'].astype('float')
df['after_prefr_unit_price']=df['after_prefr_unit_price'].astype('float')
df['user_actual_pay_amount']=df['user_actual_pay_amount'].astype('float')
df['total_offer_amount']=df['total_offer_amount'].astype('float')
#将三个属性转为时间型
df.loc[:,'check_account_tm']=pd.to_datetime(df.loc[:,'check_account_tm'])
df.loc[:,'sale_ord_tm']=pd.to_datetime(df.loc[:,'sale_ord_tm'])
df.loc[:,'sale_ord_dt']=pd.to_datetime(df.loc[:,'sale_ord_dt'])
#删除优惠前价格小于288元的
df=df[df['before_prefr_unit_price']>=288]
#订单编号具有唯一性,因此需要删除重复的数据
df.drop_duplicates(subset=['sale_ord_id'],keep='first',inplace=True)
#填充城市和省份的缺失数据
df.user_site_city_id=df.user_site_city_id.fillna(-1)
df.user_site_province_id=df.user_site_province_id.fillna(-1)
#删除重复的列check_account_tm,转置列,删除,再转置
df=df.T.drop_duplicates().T
#实际支付的价格=商品数量* 优惠后单价
df['total_actual_pay']=df['sale_qtty']* df['after_prefr_unit_price']
df.to_csv('C:/Users/灰灰/Desktop/1.csv',encoding="utf-8",index=False)
```

4.5.3　订单分析

1. 订单取消比例分析
通过数据观察,有的订单出现了取消现象,因此可以通过饼状图查看取消和未取消的比例。

```python
order_cancel=df[df.cancel_flag==1]['sale_ord_id'].count()
order_success=df[df.cancel_flag==0]['sale_ord_id'].count()
labels=['取消','未取消']
values=[order_cancel,order_success]
trace=[go.Pie(labels=labels,values=values)]
layout=go.Layout(
    title=dict(text='订单比例图',x=0.5)
)
fig=go.Figure(data=trace,layout=layout)
fig
```

输出结果如图 4-9 所示。

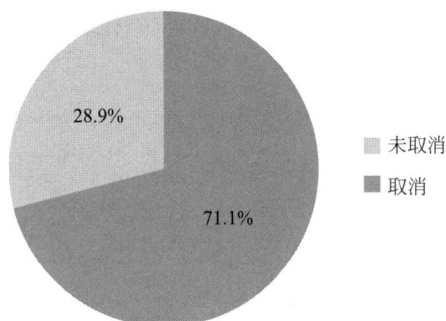

图 4-9　订单比例图

通过图 4-9 可以看出，有 28.9% 的订单取消了，取消的比例可能是地址填写错了、没有领到优惠券等情况。

2. 订单支付比例分析

通过观察数据发现，有用户提交了订单但是没有支付。

```
#找到所有的有效订单
df2=df[(df['sale_ord_valid_flag']==1)&(df['cancel_flag']==0)&('before_
prefr_unit_price'!=0)]
order_payed=df2['sale_ord_id'][df2['user_actual_pay_amount']!=0].count()
order_unpay=df2['sale_ord_id'][df2['user_actual_pay_amount']==0].count()
labels=['支付','未支付']
values=[order_payed,order_unpay]
trace=[go.Pie(labels=labels,values=values)]
layout=go.Layout(
        title=dict(text='支付比例图',x=0.5)
)
fig=go.Figure(data=trace,layout=layout)
fig
```

输出结果如图 4-10 所示。

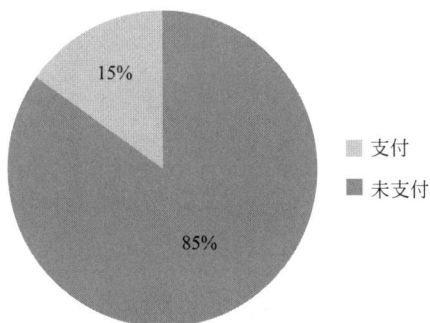

图 4-10　支付比例图

通过图 4-10 可以看出，大约有 15% 的用户取消了支付，取消支付的比例小于取消订单的比例，因此有订单信息但是未支付的用户，有比较强的购买目的，可能是由于优惠券或者价格等因素使其取消支付，因此这部分用户可能是价格比较敏感的用户，商家可以推送京东优惠卡。

3. 订单价格分布用户

```
price_series=df2['after_prefr_unit_price']
price_series_num=price_series.count()
hist,bin_edges=np.histogram(price_series,bins=80)
hist_sum=np.cumsum(hist)
hist_per=hist_sum / price_series_num
bin_edges_plot=np.delete(bin_edges,0)
trace=go.Scatter(
    x=bin_edges_plot,
    y=hist_per* 100,
    mode='lines',#折线图
    line=dict(
        width=2
    ))
layout=go.Layout(
    title=dict(text='订单的价格分布',x=0.5),
    xaxis=dict(title='订单价格'),
    yaxis=dict(title='百分比(%)',ticksuffix='% ')
)
fig=go.Figure(data=trace,layout=layout)
fig
```

输出结果如图 4-11 所示。

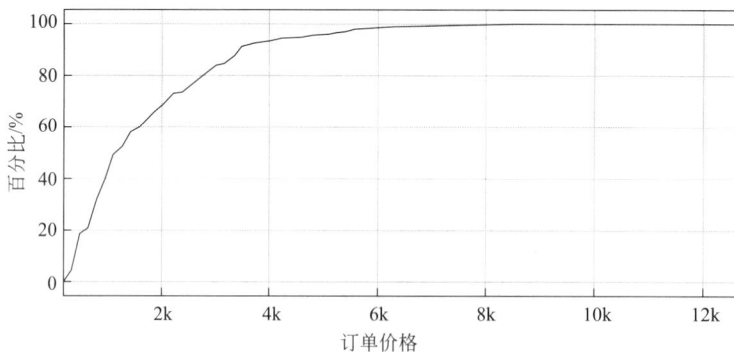

图 4-11　订单的价格分布

通过图 4-11 可以看出，超过 80% 冰箱的价格是低于 4k 的，超过 70% 的冰箱价格是低于 2k 的，可见冰箱用户主力消费价格在 2k 以下，因此在进行冰箱广告推广时，可以优先考虑价格低于 2k 的冰箱，这类冰箱具有较大的市场。

同时通过观察可以发现，冰箱价格在 4k 以内分布较为均匀，超过 4k 以后，冰箱累计上升区间缓慢，因此可以大致认为，当冰箱的价格超过 4k 时，可以认为是偏豪华型的冰箱，单个冰箱利润高，但是销售市场占比少。

4. 有效订单与时间的关系

```
df3=df2.copy()
df3['order_time_hms']=df3['sale_ord_tm'].apply(lambda x:x.strftime('%H'))
pay_time_df=df3.groupby('order_time_hms')['sale_ord_id'].count()
x=pay_time_df.index
y=pay_time_df.values
trace=go.Bar(
    x=x,
    y=y,
    text=y,
    textposition='outside')
layout=go.Layout(
    title=dict(text='不同时间段有效订单分布',x=0.5),
    xaxis=dict(title='时间',tickmode='linear'),
    yaxis=dict(title='有效订单数')
)
fig=go.Figure(data=trace,layout=layout)
fig
```

输出结果如图 4-12 所示。

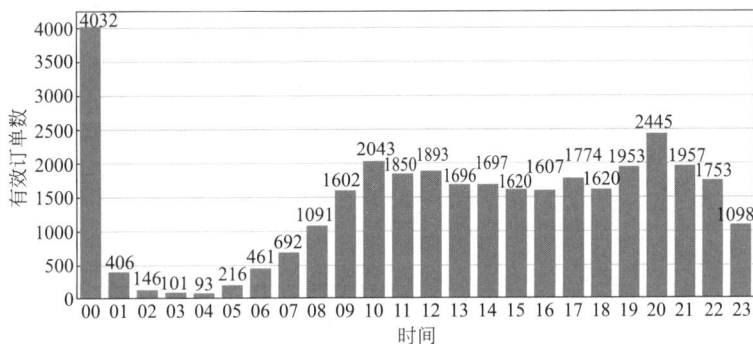

图 4-12　不同时间段有效订单分布

通过图 4-12 可以看出，0 点有效订单数出现了激增的情况，这一部分是出现了异常订单还是过了 0 点以后通过抢购物券使这一部分订单增加呢？同时，除了 0 点外，10 点、20 点有效订单数具有一个较高的值，说明用户比较偏向于 10 点和 20 点付款。早上 10 点付款推测原因可能是刚到公司，先逛一下购物网站，20 点推测原因是晚饭后，这个时间点距离睡觉较早，用户刷手机的频率增加，因此增加有效订单数。针对 0 点有效订单数偏高的问题，接下来分析人均有效订单的情况。

5. 人均有效订单与时间的关系

```
order_time_df=df3.groupby('order_time_hms')['sale_ord_id'].agg({('order_num','
count')}).reset_index()
    user_time_df=df3.groupby('order_time_hms')['user_log_acct'].agg({('user_
num','nunique')}).reset_index()
order_num_per_user=order_time_df['order_num'] / user_time_df['user_num']
trace=go.Scatter(
    x=order_num_per_user.index,
    y=order_num_per_user.values,
    mode='lines',#折线图
    line=dict(
        width=2
    ))
layout=go.Layout(
    title=dict(text='不同时间段人均订单量的分布',x=0.5),
    xaxis=dict(title='时间',tickmode='linear'),
    yaxis=dict(title='人均有效订单量')
)
fig=go.Figure(data=trace,layout=layout)
fig
```

输出结果如图 4-13 所示。

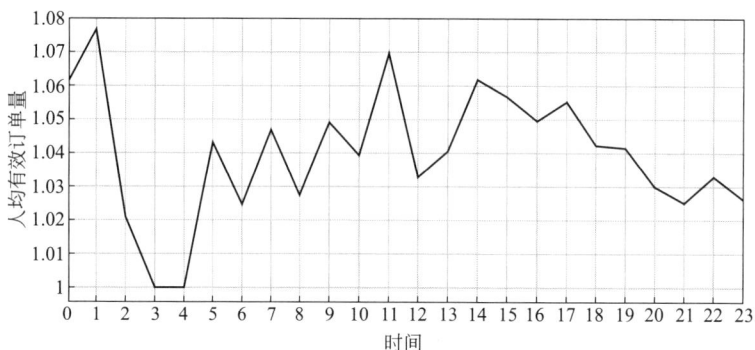

图 4-13 不同时间段人均有效订单量的分布

通过图 4-13 可以看出，0 点时候的人均有效订单率处于较为正常的值，甚至比 1 点的有效订单率低，因此有效订单的激增，很大概率是通过抢优惠券增加而不是出现了恶意刷单，同时可以看到 20 点的人均有效订单率也是处于较为正常的值。

6. 人均客单价和平均价在不同时间段的分布

客单价=销售额/顾客数，平均订单价=销售额/订单数。

```
total_pay_time_df=df3.groupby('order_time_hms')['total_actual_pay'].agg({('to-
tal_pay','sum')}).reset_index()
pay_per_user=total_pay_time_df['total_pay'] / user_time_df['user_num']
```

```
pay_per_order=total_pay_time_df['total_pay'] / order_time_df['order_num']
trace1=go.Scatter(
     x=pay_per_user.index,
     y=pay_per_user.values,
     mode='lines',#折线图
     name='客单价',
     line=dict(
         width=2,
         dash='dash'
     ))
trace2=go.Scatter(
     x=pay_per_user.index,
     y=pay_per_order.values,
     mode='lines',#折线图
     name='平均订单价',
     line=dict(
         width=2
     ))
layout=go.Layout(
     title=dict(text='不同时间段人均订单量的分布',x=0.5),
     xaxis=dict(title='时间',tickmode='linear'),
     yaxis=dict(title='人均有效订单量')
)
data=[trace1,trace2]
fig=go.Figure(data=data,layout=layout)
pyplot=py.offline.iplot
pyplot(fig)
```

输出结果如图 4-14 所示。

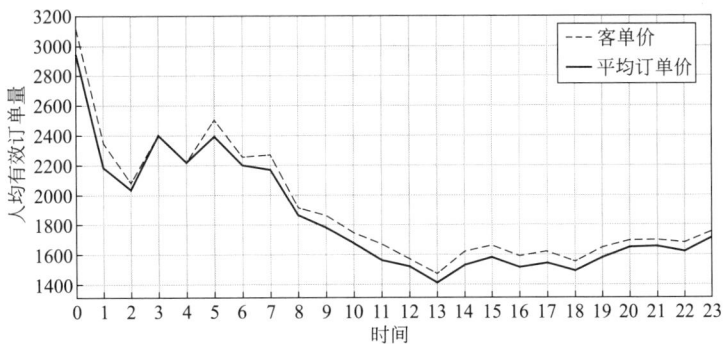

图 4-14　不同时间段人均订单量的分布

通过图 4-14 可以看出，0 时客单价和平均订单价在全天有较高的值，会不会是小部分用户的极端购物行为产生这样的数据呢？接下来查看 0 时和 20 时价格订单的分布图。

7. 0 时和 20 时订单价格分布

```
df4=df3.copy()
df5=df3.copy()
df4=df4[df4['order_time_hms']=='00']
df5=df5[df5['order_time_hms']=='20']
# 0 时价格累积分布折线图
price_series_0=df4['after_prefr_unit_price']
price_series_num=price_series_0.count()
hist,bin_edges=np.histogram(price_series_0,bins=100)
hist_sum=np.cumsum(hist)
hist_per=hist_sum/price_series_num
hist_per_plot=np.insert(hist_per,0,0)
trace=go.Scatter(
    x=bin_edges,
    y=hist_per_plot*100,
    mode='lines',#折线图
    line=dict(
        width=2
    ))
layout=go.Layout(
    title=dict(text='0 时订单的价格分布',x=0.5),
    xaxis=dict(title='订单价格'),
    yaxis=dict(title='百分比(%)',ticksuffix='%')
    )
fig=go.Figure(data=trace,layout=layout)
fig
#20 时价格累积分布折线图
price_series_20=df5['after_prefr_unit_price']
price_series_num=price_series_20.count()
hist,bin_edges=np.histogram(price_series_20,bins=100)
hist_sum=np.cumsum(hist)
hist_per=hist_sum/price_series_num
hist_per_plot=np.insert(hist_per,0,0)
trace=go.Scatter(
    x=bin_edges_plot,
    y=hist_per*100,
    mode='lines',#折线图
    line=dict(
        width=2
    ))
layout=go.Layout(
    title=dict(text='20 时订单的价格分布',x=0.5),
    xaxis=dict(title='订单价格'),
```

```
    yaxis=dict(title='百分比(%)',ticksuffix='% ')
    )
fig=go.Figure(data=trace,layout=layout)
fig
```

输出结果如图 4-15、图 4-16 所示。

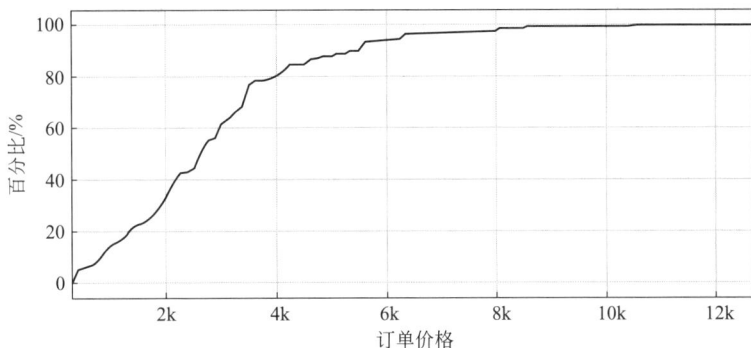

图 4-15　0 时订单的价格分布

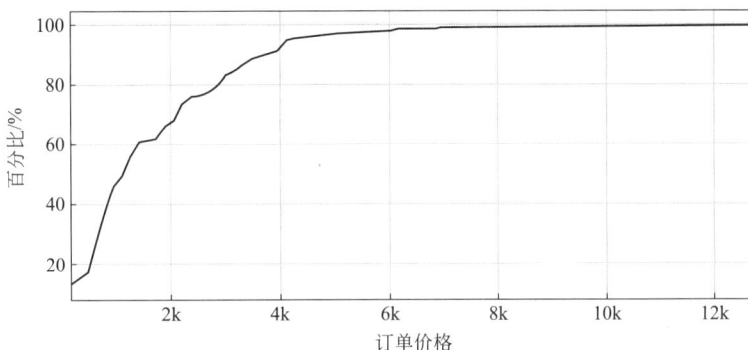

图 4-16　20 时订单的价格分布

通过图 4-15、图 4-16 可以看出，大约 20% 的 0 时用户的订单在 2k 以下，20 时用户在 2k 以下的订单占比为 75%。这说明 0 时的用户并不只有一小部分的订单价格很高，而是 0 时的用户普遍的购物具有较高的客单价。因此可以推测，0 时用户具有一定的冲动购物的情况，而 20 时用户相对理智一些，也可能是用户为了使用优惠券使高额的订单大多集中在 0 时。

8. 订单与地区的关系

```
df6=df2.copy()
order_area_df=df6.groupby('user_site_province_id',as_index=False)['sale_ord_
id'].agg({'order_num':'count'})
order_area_df.columns=['province_id','order_num']
order_area_df.drop([34],inplace=True)
order_area_df['province_id']=order_area_df['province_id'].astype('int')
city='city_level.csv'
df_city=pd.read_csv(city,sep=',',encoding="gbk",dtype=str)
df_city['province_id']=df_city['province_id'].astype('int')
df_city=df_city.drop_duplicates(subset=['province_id'],keep='first')
```

```
#保留重复数据的第一个,也就是只保留地区数据
df_city=df_city[['province_id','dim_province_name']].sort_values(by='province
_id',ascending=True).reset_index()
df_city.drop(['index'],axis=1,inplace=True)
order_province_df=pd.merge(order_area_df,df_city,on='province_id').sort_
values(by='order_num',ascending=False)
x=order_province_df['dim_province_name']
y=order_province_df['order_num']
trace=go.Bar(
    x=x,
    y=y,
    text=y,
    textposition='outside')
layout=go.Layout(
    title=dict(text='不同地区有效订单分布',x=0.5),
    xaxis=dict(title='地区',tickmode='linear'),
    yaxis=dict(title='有效订单数')
)
fig=go.Figure(data=trace,layout=layout)
fig
```

输出结果如图 4-17 所示。

通过图 4-17 可以看出,广东的有效订单最多,其次是北京。

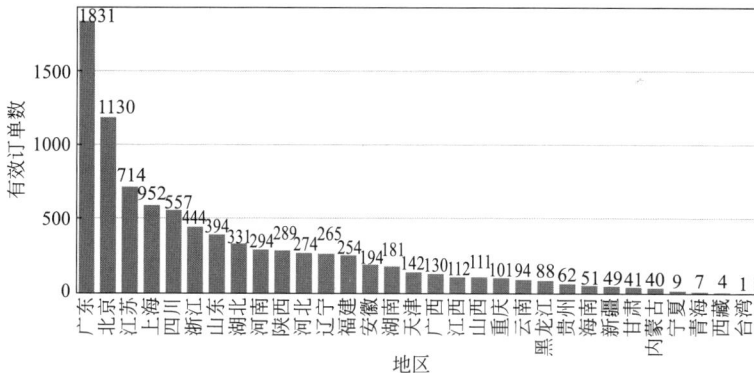

图 4-17 不同地区有效订单分布

```
#各省份客单价对比
cust_price_df=df6.groupby('user_site_province_id',as_index=False)['total_
actual_pay'].agg({'total_pay':'sum'})
cust_price_df.columns=['province_id','total_pay']
cust_price_df.drop([34],inplace=True)
cust_price_df['province_id']=cust_price_df['province_id'].astype('int')
cust_price_df=pd.merge(cust_price_df,df_city,on='province_id').sort_values(by
='total_pay',ascending=False)
```

```
cust_price_df['order_num']=order_province_df['order_num']
cust_df=df6.groupby('user_site_province_id',as_index=False)['user_log_acct']
.agg({'user_num':'nunique'})
cust_df.columns=['province_id','user_num']
cust_df.drop([34],inplace=True)
cust_df['province_id']=cust_df['province_id'].astype('int')
cust_price_df=pd.merge(cust_price_df,cust_df,on='province_id')
cust_price_df['cust_price']=cust_price_df['total_pay'] / cust_price_df['user_
num'] #计算客单价
cust_price_df=cust_price_df.sort_values(by='order_num',ascending=False)
cust_price_df=cust_price_df[:10]
cust_price_df=cust_price_df.sort_values(by='cust_price',ascending=False)
trace=go.Scatter(
    x=cust_price_df['cust_price'],
    y=cust_price_df['order_num'],
    text=cust_price_df['dim_province_name'],
    textposition='middle center',
    mode='markers+text',
    marker=dict(
        size=60,#设置气泡大小
        opacity=0.5 #设置透明度
    )
)
layout=go.Layout(
    title=dict(text='不同地区客单价的分布',x=0.5),
    xaxis=dict(title='客单价'),
    yaxis=dict(title='订单数量')
)
fig=go.Figure(data=trace,layout=layout)
fig
```

输出结果如图 4-18 所示。

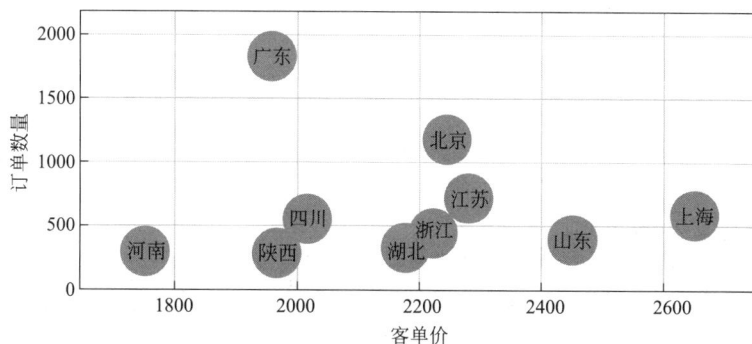

图 4-18 不同地区客单价的分布

由图 4-18 可以看出，订单大多集中在经济较为发达的地区。其中上海客单价最高，广东的订单数量最多，因为广东在国际贸易方面具有较大的优势，因此具有较多的实体工厂，能吸纳较多的低端人才，所以出现订单数量多而客单价不高的情况。与之相反的是上海作为国家的经济金融中心，人们收入较高，因此在消费品质上有一个较大的提升。

9. 不同品牌客单价

```
df7=df2.copy()
brand_sale_df=df7.groupby('brandname',as_index=False).agg({'total_actual_
pay':'sum','sale_qtty':'sum'}).sort_values(by='total_actual_pay',ascending=
False)
brand_sale_df['单价']=brand_sale_df['total_actual_pay'] / brand_sale_df['sale_
qtty']
brand_sale_df=brand_sale_df.sort_values(by='单价',ascending=False)
x=brand_sale_df['brandname']
y=[int(i) for i in brand_sale_df['单价']]
trace=go.Bar(
    x=x,
    y=y,
    text=y,
    textposition='outside')
layout=go.Layout(
    title=dict(text='不同品牌客单价分布图',x=0.5),
    xaxis=dict(title='品牌'),
    yaxis=dict(title='客单价')
)
fig=go.Figure(data=trace,layout=layout)
fig
```

输出结果如图 4-19 所示。

由图 4-19 可以看出，卡萨帝稳居客单价排行第一，豪华冰箱品牌价格的第一梯队品牌有卡萨帝、博世、西门子、松下、三星。平均价格在 4k 以上的第二梯队品牌有海尔、小米、伊莱克斯、格兰仕、美菱。平均价格在 2k 以上的有不少国产品牌的身影；剩下的品牌价格都在 2k 以下，这部分市场消费需求大，因此各大品牌在这一区间段价格竞争比较激烈。

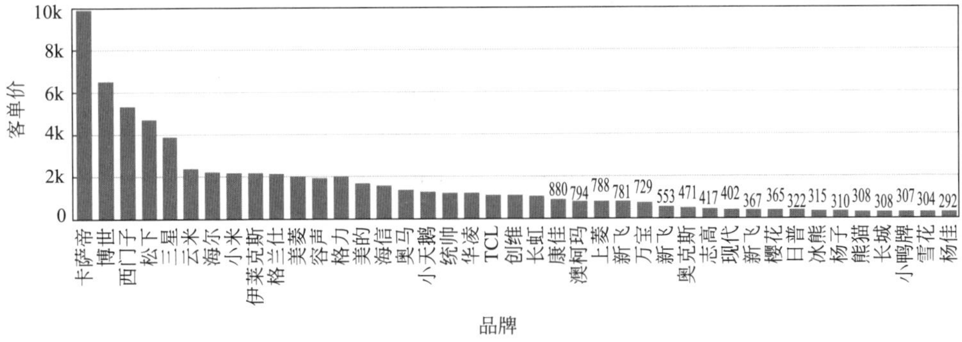

图 4-19　不同品牌客单价分布图

本节针对京东的冰箱订单数据进行了数据预处理，在数据分析中，数据指标的建立对于数据的深挖具有较大的意义，同时，需要针对异常数据提出一定的推测和假设，通过有效的数据分析进行小心求证。

课后习题

1. 什么是数据探索性分析？请简要描述其主要工作。
2. 在数据清洗中，缺失值和异常值有哪些处理方法？
3. 请利用数据重构的知识，对两张表合并以及保存。
4. 如何使用 Matplotlib 库绘制折线图、饼状图、柱状图、气泡图？
5. 下载本书 4.1 中的数据集，熟悉数据预处理的具体操作。

第5章 特征工程

特征工程是对原始数据进行一系列工程处理,将其提炼为特征,作为输入供算法和模型使用。本质上讲,特征工程是一个表示和展现数据的过程;实际工作中,特征工程的目的是去除原始数据中的杂质和冗余,设计更高效的特征以刻画求解的问题与预测模型之间的关系。特征工程的重要性有以下几点:

(1)特征越好,灵活性越强。好的特征的灵活性在于其允许选择不复杂的模型,同时运行速度也更快,也更容易和维护。

(2)特征越好,构建的模型越简单。好的特征可以在参数不是最优的情况,依然得到很好的性能,减少调参的工作量和时间,也就可以大大降低模型复杂度。

(3)特征越好,模型的性能越出色。特征工程的目的本来就是提升模型的性能。

特征工程是机器学习或数据挖掘流程中的一个关键步骤,是各种分析方法的支柱,它能显著提升模型的性能。特征工程旨在从原始数据中提取与目标变量相关的独立特征,用于进一步训练预测模型,使模型尽可能逼近特征决定的上限。特征工程主要包括特征缩放、特征编码、特征选择和特征提取等过程。

5.1 特征缩放

5.1.1 归一化

归一化(normalization),也称为标准化,这里不仅仅是对特征,实际上对于原始数据也可以进行归一化处理,它是将特征(或者数据)都缩放到一个指定的大致相同的数值区间内。

1. 归一化的原因

(1)某些算法要求样本数据或特征的数值具有零均值和单位方差。

(2)为了消除样本数据或者特征之间的量纲影响,即消除数量级的影响。

(3)数量级的差异将导致量级较大的属性占据主导地位。

(4)数量级的差异会导致迭代收敛速度减慢。原始的特征进行梯度下降时,每一步梯度的方向会偏离最小值(等高线中心点)的方向,迭代次数较多,且学习率必须非常小,否则非常容易引起宽幅震荡。但经过标准化后,每一步梯度的方向都几乎指向最小值(等高线中心点)的方向,迭代次数较少。

(5)所有依赖于样本距离的算法对于数据的数量级都非常敏感。比如 KNN 算法需要计算距离当前样本最近的 k 个样本,当属性的量级不同,选择的最近的 k 个样本也会不同。

2. 归一化的方法

1）线性函数归一化

线性函数归一化对原始数据进行线性变换，使得结果映射到［0，1］的范围内，实现对原始数据的等比缩放，如式（5-1）所示：

$$X_{norm} = \frac{X - X_{min}}{X_{max} - X_{min}} \tag{5-1}$$

其中，X 为原始数据，X_{max} 和 X_{min} 分别表示数据的最大值和最小值。

2）零均值归一化

零均值归一化将原始数据映射到均值为 0，标准差为 1 的分布上。如式（5-2）所示：

$$z = \frac{x - \mu}{\sigma} \tag{5-2}$$

如果数据集分为训练集、验证集和测试集，那么三个数据集都采用相同的归一化参数，数值都是通过训练集计算得到，即上述两种方法中分别需要的数据最大值、最小值，方差和均值都是通过训练集计算得到。归一化不是万能的，实际应用中，通过梯度下降法求解的模型是需要归一化的，包括线性回归、逻辑回归、支持向量机和神经网络等模型。但决策树模型不需要，以 C4.5 算法为例，决策树在分裂节点时主要依据数据集关于特征的信息增益比，而信息增益比和特征是否经过归一化是无关的，归一化不会改变样本在特征上的信息增益。

5.1.2 正则化

正则化是将样本或者特征的某个范数（如 L_1、L_2 范数）缩放到单位 1。

假设数据集为 $D = \{(x_1, y_1), (x_2, y_2), \cdots, (x_N, y_N)\}$，$x_i = (x_i^{(1)}, x_i^{(2)}, \cdots, x_i^{(d)})^T$，对样本首先计算 L_p 范数，得到：

$$L_p(x_i) = (|x_i^{(1)}|^p + |x_i^{(2)}|^p + \cdots + |x_i^{(d)}|^p)^{\frac{1}{p}} \tag{5-3}$$

正则化后的结果是每个属性值除以其 L_p 范数：

$$x_i = \left(\frac{x_i^{(1)}}{L_p(x_i)}, \frac{x_i^{(2)}}{L_p(x_i)}, \cdots, \frac{x_i^{(d)}}{L_p(x_i)}\right)^T \tag{5-4}$$

正则化的过程是针对单个样本的，将每个样本缩放到单位范数。归一化是针对单个属性的，需要用到所有样本在该属性上的值。通常在使用二次型（如点积）或者其他核方法计算两个样本之间的相似性时，该方法会很有用。

5.2 特征编码

5.2.1 序号编码

序号编码一般用于处理类别间具有大小关系的数据。比如成绩，可以分为高、中、低三个档次，并且存在"高>中>低"的大小关系，那么序号编码可以对这三个档次进行如下编码：高表示为 3，中表示为 2，低表示为 1，这样转换后依然保留了大小关系。

5.2.2 独热编码

独热编码通常用于处理类别间不具有大小关系的特征。独热编码采用 N 位状态位来对 N 个可能的取值进行编码。比如血型，一共有 4 个取值（A、B、AB 以及 O 型），那么独热编码会将血型转换为一个 4 维稀疏向量，分别表示上述四种血型为：A 型，（1，0，0，0）；B 型，（0，1，0，0）；AB 型，（0，0，1，0）；O 型，（0，0，0，1）。

1. 独热编码的优点

（1）能够处理非数值属性，比如血型、性别等。

（2）一定程度上扩充了特征。

（3）编码后的向量是稀疏向量，只有一位是 1，其他都是 0，可以利用向量的稀疏来节省存储空间。

（4）能够处理缺失值。如果所有位都是 0，表示发生了缺失。此时可以采用处理缺失值时提到的高维映射方法，用第 $N+1$ 位来表示缺失值。

2. 独热编码的缺点

（1）对高维度特征进行独热编码会带来以下几个方面问题：

① K 近邻算法（KNN）中，高维空间下两点之间的距离很难得到有效的衡量；

② 逻辑回归模型中，参数的数量会随着维度的增高而增加，导致模型复杂，出现过拟合问题；

③ 因为通常只有部分维度对分类、预测有帮助，所以需要借助特征选择来降低维度。

（2）决策树模型不推荐对离散特征进行独热编码，有以下两个主要原因：

① 产生样本切分不平衡问题，此时切分增益会非常小。比如对血型做独热编码操作，那么对每个特征是否为 A 型、是否为 B 型、是否为 AB 型、是否为 O 型，会有少量样本是 1，大量样本是 0。这种划分的增益非常小，因为拆分之后较小的拆分样本集占总样本的比例太小。无论增益多大，乘以该比例之后几乎可以忽略。较大的拆分样本集几乎就是原始的样本集，增益几乎为零。

② 影响决策树的学习。决策树依赖数据的统计信息，而独热编码会把数据切分到零散的小空间上。在这些零散的小空间上，统计信息是不准确的，学习效果会变差。本质是因为独热编码之后的特征的表达能力较差。该特征的预测能力被人为地拆分成多份，每一份与其他特征竞争最优划分点都失败，最终该特征得到的重要性会比实际值低。

5.2.3 二进制编码

二进制编码主要分为两步：先采用序号编码给每个类别赋予一个类别 ID；接着将类别 ID 对应的二进制编码作为结果。

血型二进制编码如表 5-1 所示。

表 5-1　血型二进制编码

血型	类别 ID	二进制表示	独热编码
A	1	0 0 1	1 0 0 0

血型	类别 ID	二进制表示	独热编码
B	2	010	0100
AB	3	011	0010
O	4	100	0001

从表 5-1 可以知道，二进制编码本质上是利用二进制对类别 ID 进行哈希映射，最终得到 0/1 特征向量，并且特征维度小于独热编码，更加节省了存储空间。

5.2.4　多元化

特征二元化就是将数值型的属性转换为布尔型的属性。通常用于假设属性取值分布是伯努利分布的情形。特征二元化的算法比较简单。对属性 j 指定一个阈值 m，如果样本在属性 j 上的值大于等 m，则二元化后为 1；如果样本在属性 j 上的值小于 m，则二元化为 0。根据上述定义，m 是一个关键的超参数，它的取值需要结合模型和具体的任务来选择。

5.2.5　离散化

离散化就是将连续的数值属性转换为离散的数值属性。

1. 离散化常用方法

离散化常用方法是分桶，将所有样本在连续的数值属性 j 的取值从小到大排列。然后从小到大依次选择分桶边界。其中分桶的数量以及每个桶的大小都是超参数，需要人工指定。每个桶的编号为 0，1，$\cdots$，$M-1$，即总共有 M 个桶。给定属性 j 的取值 a，判断 a 在哪个分桶的取值范围内，将其划分到对应编号 k 的分桶内，并且属性取值变为 k。

分桶的数量和边界通常需要人工指定。一般有两种方法：

（1）根据业务领域的经验指定。如：根据 2017 年全国居民人均可支配收入约为 2.6 万元，对年收入进行分桶时，可以选择桶的数量为 5。其中：

年收入小于 1.3 万元（人均的 0.5 倍），则为分桶 0。

年收入在 1.3 万～5.2 万元（人均的 0.5～2 倍），则为分桶 1。

年收入在 5.2 万～26 万元（人均的 2～10 倍），则为分桶 2。

年收入在 26 万～260 万元（人均的 10～100 倍），则为分桶 3。

年收入超过 260 万元，则为分桶 4。

（2）根据模型指定。根据具体任务来训练分桶之后的数据集，通过超参数搜索来确定最优的分桶数量和分桶边界。

选择分桶大小时遵循以下原则。

① 分桶大小必须足够小，使得桶内的属性取值变化对样本标记的影响基本在一个不大的范围。不能出现单个分桶的内部，样本标记输出变化很大的情况。

② 分桶大小必须足够大，使每个桶内都有足够的样本。如果桶内样本太少，则随机性太大，不具有统计意义上的说服力。

③ 每个桶内的样本尽量分布均匀。

2. 特征离散化的优势

在工业界很少直接将连续值作为逻辑回归模型的特征输入，而是将连续特征离散化为一系列 0/1 的离散特征。其优势有：

（1）离散化之后得到的稀疏向量，内积乘法运算速度更快，计算结果方便存储。

（2）离散化之后的特征对于异常数据具有很强的鲁棒性。如：销售额作为特征，当销售额在［30，100）时，为 1，否则为 0。如果未离散化，则一个异常值 10000 会给模型造成很大的干扰。由于其数值较大，它对权重的学习影响较大。

（3）特征离散化之后，相当于引入了非线性关系，提升了模型的表达能力，增强了拟合能力。

（4）离散化之后可以进行特征交叉。假设有连续特征 j，离散化为 N 个 0/1 特征；连续特征 k，离散化为 M 个 0/1 特征，则分别进行离散化之后引入了 $N+M$ 个特征。

假设离散化时，并不是独立进行离散化，而是将特征 j，k 联合进行离散化，则可以得到 $N×M$ 个组合特征。这会进一步引入非线性，提高模型表达能力。

（5）离散化之后，模型会更稳定。如对销售额进行离散化，［30，100）作为一个区间。当销售额在 40 左右浮动时，并不会影响它离散化后的特征的值。但是处于区间连接处的值要小心处理，另外如何划分区间也需要仔细处理。

特征离散化简化了逻辑回归模型，同时降低模型过拟合的风险。能够对抗过拟合的原因：经过特征离散化之后，模型不再拟合特征的具体值，而是拟合特征的某个概念。因此能够对抗数据的扰动，更具有鲁棒性。另外它使得模型要拟合的值大幅度降低，也降低了模型的复杂度。

5.3 特征提取

特征提取一般在特征选择之前，它提取的对象是原始数据，目的就是自动地构建新的特征，将原始数据转换为一组具有明显物理意义（如几何特征）或者统计意义的特征。下面简单介绍这几种特征提取的方法。

5.3.1 主成分分析

主成分分析（principal component analysis，PCA）是降维最经典的方法，它旨在找到数据中的主成分，并利用这些主成分来表征原始数据，从而达到降维的目的。PCA 的思想是通过坐标轴转换，寻找数据分布的最优子空间。比如，在三维空间中有一系列数据点，它们分布在过原点的平面上，如果采用自然坐标系的 x，y，z 三个轴表示数据，需要三个维度，但实际上这些数据点都在同一个二维平面上，如果可以通过坐标轴转换使数据所在平面和 x，y 平面重合，就可以通过新的 x'、y' 轴来表示原始数据，并且没有任何损失，从而达到降维的目的，而且这两个新的轴就是需要找的主成分。因此，PCA 的计算方法一般分为以下几个步骤：

（1）对样本数据进行中心化处理；

（2）求样本协方差矩阵；

（3）对协方差矩阵进行特征值分解，将特征值从大到小排列；

（4）取特征值大的前 n 个对应的特征向量（w_1，w_2，$\cdots$，w_n），将原来 m 维的样本降低到 n 维。

通过 PCA，可以将方差较小的特征给抛弃，这里的特征向量可以理解为坐标转换中新坐标轴的方向，特征值表示在对应特征向量上的方差，特征值越大，方差越大，信息量也就越大。这也是选择前 n 个最大的特征值对应的特征向量的原因，因为这些特征包含更多重要的信息。

PCA 是一种线性降维方法，这也是它的一个局限性。不过也有很多解决方法，比如采用核映射对 PCA 进行拓展得到核主成分分析（KPCA），或者是采用流形映射的降维方法，比如等距映射、局部线性嵌入、拉普拉斯特征映射等，对一些 PCA 效果不好的复杂数据集进行非线性降维操作。

5.3.2　线性判别分析

线性判别分析（linear discriminant analysis，LDA）是一种有监督学习算法，相比较 PCA，它考虑数据的类别信息，而 PCA 没有考虑，它只是将数据映射到方差比较大的方向上而已。因为考虑数据的类别信息，所以 LDA 的目的不仅仅是降维，还需要找到一个投影方向，使投影后的样本尽可能按照原始类别分开，即寻找一个可以最大化类间距离以及最小化类内距离的方向。

相比较 PCA，LDA 更加擅长处理带有类别信息的数据，对噪声的鲁棒性比较好。但是 LDA 对数据的分布做出了很强的假设，比如每个类别数据都是高斯分布等，这些假设在实际中不一定完全满足。LDA 模型简单，表达能力有一定局限性，但可以通过引入核函数拓展 LDA 来处理分布比较复杂的数据。

5.3.3　独立成分分析

独立成分分析（independent component analysis，ICA），获得的是相互独立的属性，而 PCA 特征转换降维，提取的是不相关的部分。ICA 算法本质是寻找一个线性变换 $z = wx$，使 z 的各个特征分量之间的独立性最大。通常先采用 PCA 对数据进行降维，然后再用 ICA 来从多个维度分离出有用数据。PCA 是 ICA 的数据预处理方法。

5.4　特征选择

从给定的特征集合中选出相关特征子集的过程称为特征选择（feature selection）。对于一个学习任务，给定了属性集，其中某些属性可能对于学习来说很关键，但有些属性意义就不大。对当前学习任务有用的属性或者特征，称为相关特征（relevant feature）；对当前学习任务没用的属性或者特征，称为无关特征（irrelevant feature）。

特征选择可能会降低模型的预测能力，因为被剔除的特征中可能包含了有效的信息，抛弃这部分信息一定程度上会降低模型的性能，但这也是计算复杂度和模型性能之间的取舍：如果保留尽可能多的特征，模型的性能会提升，但同时模型变复杂，计算复杂度也同样提升；如果剔除尽可能多的特征，模型的性能会有下降，但同时模型会变简单，计算复杂度也同样降低。

常见的特征选择分为三类方法：过滤式（filter）、包裹式（wrapper）和嵌入式（embedding）。

5.4.1 特征选择原理

采用特征选择通常是因为维数灾难问题，即因为属性或者特征过多造成的问题。如果可以选择重要的特征，构建模型仅需要一部分特征，可以大大减轻维数灾难问题，从这个意义上讲，特征选择和降维技术有相似的动机，事实上它们也是处理高维数据的两大主流技术。去除无关特征可以降低学习任务的难度，也同样让模型变得简单，降低计算复杂度。

特征选择最重要的是确保不丢失重要的特征，否则就会因为缺少重要信息而无法得到一个性能很好的模型。给定数据集的学习任务不同，相关的特征很可能也不同。因此特征选择中的不相关特征指的是与当前学习任务无关的特征，其中一类常见的不相关特征称作冗余特征（redundant feature），它们所包含的信息可以从其他特征中推演出来。冗余特征通常都不起作用，去除它们可以减轻模型训练的负担；但如果冗余特征恰好对应了完成学习任务所需要的某个中间概念，则它是有益的，保留该特征可以降低学习任务的难度。

在没有任何先验知识，即领域知识的前提下，要想从初始特征集合中选择一个包含所有重要信息的特征子集，唯一的做法就是遍历所有可能的特征组合。但这种做法并不实际，也不可行，因为会遭遇组合爆炸，特征数量稍多就无法进行。一个可选的方案是：产生一个候选子集，评价它的好坏。基于评价结果产生下一个候选子集，再评价其好坏。这个过程持续进行下去，直至无法找到更好的后续子集为止。

1. 特征选择过程

1）子集搜索

给定特征集合 $A = \{A_1, A_2, \cdots, A_d\}$，首先将每个特征看作一个候选子集（每个子集中只有一个元素），然后对这 d 个候选子集进行评价。假设 A_2 最优，于是将 A_2 作为第一轮的选定子集。然后在上一轮的选定子集中加入一个特征，构成了包含两个特征的候选子集。假定 A_2，A_5 最优，且优于 A_2，于是将 A_2，A_5 作为第二轮的选定子集。假定在第 $k+1$ 轮时，本轮的最优特征子集不如上一轮的最优特征子集，则停止生成候选子集，并将上一轮选定的特征子集作为特征选择的结果。这种逐渐增加相关特征的策略称作前向（forward）搜索，类似地，如果从完整的特征集合开始，每次尝试去掉一个无关特征，这种逐渐减小特征的策略称作后向（backward）搜索。也可以将前向搜索和后向搜索结合起来，每一轮逐渐增加选定的相关特征（这些特征在后续迭代中确定不会被去除），同时减少无关特征，这样的策略被称作是双向（bidirectional）搜索。该策略是贪心的，因为它们仅仅考虑了使本轮选定集最优。但是除非进行穷举搜索，否则这样的问题无法避免。

2）子集评价

给定数据集 D，假设所有属性均为离散型。对属性子集 A，假定根据其取值将 D 分成了 v 个子集：D_1，D_2，$\cdots$，D_v，可以计算属性子集 A 的信息增益：

$$g(D, A) = H(D) - H(D \mid A) = H(D) - \sum_{v=1}^{V} \frac{|D_v|}{|D|} H(D_v) \tag{5-5}$$

其中，| · | 表示集合大小，$H(\cdot)$ 表示熵。

信息增益越大，表明特征子集 A 包含的有助于分类的信息越多。所以对于每个候选特征子集，可以基于训练集 D 来计算其信息增益作为评价准则。

更一般地，特征子集 A 实际上确定了对数据集 D 的一个划分规则。每个划分区域对应着 A 上的一个取值，而样本标记信息 y 则对应着 D 的真实划分。通过估算这两种划分之间的差异，就能对 A 进行评价：与 y 对应的划分的差异越小，则说明 A 越好。信息熵仅仅是判断这个差异的一种方法，其他能判断这两个划分差异的机制都能够用于特征子集的评价。

将特征子集搜索机制与子集评价机制结合就能得到特征选择方法。事实上，决策树可以用于特征选择，所有树结点的划分属性所组成的集合就是选择出来的特征子集。其他特征选择方法本质上都是显式或者隐式地结合了某些子集搜索机制和子集评价机制。

2. 特征选择方法

常见的特征选择方法分为以下三种，主要区别在于特征选择部分是否使用后续的学习器。

（1）过滤式（filter）：先对数据集进行特征选择，其过程与后续学习器无关，即设计一些统计量来过滤特征，并不考虑后续学习器问题。

（2）包裹式（wrapper）：实际上就是一个分类器，它是将后续的学习器的性能作为特征子集的评价标准。

（3）嵌入式（embedding）：实际上是学习器自主选择特征。

最简单的特征选择方法是去掉取值变化小的特征。假如某特征只有 0 和 1 的两种取值，并且所有输入样本中，95% 的样本的该特征取值都是 1，那就可以认为该特征作用不大。当然，该方法的一个前提是特征值都为离散型的；如果是连续型的，则需要离散化后再使用，并且通常不会出现 95% 以上都取某个特征值的情况。所以，这个方法虽然简单，但不太好用，可以作为特征选择的一个预处理过程：先去掉变化小的特征，再选择上述三种类型的特征选择方法。

5.4.2　过滤式选择

该方法先对数据集进行特征选择，然后再训练学习器。特征选择过程与后续学习器无关。即先采用特征选择对初始特征进行过滤，然后用过滤后的特征训练模型。该方法的优点是计算时间上比较高效，而且对过拟合问题有较高的鲁棒性；缺点是倾向于选择冗余特征，即没有考虑到特征之间的相关性。下面介绍 5 种常见的过滤式选择方法。

1. Relief 方法

Relief（relevant features）是一种著名的过滤式特征选择方法。该方法设计了一个相关统计量来度量特征的重要性。该统计量是一个向量，其中每个分量都对应于一个初始特征。特征子集的重要性则是由该子集中每个特征所对应的相关统计量分量之和来决定的。最终只需要指定一个阈值 k，然后选择比 k 大的相关统计量分量所对应的特征即可。也可以指定特征个数 m，然后选择相关统计量分量最大的 m 个特征。Relief 是为二分类问题设计的，其拓展变体 Relief-F 可以处理多分类问题。

2. 方差选择法

使用方差选择法，先要计算各个特征的方差，然后根据阈值，选择方差大于阈值的特征。

3. 相关系数法

使用相关系数法，先要计算各个特征对目标值的相关系数以及相关系数的 P 值。

4. 卡方检验

经典的卡方检验是检验定性自变量对定性因变量的相关性。假设自变量有 N 种取值，因变量有 M 种取值，考虑自变量等于 i 且因变量等于 j 的样本频数的观察值 A 与期望 E 的差距构建统计量，自变量对因变量的相关性如式 5-6 所示。

$$x^2 = \sum \frac{(A-E)^2}{E} \tag{5-6}$$

5. 互信息法

经典的互信息也是评价定性自变量对定性因变量的相关性的，互信息计算公式如下：

$$I(X;Y) = \sum_{x \in X} \sum_{y \in Y} p(x,y) \log \frac{p(x,y)}{p(x)p(y)} \tag{5-7}$$

5.4.3 包裹式选择

相比于过滤式特征选择不考虑后续学习器，包裹式特征选择直接把最终将要使用的学习器的性能作为特征子集的评价原则。其目的就是为给定学习器选择最有利于其性能、量身定做的特征子集。包裹式选择的优点是直接针对特定学习器进行优化，考虑到特征之间的关联性，因此通常包裹式特征选择比过滤式特征选择能训练得到一个更好性能的学习器；缺点是由于特征选择过程需要多次训练学习器，故计算开销要比过滤式特征选择要大得多。

LVW（las vegas wrapper）是一个典型的包裹式特征选择方法。它通过 Las Vegas method 框架使用随机策略来进行子集搜索，并以最终分类器的误差作为特征子集的评价标准。由于 LVW 算法中每次特征子集评价都需要训练学习器，计算开销很大，因此它会设计一个停止条件控制参数 T。但是如果初始特征数量很多、T 设置较大、以及每一轮训练的时间较长，则算法很可能运行很长时间都不会停止，如果有运行时间限制，则有可能给不出解。

5.4.4 嵌入式选择

在过滤式和包裹式特征选择方法中，特征选择过程与学习器训练过程有明显的分别。嵌入式选择是将特征选择与学习器训练过程融为一体，在同一个优化过程中完成。即学习器训练过程中自动进行了特征选择。

常用的方法包括：

（1）利用正则化，如 L_1、L_2 范数，主要应用于如线性回归、逻辑回归以及支持向量机（SVM）等算法；

（2）使用决策树思想，包括决策树、随机森林、Gradient Boosting 等。

引入 L_1 范数除了降低过拟合风险之外，还有一个好处：它求得的 w 会有较多的分量为零，即它更容易获得稀疏解，于是基于 L_1 正则化的学习方法就是一种嵌入式特征选择方法，其特征选择过程与学习器训练过程融为一体，二者同时完成。

针对不同情况，可以选择以下两种常见的嵌入式选择模型：

① 在 Lasso 模型中，λ 参数控制了稀疏性：如果 λ 越小，则稀疏性越小，被选择的特征

越多；相反 λ 越大，则稀疏性越大，被选择的特征越少；

② 在 SVM 和逻辑回归中，参数 C 控制了稀疏性：如果 C 越小，则稀疏性越大，被选择的特征越少；如果 C 越大，则稀疏性越小，被选择的特征越多。

5.5　特征构建

特征构建是指从原始数据中人工构建新的特征。特征构建需要花时间去观察原始数据，思考问题的潜在形式和数据结构，对数据敏感和有机器学习实战经验有助于特征构建。特征构建需要很强的洞察力和分析能力，能够从原始数据中找出一些具有物理意义的特征。假设原始数据是表格数据，一般可以使用混合属性或者组合属性来创建新的特征，或是分解或切分原有的特征来创建新的特征。特征构建非常需要相关领域的知识或者丰富的实践经验，否则不能很好构建出更好的有用的新特征。相比于特征构建，特征提取是通过一些现成的特征提取方法来将原始数据进行特征转换，而特征构建则需要人为的手工构建特征，比如组合两个特征，或者分解一个特征为多个新的特征。

5.6　泰坦尼克号数据特征工程

5.6.1　缺失值填充

对分类变量缺失值：填充某个缺失值字符（NA）、用最多类别的进行填充。对连续变量缺失值：填充均值、中位数、众数。

```
#对分类变量进行填充
train['Cabin']=train['Cabin'].fillna('NA')
train['Embarked']=train['Embarked'].fillna('S')
#对连续变量进行填充
train['Age']=train['Age'].fillna(train['Age'].mean())
#检查缺失值比例
train.isnull().sum().sort_values(ascending=False)
train.head()
```

输出缺失值填充后的前五行数据如图 5-2 所示。

5.6.2　编码分类变量

取出所有的输入特征，进行虚拟变量转换。

	PassengerId	Survived	Pclass	Name	Sex	Age	SibSp	Parch	Ticket	Fare	Cabin	Embarked
0	1	0	3	Braund, Mr. Owen Harris	male	22.0	1	0	A/5 21171	7.2500	NA	S
1	2	1	1	Cumings, Mrs. John Bradley (Florence Briggs Th...	female	38.0	1	0	PC 17599	71.2833	C85	C
2	3	1	3	Heikkinen, Miss. Laina	female	26.0	0	0	STON/O2. 3101282	7.9250	NA	S
3	4	1	1	Futrelle, Mrs. Jacques Heath (Lily May Peel)	female	35.0	1	0	113803	53.1000	C123	S
4	5	0	3	Allen, Mr. William Henry	male	35.0	0	0	373450	8.0500	NA	S

图 5-2　缺失值填充

```
#取出所有的输入特征
data=train[['Pclass','Sex','Age','SibSp','Parch','Fare','Embarked']]
#进行虚拟变量转换
data=pd.get_dummies(data)
data.head()
```

输出编码分类变量的前五行数据如图 5-3 所示。

	Pclass	Age	SibSp	Parch	Fare	Sex_female	Sex_male	Embarked_C	Embarked_Q	Embarked_S
0	3	22.0	1	0	7.2500	0	1	0	0	1
1	1	38.0	1	0	71.2833	1	0	1	0	0
2	3	26.0	0	0	7.9250	1	0	0	0	1
3	1	35.0	1	0	53.1000	1	0	0	0	1
4	3	35.0	0	0	8.0500	0	1	0	0	1

图 5-3　编码分类变量

课后习题

1. 简要论述归一化和正则化的区别。
2. 对血型进行特征编码可以采取哪些方式？这些方式各有什么优缺点？
3. 如何评价候选特征子集的好坏？
4. 简述过滤式选择的五种方法。
5. 为什么要进行特征构建？它与特征提取有什么区别？
6. 利用本章中的数据集，熟悉并练习特征工程的操作步骤。

第6章　决策树方法及其应用

决策树（decision tree）是一类常见的机器学习方法，以二分类任务为例，从给定训练集训练出一个模型用以对新实例进行分类。决策树是基于树结构来进行决策的，这恰是人类在面临决策问题时一种很自然的处理机制。决策树学习采用的是自顶向下的递归方法，基本思想是以信息熵为度量构造一棵熵值下降最快的树到叶结点处，熵值为 0。决策树具有可读性强、分类速度快的优点，是一种有监督学习。常用的决策树算法是 Quinlan 在 1986 年提出的 ID3 算法和 1993 年提出的 C4.5 算法，以及 Breiman 等人在 1984 年提出的 CART 算法。

本章主要介绍决策树的基本概念、构造过程，ID3、C4.5、CART 这 3 种常见决策树算法原理及其代码实现，并以用户购买行为预测为例展示利用决策树进行商务数据分析的过程。

6.1　决策树简介

决策树呈树形结构，在分类问题中，表示基于特征对实例进行分类的过程。学习时，利用训练数据，根据损失函数最小化的原则建立决策树模型；预测时，对新的数据，利用决策模型进行分类。

决策树可以分为两类：离散性决策树和连续性决策树，主要取决于其目标变量的类型。离散性决策树，其目标变量是离散的，如性别为男或女；连续性决策树，其目标变量是连续的，如工资、价格、年龄等。

决策树相关的重要概念：

（1）根结点（root node）：它表示整个样本集合，并且该结点可以进一步划分成两个或多个子集。

（2）拆分（splitting）：表示将一个结点拆分成多个子集的过程。

（3）决策结点（decision node）：当某个子结点进一步被拆分成多个子结点时，这个子结点就叫作决策结点。

（4）叶结点（leaf/terminal node）：无法再拆分的结点被称为叶结点。

（5）剪枝（pruning）：移除决策树中子结点的过程就叫作剪枝，跟拆分过程相反。

（6）分支/子树（branch/sub-tree）：一棵决策树的一部分就叫作分支或子树。

（7）父结点和子结点（paren and child node）：一个结点被拆分成多个结点，这个结点就叫作父结点；其拆分后的结点叫作子结点。

6.2 决策树的构造过程

决策树的构造过程一般分为 3 个部分，分别是特征选择、决策树生成和决策树剪枝。

6.2.1 特征选择

特征选择表示从众多的特征中选择一个特征作为当前结点分裂的标准，如何选择特征有不同的量化评估方法，从而衍生出不同的决策树。随着划分过程不断进行，希望决策树的分支结点所包含的样本尽可能属于同一类别，即结点的"纯度"（purity）越来越高。度量数据集纯度的方式包括以下 3 种。

1. 信息增益

信息熵（information entropy）是度量样本集纯度最常用的一种指标。假定当前样本集 D 中共包含 n 类样本，其中第 k 类样本所占的比例为 p_k（$k=1, 2, \cdots, n$），则 D 的信息熵定义为

$$\mathrm{Ent}(D) = -\sum_{k=1}^{n} p_k \log_2 p_k \tag{6-1}$$

$\mathrm{Ent}(D)$ 的值越小，则 D 的纯度越高。

假定离散属性 a 有 V 个可能的取值 $\{a^1, a^2, \cdots, a^v\}$，若使用 a 对样本集 D 进行划分，则会产生 v 个分支结点，其中第 v 个分支结点包含了 D 中所有在属性 a 上取值为 a^v 的样本，记为 D^v。可以根据上式计算出 D^v 的信息熵，再考虑到不同的分支结点所包含的样本数不同，给分支结点赋予权重 $\dfrac{|D^v|}{|D|}$，即样本数越多的分支结点的影响越大，于是可计算出用属性 a 对样本集 D 进行划分所获得的信息增益（information gain）。

$$\mathrm{Gain}(D, a) = \mathrm{Ent}(D) - \sum_{v=1}^{V} \frac{|D^v|}{|D|} \mathrm{Ent}(D^v) \tag{6-2}$$

一般而言，信息增益越大，则意味着使用属性 a 来进行划分所获得的"纯度提升"越大。因此可以用信息增益来进行决策树的划分属性选择，著名的 ID3 决策树学习算法就是以信息增益为准则来选择划分属性。

2. 增益率

实际上，信息增益准则对可取值数目较多的属性有所偏好，为减少这种偏好可能带来的不利影响，著名的 C4.5 决策树算法不直接使用信息增益，而是使用增益率（gain ratio）来选择最优划分属性，如式（6-3）所示。

$$\mathrm{Gain\_Ratio}\ (D, a) = \frac{\mathrm{Gain}\ (D, a)}{\mathrm{IV}\ (a)} \tag{6-3}$$

式中

$$\mathrm{IV}(a) = -\sum_{v=1}^{V} \frac{|D^v|}{|D|} \log_2 \frac{|D^v|}{|D|} \tag{6-4}$$

式（6-4）称为属性 a 的"固有值"，属性 a 的可能取值数目越多（V 越大），则 $\mathrm{IV}(a)$

的值通常会越大。需要注意的是，增益率准则对可能取值数目较少的属性有所偏好，因此 C4.5 算法并不是直接选择增益率最大的候选划分属性，而是使用了一个启发式：先从候选划分属性中找出信息增益高于平均水平的属性，再从中选择增益率最高的。

3. 基尼系数

CART 决策树使用基尼系数（Gini coefficient）来选择划分属性，数据集 D 的纯度可用基尼系数值来度量：

$$\text{Gini}(D) = \sum_{k=1}^{n} \sum_{k' \neq k} p_k p_{k'} = 1 - \sum_{k=1}^{n} p_k^2 \tag{6-5}$$

直观来说，$\text{Gini}(D)$ 反映了从数据集 D 中随机抽取两个样本，其类别标记不一致的概率。因此 $\text{Gini}(D)$ 越小，则数据集 D 的纯度越高。

属性 a 的基尼系数定义为

$$\text{Gini\_index}(D, a) = \sum_{v=1}^{V} \frac{|D^v|}{|D|} \text{Gini}(D^v) \tag{6-6}$$

于是，在候选属性集合 A 中，选择那个使得划分后基尼指数最小的属性作为最优划分属性。

6.2.2　决策树生成

根据选择的特征评估标准，从上至下递归地生成子结点，直到数据集不可分则决策树停止生长。这个过程实际上就是使用满足划分准则的特征不断地将数据集划分成纯度更高、不确定性更小的子集的过程。对于当前数据集的每一次划分，都希望根据某个特征划分之后的各个子集的纯度更高，不确定性更小。

6.2.3　决策树剪枝

剪枝是决策树学习算法对付"过拟合"的主要手段。在决策树学习中，为了尽可能正确地分类训练样本，结点划分过程将不断重复，有时会造成决策树分支过多，这时就可能因为训练样本学得"太好"了，以至于把训练集自身的一些特点当作所有数据都具有的一般性质而导致过拟合。因此，可通过主动去掉一些分支来降低过拟合的风险。

决策树剪枝的基本策略有"预剪枝"和"后剪枝"。预剪枝是指在决策树生成的过程中，对每个结点在划分前先进行估计，若当前结点的划分不能带来决策树泛化性能提升，则停止划分并将当前结点标记为叶结点；后剪枝则是先从训练集生成一棵完整的决策树，然后自底向上地对非叶结点进行考察，若将该结点对应的子树替换为叶结点能带来决策树泛化性能提升，则将该子树替换为叶结点。

6.3　决策树算法实现

决策树算法实现过程如下：
（1）选取特征，分割样本集。
（2）计算增益。如果增益足够大，将分割后的样本集作为决策树的子结点，否则停止分割。

（3）递归执行上两步。

算法框架如下：

```
class DecisionTree(object):
    def fit(self,X,y):
        #依据输入样本生成决策树
        self.root=self._build_tree(X,y)
    def _build_tree(self,X,y,current_depth=0):
        #1.选取最佳分割特征,生成左右结点
        #2.针对左右结点递归生成子树
    def predict_value(self,x,tree=None):
        #将输入样本传入决策树中,自顶向下进行判定
        #到达叶结点即为预测值
```

在上述代码中，实现决策树的关键是递归构造子树的过程，为了实现这个过程，需要做好三件事：分别是结点的定义，最佳分割特征的选择和递归生成子树。

6.3.1 结点定义

决策树的目的是用于分类预测，即各个结点需要选取输入样本的特征，进行规则判定，最终决定样本归属到哪一棵子树。基于这个目的，决策树的每一个结点需要包含以下 4 个关键信息：

（1）判决特征：当前结点针对哪一个特征进行判决。

（2）判决规则：对于二类问题，这个规则一般是一个布尔表达式。

（3）左子树：判决为 true 的样本。

（4）右子树：判决为 false 的样本。

决策树结点的定义代码如下：

```
class DecisionNode():
def _init_(self,feature_i=None,threshold=None,
           value=None,true_branch=None,false_branch=None):
self.feature_i=feature_i    #用于测试的特征对应的索引
self.threshold=threshold    # 判断规则:>=threshold 为 true
self.value=value    # 如果是叶结点,用于保存预测结果
self.true_branch=true_branch    # 左子树
self.false_branch=false_branch    # 右子树
```

6.3.2 特征选取

特征选取是构造决策树最关键的步骤，其目的是选出能够实现分割结果最纯净的那个特征，其操作流程的代码如下：

```
#遍历样本集中的所有特征,针对每一个特征计算最佳分割点
#再选取最佳的分割特征
```

```
for feature_i in range(n_features):
    #遍历集合中某个特征的所有取值
    for threshold in unique_values:
        #以当前特征值作为阈值进行分割
        Xy1,Xy2=divide_on_feature(X_y,feature_i,threshold)
        #计算分割后的增益
        gain=gain(y,y1,y2)
        #记录最佳分割特征,最佳分割阈值
        if gain >largest_gain:
        largest_gain=gain
            best_criteria={
                "feature_i":feature_i,
                "threshold":threshold
                }
```

6.3.3　结点分裂

结点分裂的时候有两条处理分支,如果增益够大,就分裂为左右子树,如果增益很小,就停止分裂,将这个结点直接作为叶结点。结点分裂和 Gain(分割后增益)的计算可以做一个优化,在寻找最优分割点的时候将最佳分裂子集和 Gain 计算并保存下来,可将上一步中的 for 循环改写为:

```
#以当前特征值作为阈值进行分割
Xy1,Xy2=divide_on_feature(X_y,feature_i,threshold)
#计算分割后的熵
gain=gain(y,y1,y2)
#记录最佳分割特征,最佳分割阈值
if gain >largest_gain:
    largest_gain=gain
        best_criteria={
        "feature_i":feature_i,
        "threshold":threshold,
        }
    best_sets={
        "left":Xy1,
        "right":Xy2,
        "gain":gain
        }
```

为了防止过拟合,需要设置合适的停止条件,比如设置 Gain 的阈值。如果 Gain 值比较小,就不再继续进行分割。接下来,可以依据 Gain 值来决定分割策略:

```
if best_sets["gain"] >MIN_GAIN:
    #对 best_sets["left"]进一步构造子树,并作为父结点的左子树
    #对 best_sets["right"]进一步构造子树,并作为父结点的右子树
```

```
...
else:
    #直接将父结点作为叶结点
...
```

6.4　基于决策树的用户购买行为预测

在学习了决策树的基础知识后，下面结合一组实验数据来强化决策树的学习。实验数据来源于一组消费调查结果，如表 6-1 所示。此决策树的目的是构造一个分类算法，如果有新的用户数据时，可以依据训练结果去推断一个用户是否购买这个商品。

表 6-1　实验数据

Age	Education	Income	Marital Status	Purchase
36-55	master's	high	single	yes
18-35	high school	low	single	no
36-55	master's	low	single	yes
18-35	bachelor's	high	single	no
<18	high school	low	single	yes
18-35	bachelor's	high	married	no
36-55	bachelor's	low	married	no
>55	bachelor's	high	single	yes
36-55	master's	low	married	no
>55	master's	low	married	yes
36-55	master's	high	single	yes
>55	master's	high	single	yes
18	high school	high	single	no
36-55	master's	low	single	yes
36-55	high school	low	single	yes
<18	high school	low	married	yes
18-35	bachelor's	high	married	no
>55	high school	high	married	yes
>55	bachelor's	low	single	yes
36-55	high school	high	married	no

表中共有 20 组调查样本，每一组样本包含四个特征：年龄段、学历、收入、婚姻状况，最后一列是所属分类，在这个问题中代表是否购买了该产品。

监督学习是在每一个样本都有正确答案的前提下，用算法预测结果，然后根据预测情况的好坏调整算法参数。在决策树中，预测的过程就是依据各个特征划分样本集，评价预测结果好坏的标准是划分结果的纯度。

为了方便处理，简化样本数据，将年龄特征按照样本的特点，转化为离散的数据，比如小于 18 对应 0，18 对应 1，18~35 对应 2，36~55 对应 3，大于 55 对应 4，以此类推。同样其他的特征也进行数字化处理，教育水平映射为 0（hight school），1（bachelor's），2（master's），收入映射为 0（low）和 1（hight），婚姻状况映射为 0（single），1（married）。最终处理后的样本，可用 NumPy 矩阵表示为：

```
X_y=np.array(
        [[3,2,1,0,1],
        [2,0,0,0,0],
        [3,2,0,0,1],
        [2,1,1,0,0],
        [0,0,0,0,1],
        [2,1,1,1,0],
        [3,1,0,1,0],
        [4,1,1,0,1],
        [3,2,0,1,0],
        [4,2,0,1,1],
        [3,2,1,0,1],
        [4,2,1,0,1],
        [1,0,1,0,0],
        [3,2,0,0,1],
        [3,0,0,0,1],
        [0,0,0,1,1],
        [2,1,1,1,0],
        [4,0,1,1,1],
        [4,1,0,0,1],
        [3,0,1,1,0]]
)
```

依照上面的算法构造决策树，如下所示：

```
--Classification Tree--
0:4?
  T->1
  F->3:1?
    T->0:2?
            T->0
            F->1
    F->0:3?
            T->1
            F->0:1?
                    T->0
                    F->1
```

其中，冒号前代表选择的分割特征，冒号后面代表判别规则，二者组合起来就是一个决策树的非叶结点。每个非叶结点进一步分割为 True 和 False 分支，对于叶结点箭头后面表示最终分类，0 表示不购买，1 表示购买。由于数据做过简化，所以上述结果不太直观，对应的特征以及判断规则翻译如下：

```
年龄:大于 55?
  是->购买
  否->收入:高?
    是->年龄:大于 18?
        是->不购买
        否->购买
    否->年龄:大于 36?
        是->购买
        否->年龄:大于等于 18?
            是->不购买
            否->购买
```

决策树构造完之后，就可以对新样本进行分类了。决策树的预测过程十分容易理解，只需要从根结点开始，按照结点定义的规则进行判决，选择对应的子树，并重复这个过程，直到叶结点即可。

完整代码如下：

（1）导入相关库。

```
#-* - coding:utf-8-* -
from sklearn.feature_extraction import DictVectorizer
import csv
from sklearn import preprocessing #需要使用到预处理
from sklearn import tree #需要使用到树
from sklearn.model_selection import train_test_split
```

（2）读取数据集。

```
Test1DecisionTreeData=open(r'D:\tree\data.csv','rt')   #读取表格数据
reader=csv.reader(Test1DecisionTreeData) #利用模块中的 reader 函数读取出来
header=next(reader)   #取第一行
```

（3）划分数据与标签。

```
feature_list=[]
label_list=[]
for row in reader:
    label_list.append(row[len(row)-1])
    #print(row)
    row_dict={}
    for i in range(1,len(row)-1):
        row_dict[header[i]]=row[i]
    feature_list.append(row_dict)
```

```
vec=DictVectorizer()　#特征向量化
dummyX=vec.fit_transform(feature_list).toarray()
print("dummyX:\n"+str(dummyX)) #在特征值上将字符型的转化为数值
print(vec.get_feature_names())　#查看转换后的列名
lb=preprocessing.LabelBinarizer() #在标签上进行二进制化
dummyY=lb.fit_transform(label_list)
data_train,data_test,target_train,target_test=\
    train_test_split(dummyX,dummyY,test_size=0.34)
#打印出原始样本集、训练集和测试集的数目
print("The length of original data X is:",dummyX.shape[0])
print("The length of train Data is:",data_train.shape[0])
print("The length of test Data is:",data_test.shape[0])
```

（4）训练 DecisionTreeClassifier 分类器。

```
dtr=tree.DecisionTreeClassifier(criterion='entropy',max_depth=2)
#特征选择标准设置 entropy,max_depth 树的最大深度为 2
dtr.fit(data_train,target_train)
```

（5）计算 DecisionTreeClassifier 分类器准确率。

```
print(dtr.score(data_test,target_test))
```

输出：

```
71.43%
```

（6）生成决策树 dot，需要安装 Graphviz 才能将它转化为 pdf 或 png 等格式。

```
with open("Decisiontree.dot",'w') as f:
    f=tree.export_graphviz(dtr,feature_names=vec.get_feature_names(),out_file
=f)
```

输出的决策图如图 6-1 所示，可以看出，在训练集中，共有 13 组数据，被划分为 2 个类别（各类别的数量分别是 6，7），初始根结点认为教育水平是 master's 的可能性最大，entropy 系数为 0.996。

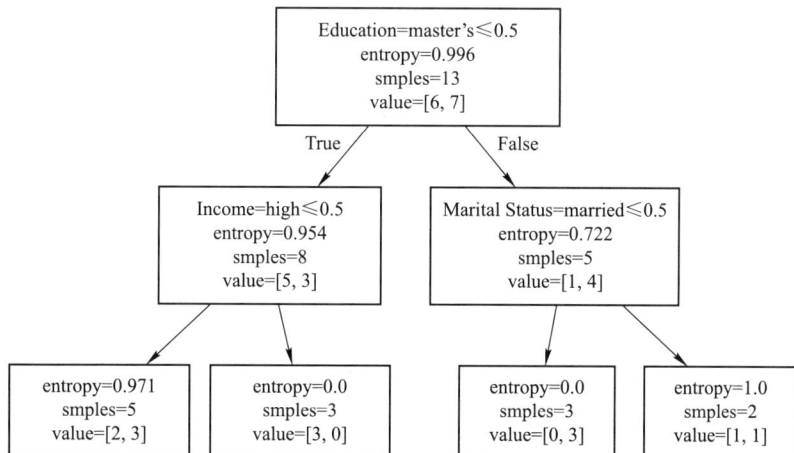

图 6-1　决策图

课后习题

1. 根据决策树目标变量的类型，可以把决策树划分为几类？

2. 简述构造决策树的过程。

3. 已知 Ent(A) = −16，Ent(B) = −7，集合 B 的纯度比集合 A 更高。这个判断是正确的吗？为什么？

4. 决策树的每一个结点都需要什么关键信息？

5. 表 6-2 是贷款申请情况数据表，数据包括贷款人的四个特征，分别是年龄、有工作否、有自己的房子否、信贷情况，最后一列"类别"表明是否给予贷款。请根据表中数据，构建决策树，用以对未来的贷款申请进行分类。

表 6-2　贷款申请情况数据表

ID	年龄	有工作否	有自己的房子否	信贷情况	类别
1	青年	否	否	一般	否
2	青年	否	否	好	否
3	青年	是	否	好	是
4	青年	是	是	一般	是
5	青年	否	否	一般	否
6	中年	否	否	一般	否
7	中年	否	否	好	否
8	中年	是	是	好	是
9	中年	否	是	非常好	是
10	中年	否	是	非常好	是
11	老年	否	是	非常好	是
12	老年	否	是	好	是
13	老年	是	否	好	是
14	老年	是	否	非常好	是
15	老年	否	否	一般	否

第7章 支持向量机方法及其应用

支持向量机（support vector machines，SVM）是一种二分类模型，基本模型是定义在特征空间上的间隔最大的线性分类器。SVM 的学习策略是间隔最大化，可理解为一个求解凸二次规划的问题，也等价于正则化的合页损失函数的最小化问题。本章主要介绍支持向量机方法中涉及的相关问题，并通过鸢尾花分类预测展示支持向量机方法在商务数据分析中的应用。

7.1 分类超平面与最大间隔

在样本空间中，如果可以用一条直线将图中的两组数据分开，则称这组数据为线性可分数据，将数据集分隔开的直线称为分类超平面，数据点到分类超平面的距离称为间隔。将给定训练样本集 $D = \{(x_1, y_1), (x_2, y_2), \cdots, (x_m, y_m)\}$，$y_i \in \{-1, 1\}$ 中不同类别的样本分开，可供选择的分类超平面有很多，如图 7-1 所示。

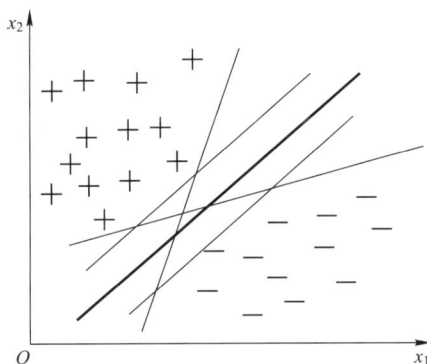

图7-1　存在多个分类超平面将两类训练样本集分开

原则上可以找位于两类训练样本集"正中间"的分类超平面，即图 7-1 中最粗的那条线。因为该分类超平面对训练样本集局部扰动的"容忍性"最好，鲁棒性最强，泛化能力最强。当训练样本集因局限性或噪声的影响，训练集外的样本可能比训练样本集内的样本更接近两个类的分隔界，这会使许多分类超平面出现错误，而最粗的线代表的分类超平面受影响最小。换言之，这个分类超平面所产生的分类结果是最鲁棒的，对未见示例的泛化能力最强。

在样本空间中，分类超平面可通过如下线性方程来描述：

$$w^\mathrm{T}x + b = 0 \tag{7-1}$$

其中，$\boldsymbol{x}=(x_1, x_2, \cdots, x_m)^{\mathrm{T}}$ 为输入数据，维度为 m；$\boldsymbol{w}=(w_1, w_2, \cdots, w_m)^{\mathrm{T}}$ 为法向量，决定了分类超平面的方向；b 为位移项，决定了分类超平面与原点之间的距离。显然，分类超平面可由法向量 $\boldsymbol{w}$ 和位移 b 确定，将其记为 $(\boldsymbol{w}, b)$。

样本空间中任意点 $\boldsymbol{x}$ 到超平面 $(\boldsymbol{w}, b)$ 的距离可写为：

$$r=\frac{|\boldsymbol{w}^{\mathrm{T}}\boldsymbol{x}+b|}{\|\boldsymbol{w}\|} \tag{7-2}$$

$\|\boldsymbol{w}\|$ 表示向量的模，$\boldsymbol{w}$ 与 $\boldsymbol{w}$ 共轭的内积再开方。

$$\|\boldsymbol{w}\|=\sqrt[2]{\boldsymbol{w}^2+\boldsymbol{w}^{*2}} \tag{7-3}$$

假设超平面 $(\boldsymbol{w}, b)$ 能将训练样本集正确分类，即对于 $(\boldsymbol{x}_i, y_i) \in D$，若 $y_i=+1$，则有 $\boldsymbol{w}^{\mathrm{T}}\boldsymbol{x}_i+b>0$；若 $y_i=-1$，则有 $\boldsymbol{w}^{\mathrm{T}}\boldsymbol{x}_i+b<0$。令：

$$\begin{cases} \boldsymbol{w}^{\mathrm{T}}\boldsymbol{x}_i+b \geqslant +1, & y_i=+1 \\ \boldsymbol{w}^{\mathrm{T}}\boldsymbol{x}_i+b \leqslant -1, & y_i=-1 \end{cases} \tag{7-4}$$

如图 7-2 所示，距离分类超平面最近的这几个训练样本点使计算公式的等号成立，被称为"支持向量"，两个异类支持向量到分类超平面的距离之和为

$$\gamma=\frac{2}{\|\boldsymbol{w}\|} \tag{7-5}$$

其中，γ 被称为"间隔"。

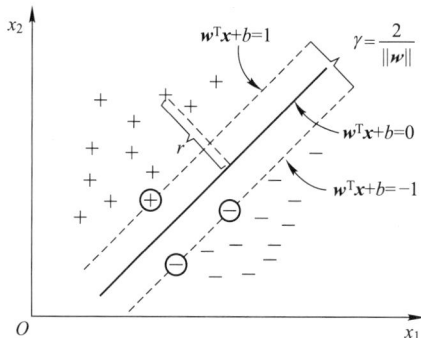

图 7-2　支持向量与间隔

想要找到具有"最大间隔"（maximum margin）的分类超平面，也就是要找到能满足式(7-4)中约束的参数 $\boldsymbol{w}$ 和 b，使得 γ 最大，即

$$\max \frac{2}{\|\boldsymbol{w}\|} \tag{7-6}$$

$$\text{s. t. } y_i(\boldsymbol{w}^{\mathrm{T}}\boldsymbol{x}_i+b) \geqslant +1, i=1,2,\cdots,m$$

显然，为了最大化间隔 γ，仅需最大化 $\|\boldsymbol{w}\|^{-1}$，等价于最小化 $\|\boldsymbol{w}\|^2$。于是，式(7-6) 可重写为：

$$\min \frac{1}{2}\|\boldsymbol{w}\|^2 \tag{7-7}$$

$$\text{s. t. } y_i(\boldsymbol{w}^{\mathrm{T}}\boldsymbol{x}_i+b) \geqslant +1, i=1,2,\cdots,m$$

式（7-7）就是支持向量机的基本型，对于这类带有不等式约束的最优化问题，可以使用拉格朗日乘子法（Lagrange multiplier）进行求解。

7.2 对偶问题与拉格朗日乘子法

通过求解式（7-7）得到最大间隔分类超平面所对应的模型：

$$\min f(x) = \boldsymbol{w}^\mathrm{T}\boldsymbol{x}+b \tag{7-8}$$

其中 $\boldsymbol{w}$ 和 b 是模型参数，式（7-7）本身是一个凸二次规划问题，能直接用优化计算包求解，但也有更高效的办法：对式（7-7）使用拉格朗日乘子法可得到其"对偶问题"。具体来说，对式（7-7）的每条约束添加拉格朗日乘子 $\alpha_i \geqslant 0$，则该问题的拉格朗日函数可写为：

$$L(\boldsymbol{w}, b, \boldsymbol{\alpha}) = \frac{1}{2}\|\boldsymbol{w}\|^2 + \sum_{i=1}^{m} \alpha_i [1 - y_i(\boldsymbol{w}^\mathrm{T}\boldsymbol{x}_i + b)] \tag{7-9}$$

其中，$\boldsymbol{\alpha} = (\alpha_1, \alpha_2, \cdots, \alpha_m)$，令 $L(\boldsymbol{w}, b, \boldsymbol{\alpha})$ 对 $\boldsymbol{w}$ 和 b 的偏导为零可得

$$\boldsymbol{w} = \sum_{i=1}^{m} \alpha_i y_i \boldsymbol{x}_i \tag{7-10}$$

$$0 = \sum_{i=1}^{m} \alpha_i y_i \tag{7-11}$$

将式（7-10）代入式（7-9），即可将 $L(\boldsymbol{w}, b, \boldsymbol{\alpha})$ 中的 $\boldsymbol{w}$ 和 b 消去，再考虑式（7-11）的约束，就得到式（7-7）的对偶问题：

$$\max\left(\sum_{i=1}^{m} \alpha_i - \frac{1}{2}\sum_{i=1}^{m}\sum_{j=1}^{m} \alpha_i \alpha_j y_i y_j \boldsymbol{x}_i^\mathrm{T} \boldsymbol{x}_j\right) \tag{7-12}$$

$$\text{s.t.} \sum_{i=1}^{m} \alpha_i y_i = 0, \ \alpha_i \geqslant 0, \ i = 1, 2, \cdots, m$$

解出 $\boldsymbol{\alpha}$ 后，求出 $\boldsymbol{w}$ 和 b 即可得到模型

$$f(\boldsymbol{x}) = \boldsymbol{w}^\mathrm{T}\boldsymbol{x} + b = \sum_{i=1}^{m} \alpha_i y_i \boldsymbol{x}_i^\mathrm{T}\boldsymbol{x} + b \tag{7-13}$$

从对偶问题式（7-12）解出的 α_i 是公式中的拉格朗日乘子，正好对应训练样本 $(\boldsymbol{x}_i, y_i)$，式（7-7）中有不等式约束，因此上述过程需满足 KKT 条件，即要求

$$\begin{cases} \alpha_i \geqslant 0 \\ y_i f(\boldsymbol{x}_i) - 1 \geqslant 0 \\ \alpha_i(y_i f(\boldsymbol{x}_i) - 1) = 0 \end{cases} \tag{7-14}$$

于是，对任意训练样本 $(\boldsymbol{x}_i, y_i)$，总有 $\alpha_i = 0$ 或 $y_i f(\boldsymbol{x}_i) = 1$。若 $\alpha_i = 0$，则该样本将不会在式（7-13）的求和中出现，也就不会对 $f(\boldsymbol{x})$ 有任何影响；若 $\alpha_i > 0$，则必有 $y_i f(\boldsymbol{x}_i) = 1$，所对应的样本点位于最大间隔边界上，是一个支持向量。这显示出支持向量机的一个重要性质：训练完成后，大部分的训练样本都不需要保留，最终模型仅与支持向量有关。

7.3 核函数

在本章前面的讨论中，假设训练样本是线性可分的，即存在一个分类超平面能将训练样本正确分类。然而在现实任务中的原始样本空间内，也许并不存在一个能正确划分两类样本的分类超平面，例如图 7-3 中的异或问题就不是线性可分的。

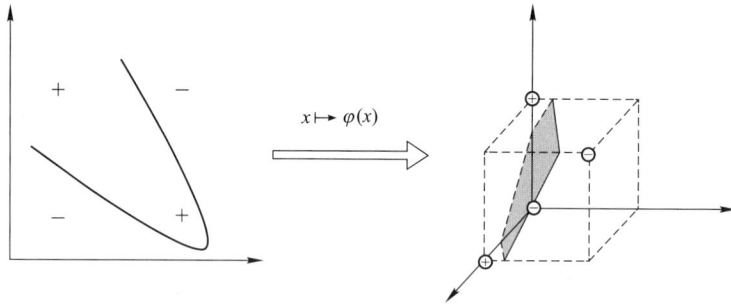

图 7-3 异或问题与非线性映射

对于原空间中的非线性可分问题，可将样本从原始空间映射到一个更高维的特征空间，使样本在这个特征空间内线性可分。例如在图 7-3 中，若将原始的二维空间映射到一个合适的三维空间，就能找到一个合适的划分超平面。如果原始空间是有限维的，即属性数有限，那么一定存在一个高维特征空间使样本可分。

令 $\varphi(\boldsymbol{x})$ 表示将 $\boldsymbol{x}$ 映射后的特征向量，于是，在特征空间中划分超平面所对应的模型可表示为

$$f(x) = \boldsymbol{w}^{\mathrm{T}}\varphi(\boldsymbol{x}) + b \qquad (7\text{-}15)$$

其中 $\boldsymbol{w}$ 和 b 是模型参数，类似于式（7-7），有

$$\min \frac{1}{2}\|\boldsymbol{w}\|^2 \qquad (7\text{-}16)$$

$$\mathrm{s.\,t.}\ y_i(\boldsymbol{w}^{\mathrm{T}}\varphi(\boldsymbol{x}_i)+b) \geqslant +1, i=1,2,\cdots,m$$

其对偶问题是

$$\max\left[\sum_{i=1}^{m}\alpha_i - \frac{1}{2}\sum_{i=1}^{m}\sum_{j=1}^{m}\alpha_i\,\alpha_j\,y_i\,y_j\,\varphi^{\mathrm{T}}(\boldsymbol{x}_i)\varphi(\boldsymbol{x}_j)\right] \qquad (7\text{-}17)$$

$$\mathrm{s.\,t.}\ \sum_{i=1}^{m}\alpha_i\,y_i=0,\ \alpha_i\geqslant 0,\ i=1,\ 2,\ \cdots,\ m$$

求解式（7-17）涉及计算 $\varphi^{\mathrm{T}}(\boldsymbol{x}_i)\varphi(\boldsymbol{x}_j)$，这是样本 $\boldsymbol{x}_i$ 与 $\boldsymbol{x}_j$ 映射到特征空间之后的内积。由于特征空间维数可能很高，甚至可能是无穷维，因此直接计算 $\varphi^{\mathrm{T}}(\boldsymbol{x}_i)\varphi(\boldsymbol{x}_j)$ 通常是困难的。为了避开这个障碍，可以设想这样一个函数：

$$k(\boldsymbol{x}_i,\boldsymbol{x}_j) = \{\varphi(\boldsymbol{x}_i),\varphi(\boldsymbol{x}_j)\} = \varphi^{\mathrm{T}}(\boldsymbol{x}_i)\varphi(\boldsymbol{x}_j) \qquad (7\text{-}18)$$

即 $\boldsymbol{x}_i$ 与 $\boldsymbol{x}_j$ 在特征空间的内积等于它们在原始样本空间中通过函数 $k(\boldsymbol{x}_i,\ \boldsymbol{x}_j)$ 计算的结果，有了这样的函数，就不必直接计算高维甚至无穷维特征空间中的内积，于是式（7-17）可

重写为

$$\max\left[\sum_{i=1}^{m}\alpha_i - \frac{1}{2}\sum_{i=1}^{m}\sum_{j=1}^{m}\alpha_i\,\alpha_j\,y_i\,y_j k(\boldsymbol{x}_i,\,\boldsymbol{x}_j)\right] \qquad (7\text{-}19)$$

$$\text{s.t.} \sum_{i=1}^{m}\alpha_i\,y_i = 0,\ \alpha_i \geqslant 0,\ i = 1,\,2,\,\cdots,\,m$$

求解后即可得到

$$f(\boldsymbol{x}) = \boldsymbol{w}^{\mathrm{T}}\varphi(x) + b = \sum_{i=1}^{m}\alpha_i\,y_i\,\varphi^{\mathrm{T}}(\boldsymbol{x}_i)\,\varphi(\boldsymbol{x}) + b = \sum_{i=1}^{m}\alpha_i\,y_i k(\boldsymbol{x},\,\boldsymbol{x}_i) + b \qquad (7\text{-}20)$$

这里的函数 $k(\boldsymbol{x}_i,\,\boldsymbol{x}_j)$ 就是核函数，式（7-20）显示出模型最优解可通过训练样本的核函数展开，这一展开式亦称"支持向量展式"。

显然，若已知合适映射 $\varphi(\cdot)$ 的具体形式，则可写出核函数 $k(\boldsymbol{x}_i,\,\boldsymbol{x}_j)$。但在现实任务中通常不知道 $\varphi(\cdot)$ 是什么形式，那么合适的核函数是否一定存在呢？什么样的函数能做核函数呢？因此存在核函数定理，表明只要一个对称函数所对应的核矩阵半正定，就能作为核函数使用。事实上，对于一个半正定核矩阵，总能找到一个与之对应的映射 φ。换言之，任何一个核函数都隐式地定义了一个称为"再生核希尔伯特空间"的特征空间。

通过前面的推导，样本在特征空间内未必线性可分，特征空间的好坏对支持向量机的性能至关重要。需要注意的是，在不知道特征映射的形式时，无法得知合适的核函数，而核函数也仅是隐式地定义了这个特征空间。于是，"核函数选择"成为支持向量机的最大变数。若核函数选择不合适，则意味着将样本映射到了一个不合适的特征空间，很可能导致性能不佳。表 7-1 列出了几种常用的核函数。

表 7-1 常用核函数

名称	表达式	参数
线性核	$k(\boldsymbol{x}_i,\boldsymbol{x}_j) = \boldsymbol{x}_i^{\mathrm{T}}\boldsymbol{x}_j$	
多项式核	$k(\boldsymbol{x}_i,\boldsymbol{x}_j) = (\boldsymbol{x}_i^{\mathrm{T}}\boldsymbol{x}_j)^m$	$m \geqslant 1$ 为多项式的次数
高斯核	$k(\boldsymbol{x}_i,\boldsymbol{x}_j) = \exp\left(-\dfrac{\|\boldsymbol{x}_i - \boldsymbol{x}_j\|^2}{2\sigma^2}\right)$	$\sigma > 0$ 为高斯核的带宽
拉普拉斯核	$k(\boldsymbol{x}_i,\boldsymbol{x}_j) = \exp\left(-\dfrac{\|\boldsymbol{x}_i - \boldsymbol{x}_j\|^2}{\sigma}\right)$	$\sigma > 0$
sigmoid 核	$k(\boldsymbol{x}_i,\boldsymbol{x}_j) = \tanh(\beta\,\boldsymbol{x}_i^{\mathrm{T}}\boldsymbol{x}_j + \theta)$	$\beta > 0,\ \theta < 0$

此外，还可以通过函数组合得到核函数，例如：

若 k_1 和 k_2 为核函数，则对于任意正数 γ_1、γ_2，其线性组合 $\gamma_1 k_1 + \gamma_2 k_2$ 也是核函数；

若 k_1 和 k_2 为核函数，则核函数的直积 $k_1 k_2(x, z) = k_1(x, z) k_2(x, z)$ 也是核函数；

若 k_1 为核函数，则对于任意函数 $g(x)$，$k(x, z) = g(x) k_1(x, z) g(z)$ 也是核函数。

7.4　软间隔与正则化

在前面几节中，一直假定训练样本在样本空间或特征空间中是线性可分的，即存在一个分类超平面能将不同类的样本完全划分开。然而，在现实任务中往往很难确定合适的核函数使训练样本在特征空间中线性可分。退一步说，即使恰好找到了某个核函数使训练集在特征空间中线性可分，也很难断定这个貌似线性可分的结果是否由于过拟合所造成的。

缓解该问题的一个办法是：允许支持向量机在一些样本上出错。为此，引入"软间隔"的概念，如图 7-4 所示，虚线圈出了一些不满足约束的样本。

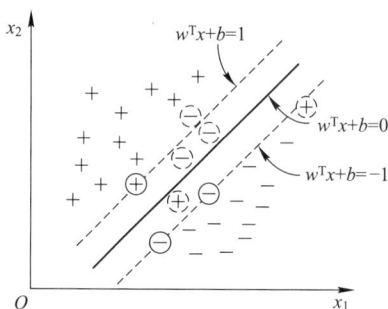

图 7-4　软间隔示意图

具体来说，前面介绍的支持向量机是要求所有样本均满足约束公式，即所有样本都必须划分正确，这称为"硬间隔"，而软间隔则是允许某些样本不满足约束：

$$y_i\left(\boldsymbol{w}^{\mathrm{T}}\boldsymbol{x}_i+b\right) \geqslant 1 \tag{7-21}$$

当然，在最大化间隔的同时，不满足约束的样本应尽可能少。于是，优化目标可写为

$$\min\left\{\frac{1}{2}\|\boldsymbol{w}\|^2 + C\sum_{i=1}^{m} l_{0/1}\left[y_i(\boldsymbol{w}^{\mathrm{T}}\boldsymbol{x}_i+b)-1\right]\right\} \tag{7-22}$$

其中，$C>0$，是一个常数，$L_{0/1}$ 是"0/1 损失函数"

$$L_{0/1}(z)=\begin{cases}1 & z<0\\0 & \text{其他}\end{cases} \tag{7-23}$$

显然，当 C 为无穷大时，式（7-22）迫使所有样本均满足约束式（7-21），于是式（7-22）等价于式（7-7）；当 C 取有限值时，式（7-22）允许一些样本不满足约束。

然而，$L_{0/1}$ 为非凸、非连续，数学性质不太好，使式（7-22）不容易直接求解，通常用其他一些函数来代替 $L_{0/1}$，称为替代损失。函数替代损失函数一般具有较好的数学性质，通常是凸的连续函数且是 $L_{0/1}$ 的上界。图 7-5 给出了三种常用的替代损失函数。

若采用铰链损失，则式（7-22）变成

$$\min \frac{1}{2}\|\boldsymbol{w}\|^2 + C\sum_{i=1}^{m}\max\left[0,\ 1-y_i(\boldsymbol{w}^{\mathrm{T}}\boldsymbol{x}_i+b)\right] \tag{7-24}$$

引入松弛变量 $\varepsilon_i \geqslant 0$，可将式（7-24）重写为

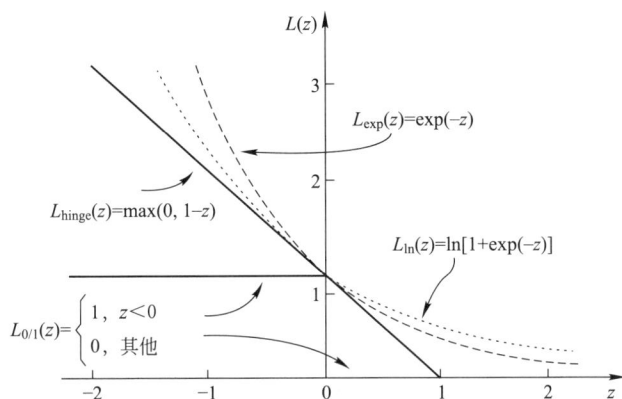

图 7-5　三种常见的替代损失函数：铰链损失、指数损失、对率损失

$$\min \frac{1}{2} \| \boldsymbol{w} \|^2 + C \sum_{i=1}^{m} \varepsilon_i \qquad (7\text{-}25)$$

$$\text{s. t. } y_i(\boldsymbol{w}^{\mathrm{T}} \boldsymbol{x}_i + b) \geqslant 1 - \varepsilon_i, \ \varepsilon_i \geqslant 0, \ i = 1, \ 2, \ \cdots, \ m$$

这就是常用的"软间隔支持向量机"。

7.5　基于支持向量机的鸢尾花分类预测

本节使用的数据集为 Iris. data，可以在 UCI 数据库中下载获取，下载地址为：http://archive. ics. uci. edu/ml/datasets/Iris。Iris. data 的数据共 5 列，前 4 列为样本特征，第 5 列为类别，分别有三种类别，即 Iris-setosa，Iris-versicolor 和 Iris-virginica。因为在分类中类别标签必须为数字量，所以应将 Iris. data 中的第 5 列的类别（字符串）转换为数值型。

表 7-2　字段说明

字段	说明
sepal length in cm	花萼长度
sepal width in cm	花萼宽度
petal length in cm	花瓣长度
petal width in cm	花瓣宽度
class	鸢尾花类别

1. 导入相关库

在使用 SVM 时，需先从 sklearn 包中导入 SVM 模块。

```
from sklearn import svm
```

2. 读取数据集

```
#读取数据集
path='C:/Users/灰灰/Downloads/Iris.data '#根据实际情况修改文件路径
data=np.loadtxt(path,dtype=float,delimiter=',',converters={4:Iris_label})
#converters={4:Iris_label}中"4"指的是第5列:将第5列的str转化为label(number)
```

3. 定义转换函数

转换函数可实现将类别 Iris-setosa，Iris-versicolor，Iris-virginica 映射成 0，1，2。

```
#定义转换函数
def Iris_label(s):
    it={b'Iris-setosa':0,b'Iris-versicolor':1,b'Iris-virginica':2}
    return it[s]
```

4. 读取文件

读取文件用的是 loadtxt 函数，代码如下：

```
def loadtxt(fname,dtype=float,comments='#',delimiter=None,converters=None,
skiprows=0,usecols=None,
unpack=False,ndmin=0)
```

常用的参数有：

（1）Fname：文件路径，如 path='C：/Users/灰灰/Downloads/Iris.data '。

（2）dtype：样本的数据类型，如 dtype=float。

（3）delimiter：分隔符，如 delimiter='，'。

（4）converters：将数据列与转换函数进行映射的字典，如 converters = {4：Iris_label} 的含义是将第5列的数据对应转换函数进行转换。

（5）usecols：选取数据的列。

5. 划分训练样本与测试样本

```
#划分数据与标签
x,y=np.split(data,indices_or_sections=(4,),axis=1) #x为数据,y为标签
x=x[:,0:2]
train_data,test_data,train_label,test_label =train_test_split(x,y,random_state
=1,train_size=0.6,test_size=0.4)
#sklearn.model_selection.
```

参数解释如下：

（1）split（数据，分割位置，轴=1（水平分割）or 0（垂直分割））。

（2）train_data：所要划分的样本特征集。

（3）train_label：所要划分的样本类别。

（4）train_size：训练样本占比，如果是整数的话就是样本的数量。

（5）test_size：测试样本占比。默认情况下，该值设置为 0.25。默认值将在版本 0.21 中更改。当 train_size 没有指定时，它将保持 0.25，否则它将补充指定的 train_size，如 train_size=0.6，则 test_size 默认为 0.4。

（6）random_state：随机数的种子。随机数种子就是该组随机数的编号，在需要重复试验的时候，保证得到一组一样的随机数。比如每次都填 1，其他参数一样的情况下所得到的随机数组是一样的。但填 0 或不填，每次都会不一样。随机数的产生取决于种子，随机数和种子之间的关系遵从以下两个规则：种子不同，产生不同的随机数；种子相同，即使实例不同也产生相同的随机数。

6. 训练 SVM 分类器

```
#训练 svm 分类器
classifier=svm.SVC(C=2,kernel='rbf',gamma=10,decision_function_shape='ovo')
# ovr:一对多策略
classifier.fit(train_data,train_label.ravel()) #ravel 函数在降维时默认是行序优先
```

kernel='linear'时，为线性核，C 越大分类效果越好，但有可能会过拟合（默认 C=1）。kernel='rbf'时（默认值），为高斯核，gamma 值越小，分类界面越连续；gamma 值越大，分类界面越"散"，分类效果越好，但有可能会过拟合。

decision_function_shape='ovr'时，为 one v rest（一对多），即一个类别与其他类别进行划分，decision_function_shape='ovo'时，为 one v one（一对一），即将类别两两之间进行划分，用二分类的方法模拟多分类的结果。

7. 计算分类准确率

```
#计算 svm 分类器的准确率
print("训练集:",classifier.score(train_data,train_label))
print("测试集:",classifier.score(test_data,test_label))
```

输出：

训练集:0.8555555555555555

测试集:0.7

还有另一种计算准确率的方法：

```
#可直接调用 accuracy_score 方法计算准确率
from sklearn.metrics import accuracy_score
tra_label=classifier.predict(train_data) #训练集的预测标签
tes_label=classifier.predict(test_data) #测试集的预测标签
print("训练集:",accuracy_score(train_label,tra_label))
print("测试集:",accuracy_score(test_label,tes_label))
```

实际上，classifier.score（）内部也是先 predict 得到 tes_label，然后调用了 accuracy_score（test_label，tes_label）方法来计算准确率的。

8. 查看一下内部决策函数，返回值是样本到分类超平面的距离

```
#查看决策函数
print('train_decision_function:\n',classifier.decision_function(train_data))
#(90,3)
print('predict_result:\n',classifier.predict(train_data))
```

9. 绘制图像

```
#确定坐标轴范围
x1_min,x1_max=x[:,0].min(),x[:,0].max() #第0维特征的范围
x2_min,x2_max=x[:,1].min(),x[:,1].max() #第1维特征的范围
x1,x2=np.mgrid[x1_min:x1_max:200j,x2_min:x2_max:200j] #生成网络采样点
grid_test=np.stack((x1.flat,x2.flat),axis=1) #测试点
#指定默认字体
matplotlib.rcParams['font.sans-serif']=['SimHei']
#设置颜色
cm_light=matplotlib.colors.ListedColormap(['#A0FFA0','#FFA0A0','#A0A0FF'])
cm_dark=matplotlib.colors.ListedColormap(['g','r','b'])
grid_hat=classifier.predict(grid_test)        #预测分类值
grid_hat=grid_hat.reshape(x1.shape)  #使之与输入的形状相同
plt.pcolormesh(x1,x2,grid_hat,cmap=cm_light)        #预测值的显示
plt.scatter(x[:,0],x[:,1],c=y[:,0],s=30,cmap=cm_dark)   #样本
plt.scatter(test_data[:,0],test_data[:,1],c=test_label[:,0],s=30,edgecolors
='k',zorder=2,cmap=cm_dark)
#圈中测试集样本点
plt.xlabel('花萼长度',fontsize=13)
plt.ylabel('花萼宽度',fontsize=13)
plt.xlim(x1_min,x1_max)
plt.ylim(x2_min,x2_max)
plt.title('鸢尾花SVM二特征分类')
plt.show()
```

输出结果如图7-6所示。

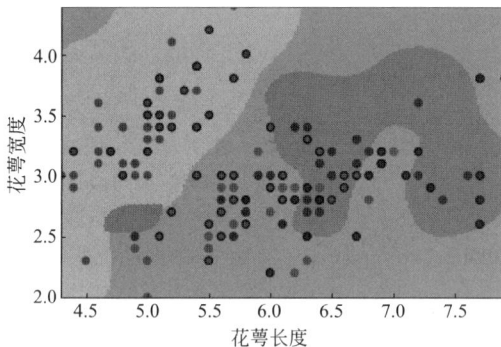

图7-6 鸢尾花SVM二特征分类

课后习题

1. 支持向量机的基本思想是什么?

2. 将训练样本分开的分类超平面一般具有什么特性?

3. 已知正例点 $x_1 = (1, 2)^T$, $x_2 = (2, 3)^T$, $x_3 = (3, 3)^T$, 负例点 $x_4 = (2, 1)^T$, $x_5 = (3, 2)^T$, 试求最大间隔分类超平面。

4. shares. xlsx 文件为各个客户的交易数据，其中包括账户资金、最后一次交易距今时间、上月交易佣金、累计交易佣金、本券使用时长以及流失情况，"1"代表流失，"0"代表不流失。请建立支持向量机模型预测客户流失情况，利用合适的指标评估模型预测性能。

第8章 集成学习方法及其应用

集成学习通过构建并结合多个分类器来完成学习任务。集成学习通过将多个学习器进行结合，可获得比单一学习器更好的泛化性能。要得到泛化性能强的集成，集成中的个体学习器应尽可能相互独立，虽然这在现实任务中很难做到，但可以设法使基学习器尽可能具有较大的差异。本章介绍几种常用的集成学习方法，并以鸢尾花分类和泰坦尼克号生存预测为例展示集成学习方法在商务数据分析中的应用。

8.1　Bagging 算法

Bagging 算法使用"自助采样法"，给定包含 m 个样本的数据集，先随机取出一个样本放入采样集中，再把该样本放回初始数据集，使下次采样时该样本仍有可能被选中。这样，经过 m 次随机操作，得到含 m 个样本的采样集，初始训练集中有的样本在采样集里多次出现，有的则从未出现。按照这种方法，可以采样出 T 个含 m 个训练样本的采样集，然后基于每个采样集训练出一个基学习器，再将这些基学习器进行结合，这就是 Bagging 的基本流程。在对预测输出进行结合时，Bagging 通常对分类任务使用简单投票法，对回归任务使用简单平均法。

8.2　Boosting 算法

Boosting 算法的主要思想是将弱分类器组装成一个强分类器。在 PAC（概率近似正确）学习框架下，一定可以将弱分类器组装成一个强分类器。通过提高那些在前一轮被弱分类器分错样例的权值，减小前一轮分对样例的权值，使得分类器对误分的数据有较好的效果。通过加法模型将弱分类器进行线性组合，比如 AdaBoost 通过加权多数表决的方式，增大错误率小的分类器的权值，同时减小错误率较大的分类器的权值。而提升树通过拟合残差的方式逐步减小残差，将每一步生成的模型叠加得到最终模型。

8.3　随机森林

随机森林是将 Bagging 算法与集成学习思想结合的一种有监督学习算法，它运用 Bootstrap 重复抽样技术得到多种决策树组合，最终将多种决策树组合的预测结果归总后作为整体输出。假设全部属性个数为 N，最优属性 n_{split} 满足 $n_{\text{split}} \leq N$，则最优属性是从全部 N 个属性中随机挑选出的部分属性再进行优劣比较得到的最优结果。在分裂过程中，这些最优属性 n_{split} 以内部结点的形式进行分裂。在每次分裂过后，都会有一个属性特征值 $Q_i (i = 1, 2, \cdots, q)$ 与分支相对应，而每个分支的叶结点则作为样本的分属类别。如此重复循环，直至决策树达到终止决策条件并输出预测结果。基于 Bootstrap 重复抽样建立决策树分类器 $\{C(X, \varphi_K) \mid k = 1, 2, \cdots, K\}$，其中 $\{\varphi_K \mid k = 1, 2, \cdots, K\}$，$K$ 为独立抽样且分布相同的随机向量，X 为决策树的总量和需要给出的自变量。随机森林算法简单、容易实现、计算开销小，在很多现实任务中展现出强大的性能，被誉为"代表集成学习技术水平的方法"。

8.4　XGBoost 算法

XGBoost（XGB）算法是一种基于回归树的提升算法，是对 GBDT 算法的进一步优化。XGBoost 算法可以自动进行多线程并行计算，通过将损失函数在 $t = 0$ 处做泰勒二阶展开提高预测准确率，在损失函数后添加正则化项降低模型的复杂度以避免过拟合问题，这使 XGBoost 算法相比 GBDT 算法，不仅能降低过拟合程度，还可以减少计算量，使求解模型最优解更具有效率。XGBoost 的目标函数 T 为：

$$T = \sum_{i=1}^{n} L(y_i, \hat{y}_i) + \sum_{k=1}^{K} \Omega(f_k) \tag{8-1}$$

式中，L 为损失函数，k 为回归树的个数，$\hat{y}_i$ 为模型的预测值，y_i 为样本 x_i 的真实值，Ω 为正则惩罚项函数，f_k 为第 k 个树的模型。

XGBoost 算法的正则惩罚项 $\Omega(f_k)$ 的表达式为：

$$\Omega(f_k) = \gamma J + \frac{1}{2} \lambda \|\omega\|^2 \tag{8-2}$$

式中，J 为每个回归树叶结点的数量，ω 为该树叶结点的权重之和，γ 和 λ 为常数，表示惩罚系数，在具体应用中可以调节。

对于第 t 轮迭代，模型的目标函数为：

$$T(f_t) = \sum_{i=1}^{n} l[y_i, \hat{y}_i^{(t-1)} + f_t(x_i)] + \Omega(f_t) + c \tag{8-3}$$

式中，$f_t(x_i)$ 表示第 t 个回归树，c 为常数项。

对上式进行二阶泰勒展开：

$$T(f_t) \approx \sum_{i=1}^{n} \left\{ l[y_i, \hat{y}_i^{(t-1)} + g_i f_t(x_i) + \frac{1}{2} h_i f_t^2(x_i)] \right\} \Omega(f_t) \tag{8-4}$$

$$g_i = \partial_{\hat{y}_i^{(t-1)}} l(y_i, \hat{y}_i^{(t-1)}) \tag{8-5}$$

$$h_i = \partial^2_{\hat{y}_i^{(t-1)}} l(y_i, \hat{y}_i^{(t-1)}) \tag{8-6}$$

式中，g_i 表示 $l(\hat{y}_i^{(t-1)})$ 对 $\hat{y}_i^{(t-1)}$ 的一阶导数，h_i 表示 $l(\hat{y}_i^{(t-1)})$ 对 $\hat{y}_i^{(t-1)}$ 的二阶导数。

化简后，最终目标函数的形式为：

$$T = \sum_{i=1}^{n} \left[g_i f_t(x_i) + \frac{1}{2} h_i f_t^2(x_i) \right] + \Omega(f_t) \tag{8-7}$$

XGBoost 算法也有明显的缺点，当数据量过大时，算法耗时长且会造成不必要的成本。

8.5　基于随机森林的鸢尾花分类预测

采用上一章所提到的 Iris. data 数据集进行分类预测，随机森林模型的重要参数如下：

（1）n_estimators：弱学习器的最大迭代次数，或者说最大的弱学习器的个数。一般来说，n_estimators 太小，容易欠拟合，n_estimators 太大，又容易过拟合，一般选择一个适中的数值。

（2）criterion：在 CART 树做划分时对特征的评价标准。分类模型和回归模型的损失函数是不一样的。分类 RF 对应的 CART 分类树默认是基尼系数 gini，另外，可选择的标准是信息增益。回归 RF 对应的 CART 回归树默认是均方差 mse，另外，可选择的标准是绝对值差 mae。一般来说，选择默认的标准就已经可以得到很好的表现。

（3）决策树最大深度 max_depth：默认可以不输入，如果不输入，决策树在建立子树的时候不会限制子树的深度。一般来说，当数据少或者特征少的时候可以不进行输入。如果模型样本量多，特征也多，推荐对最大深度进行限制，具体的取值取决于数据的分布。常用的取值为 10—100。

完整代码如下：

```
#-* -coding: utf-8-* -
import numpy as np
import pandas as pd
import matplotlib as mpl
import matplotlib. pyplot as plt
from sklearn. ensemble import RandomForestClassifier
# 'sepal length ','sepal width ','petal length ','petal width '
iris_feature=u '花萼长度 ',u '花萼宽度 ',u '花瓣长度 ',u '花瓣宽度 '
if __name__ =="__main__":
    #字体颜色:黑体 FangSong/KaiTi
    mpl. rcParams['font. sans-serif ']=[u 'SimHei ']
    mpl. rcParams['axes. unicode_minus ']=False
    '''加载数据'''
    data=pd. read_csv('Iris. data ',header=None)
    #样本集,标签集
    x_prime=data[ range(4)]
    y=pd. Categorical(data[4]). codes
    x=x_prime. iloc[ :,2:4]
    print('开始训练模型....')
    '''训练随机森林'''
    # 200 棵树,深度为 10
     clf = RandomForestClassifier (n_estimators = 200, criterion ='entropy ', max_
depth=10)
```

```
        clf.fit(x,y.ravel())
        #print(clf.oob_score_,)
        #测试数据
        #y_test_hat=clf.predict(x_test)          #测试数据
        #print(y_test_hat)
        #横纵坐标的采样值
        N,M=50,50
        x1_min,x2_min=x.min()
        x1_max,x2_max=x.max()
        t1=np.linspace(x1_min,x1_max,N)
        t2=np.linspace(x2_min,x2_max,M)
        #生成网格采样点
        x1,x2=np.meshgrid(t1,t2)
        #测试点
        x_show=np.stack((x1.flat,x2.flat),axis=1)
        #图形添加颜色
        cm_light=mpl.colors.ListedColormap(['#A0FFA0','#FFA0A0','#A0A0FF'])
        cm_dark=mpl.colors.ListedColormap(['g','r','b'])
        #预测值
        y_show_hat=clf.predict(x_show)
        #使之与输入的形状相同
        y_show_hat=y_show_hat.reshape(x1.shape)
        '''绘图'''
        plt.figure(facecolor='w')
        plt.pcolormesh(x1,x2,y_show_hat,cmap=cm_light)    #预测值的显示
        #第两列,第三列的特征
        plt.scatter(x[2],x[3],c=y.ravel(),edgecolors='k',s=40,cmap=cm_dark)
        plt.xlabel(iris_feature[2],fontsize=15)
        plt.ylabel(iris_feature[3],fontsize=15)
        plt.xlim(x1_min,x1_max)
        plt.ylim(x2_min,x2_max)
        plt.grid(True)
        plt.title(u'鸢尾花数据的决策树分类',fontsize=17)
        plt.show()
        '''测试样本'''
        #训练集上的预测结果
y_hat=clf.predict(x)
        y=y.reshape(-1)
        c=np.count_nonzero(y_hat==y)    #统计预测正确的个数
        print('\t 预测正确数目:',c)
        print('\t 准确率: %.2f%%'% (100* float(c)/float(len(y))))
```

输出:

预测正确数目:149

准确率: 99.33%

从图 8-1 可以看出，数据一共分为 3 个类别，绝大多数样本都被较准确地分类，预测准确率较高。

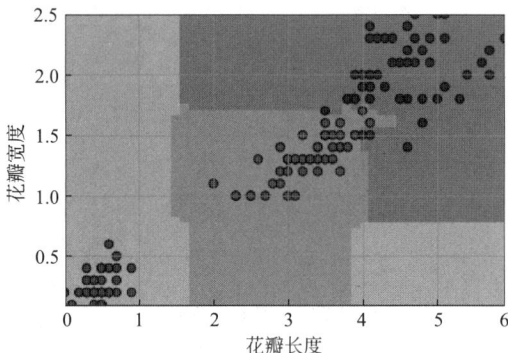

图 8-1 鸢尾花数据的随机森林分类

8.6 基于随机森林的泰坦尼克号生存概率预测

8.6.1 切割训练集和测试集

切割数据集是为了后续能评估模型泛化能力，切割数据集的方法有按比例切割训练集和测试集（一般测试集的比例有 30%、25%、20%、15% 和 10%）或按目标变量分层进行等比切割，设置随机种子以便结果能复现。sklearn 中切割数据集的方法为 train_test_split，查看函数文档可以在 jupyter notebook 里面输入"train_test_split"后回车，分层和随机种子在参数里寻找。

```
from sklearn.model_selection import train_test_split
#一般先取出 X 和 y 后再切割,有些情况会使用到未切割的,这时候 X 和 y 就可以用
X=data#data 在第五章中被定义,接第四、五章代码
train=pd.read_csv("train.csv")
y=train['Survived']
#对数据集进行切割
X_train,X_test,y_train,y_test=train_test_split(X,y,stratify=y,random_state=0)
#查看数据形状
X_train.shape,X_test.shape
```

输出:

((668,10),(223,10))

8.6.2　模型创建

创建基于随机森林的分类模型，查看模型的参数，并更改参数值，观察模型变化。

```
from sklearn.ensemble import RandomForestClassifier
#默认参数的随机森林分类模型
rfc=RandomForestClassifier()
rfc.fit(X_train,y_train)
```

输出：

```
RandomForestClassifier(bootstrap=True,class_weight=None,criterion='gini',
       max_depth=None,max_features='auto',max_leaf_nodes=None,
       min_impurity_decrease=0.0,min_impurity_split=None,
       min_samples_leaf=1,min_samples_split=2,
       min_weight_fraction_leaf=0.0,n_estimators=10,n_jobs=1,
       oob_score=False,random_state=None,verbose=0,
       warm_start=False)
```

```
print("Training set score: {:.2f}".format(rfc.score(X_train,y_train)))
print("Testing set score: {:.2f}".format(rfc.score(X_test,y_test)))
```

输出：

```
Training set score: 0.97
Testing set score: 0.82
```

```
#调整参数后的随机森林分类模型
rfc2=RandomForestClassifier(n_estimators=100,max_depth=5)
rfc2.fit(X_train,y_train)
```

输出：

```
RandomForestClassifier(bootstrap=True,class_weight=None,criterion='gini',
       max_depth=5,max_features='auto',max_leaf_nodes=None,
       min_impurity_decrease=0.0,min_impurity_split=None,
       min_samples_leaf=1,min_samples_split=2,
       min_weight_fraction_leaf=0.0,n_estimators=100,n_jobs=1,
       oob_score=False,random_state=None,verbose=0,
       warm_start=False)
```

```
print("Training set score: {:.2f}".format(rfc2.score(X_train,y_train)))
print("Testing set score: {:.2f}".format(rfc2.score(X_test,y_test)))
```

输出：

```
Training set score: 0.86
Testing set score: 0.83
```

8.6.3　输出模型预测结果

```
#预测标签
pred=rfc.predict(X_train)
#此时我们可以看到 0 和 1 的数组
pred[:10]
```

输出：

```
array([0 1 0 1 0 0 1 1 1 1],dtype=int64)
```

这里取前十个标签作为展示，表示对前十个测试样本的预测值。

```
#预测标签概率
pred_proba=rfc.predict_proba(X_train)
pred_proba[:10]
```

输出：

```
array([[0.9  0.1]
 [0.   1. ]
 [1.   0. ]
 [0.1  0.9]
 [1.   0. ]
 [1.   0. ]
 [0.1  0.9]
 [0.   1. ]
 [0.   1. ]
 [0.   1. ]])
```

这里输出了（10，2）的矩阵，只取了前十行作为演示，每一行对应每个标签上的概率。由于泰坦尼克号数据集的标签只有两个（0和1，0代表死亡，1代表生存），因此预测标签概率每一行只有两列，比如［0.9，0.1］表示该样本对应的死亡和生存的概率分别是 0.9 和 0.1。

8.6.4 模型评估

模型评估是为了知道模型的泛化能力，此节介绍的模型评估方法在分类任务中均适用。

1. 交叉验证

交叉验证（cross-validation）是一种评估泛化性能的统计学方法，它比单次划分训练集和测试集的方法更加稳定、全面。在交叉验证中，数据被多次划分，并且需要训练多个模型。最常用的交叉验证是 k 折交叉验证（k-fold cross-validation），其中 k 是由用户指定的数字，通常取 5 或 10，如图 8-2 所示。

下面的代码通过用 10 折交叉验证来评估逻辑回归模型，并计算交叉验证精度的平均值。

```
from sklearn.model_selection import cross_val_score
rfc=RandomForestClassifier(n_estimators=100,max_depth=5)
scores=cross_val_score(lr,X_train,y_train,cv=10)
# k 折交叉验证分数
scores
#平均交叉验证分数
print("Average cross-validation score: {:.2f}".format(scores.mean()))
```

输出：

```
Average cross-validation score: 0.82
```

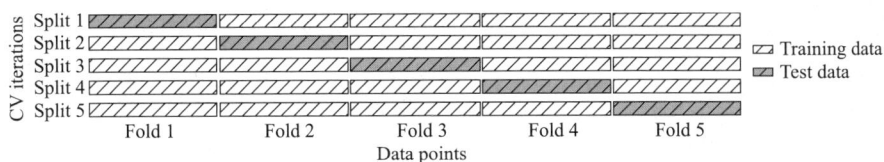

图 8-2　交叉验证

2. 混淆矩阵

（1）准确率（precision）度量的是被预测为正例的样本中有多少是真正的正例。

（2）召回率（recall）度量的是正类样本中有多少被正确预测。

（3）f-分数是准确率与召回率的调和平均。

在图 8-3 中，True Positive 表示真阳性，预测值和真实值都为正；False Positive 表示假阳性，预测值为正，真实值为负；False Negative 表示假阴性，预测值为负真实值为正；True Negative 表示真阴性，预测值为负，真实值也为负。

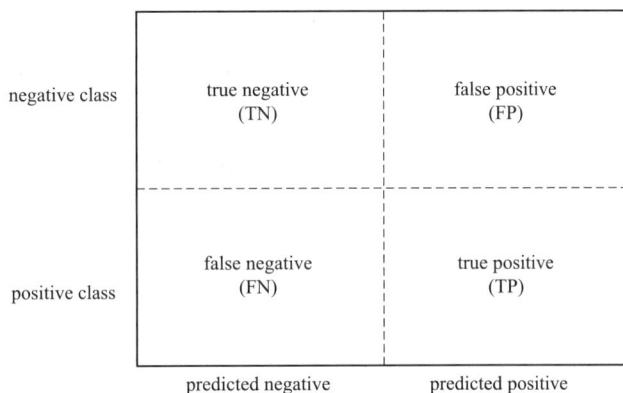

图 8-3　混淆矩阵

$$\text{accuravy} = \frac{TP+TN}{TP+TN+FP+FN} \tag{8-8}$$

$$\text{precision} = \frac{TP}{TP+FP} \tag{8-9}$$

$$\text{recall} = \frac{TP}{TP+FN} \tag{8-10}$$

$$F = 2 \times \frac{\text{precision} \times \text{recall}}{\text{precision} + \text{recall}} \tag{8-11}$$

计算二分类问题的混淆矩阵、精确率、召回率以及 f-分数，混淆矩阵在 sklearn 中的模块为 sklearn.metrics，混淆矩阵需要输入真实标签和预测标签。

```
from sklearn.metrics import confusion_matrix
rfc=RandomForestClassifier(n_estimators=100,max_depth=5)
rfc.fit(X_train,y_train)
```

```
#模型预测结果
pred=rfc.predict(X_train)
#混淆矩阵
confusion_matrix(y_train,pred)
from sklearn.metrics import classification_report
#精确率、召回率以及 f1-score
print(classification_report(y_train,pred))
```

输出结果见表 8-1。

表 8-1　精确率、召回率以及 **f1-score** 表

	precision	recall	f1-score	support
0	0.85	0.93	0.89	412
1	0.86	0.74	0.80	256
micro avg	0.86	0.86	0.86	668
macro avg	0.86	0.83	0.84	668
weighted avg	0.86	0.86	0.85	668

3. ROC 曲线

ROC 曲线在 sklearn 中的模块为 sklearn.metrics，ROC 曲线下面所包围的面积越大越好。下面的代码用于绘制 ROC 曲线。

```
from sklearn.metrics import roc_curve
fpr,tpr,thresholds=roc_curve(y_test,lr.decision_function(X_test))
plt.plot(fpr,tpr,label="ROC Curve")
plt.xlabel("FPR")
plt.ylabel("TPR (recall)")
#找到最接近于 0 的阈值
close_zero=np.argmin(np.abs(thresholds))
plt.plot(fpr[close_zero],tpr[close_zero],'o',markersize=10,label="threshold
zero",fillstyle="none",c='k',mew=2)
plt.legend(loc=4)
```

输出结果如图 8-4 所示。

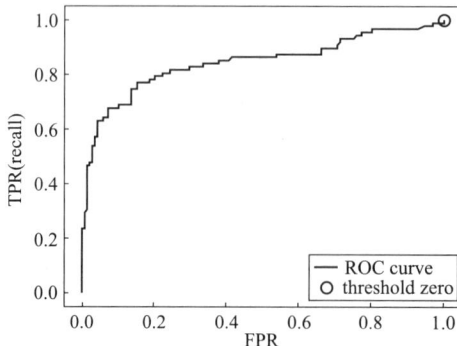

图 8-4　ROC 曲线图

ROC 曲线可以简单直观地分析灵敏度与特异度的关系，从图 8-4 中可以得知，试验的曲线越靠近左上角，即 TPR 越高同时 FPR 越低，说明灵敏度越高，误判率越低，模型效果越理想。

课后习题

1. 简要阐述几种常见的集成学习方法的优缺点。

2. 解释混淆矩阵中 TN、FP、FN、TP 的含义。

3. Bagging 算法和 Boosting 算法都是比较传统的集成学习方法，说明两者在训练集、预测函数等方面的不同之处。

4. forest. csv 文件为森林火灾的相关数据，请建立随机森林模型来实现对森林火灾的面积预测。

第9章 神经网络及其应用

神经网络（neural network，NN）模型，是一种模仿生物神经网络行为特征进行分布式并行信息处理的数学模型。神经网络依靠系统的复杂程度，通过调整内部大量结点之间相互连接的关系，达到处理信息的目的。神经网络由三部分组成：输入层、中间层（也称作隐藏层）和输出层，每一层都由若干个神经元组成，如图 9-1 所示。其中，输入层是由训练集中实例特征向量传入，根据连接点之间的权重传递到下一层，这样一层一层向前传递。输入层和输出层都只有一层，隐藏层的个数可以是任意的。神经网络的层数计算中不包括输入层，比如一个神经网络中有 2 个中间层，那么这是一个 3 层的神经网络。对于多层的神经网络，理论上如果有足够多的中间层和训练集，就可以拟合任何函数。

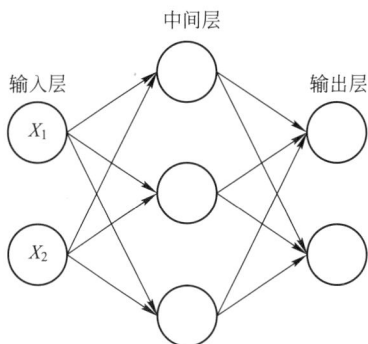

图 9-1 神经网络结构

本章介绍神经网络的两种类型：前馈神经网络和反馈神经网络，以及激活函数和损失函数等构建神经网络的相关知识，并通过构建 BP 神经网络模型对港口货物吞吐量进行预测。

9.1 前馈神经网络

前馈神经网络（feedforward neural network，FNN），简称前馈网络，是人工神经网络的一种。前馈神经网络采用一种单向多层结构，其中每一层包含若干个神经元。在前馈神经网络中，各神经元可以接收前一层神经元的信号，并产生输出到下一层。第零层叫输入层，最后一层叫输出层，其他中间层叫做隐含层（或隐藏层、隐层）。隐含层可以是一层也可以是多层。整个网络中无反馈，信号从输入层向输出层单向传播，可用一个有向无环图表示。一个典型的多层前馈神经网络如图 9-2 所示。

对于前馈神经网络的结构设计，通常采用的方法有 3 类：直接定型法、修剪法和生长

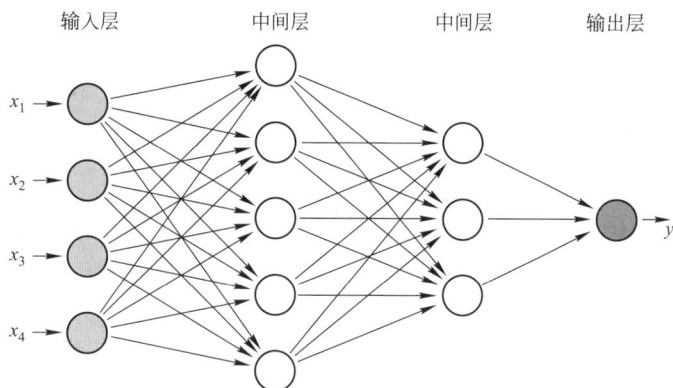

输入层　　　　中间层　　　　中间层　　　　输出层

图 9-2　多层前馈神经网络

法。直接定型法设计一个实际网络，对修剪法设定初始网络有很好的指导意义；修剪法由于要求从一个足够大的初始网络开始，注定了修剪过程将是漫长而复杂的。而且，BP 训练只是最速下降优化过程，它不能保证对于超大初始网络一定能收敛到全局最小或是足够好的局部最小。因此，修剪法并不总是有效的；生长法似乎更符合人类认识事物、积累知识的过程，具有自组织的特点，因此生长法可能更有前途，更有发展潜力。

　　前馈神经网络结构简单，应用广泛，能够以任意精度逼近任意连续函数与平方可积函数，而且可以精确实现任意有限训练样本集。从系统的观点看，前馈神经网络是一种静态非线性映射，通过简单非线性处理单元的复合映射，可获得复杂的非线性处理能力。从计算的观点看，前馈神经网络缺乏丰富的动力学行为。大部分前馈神经网络都是学习网络，其分类能力和模式识别能力一般都强于反馈网络。常见的前馈神经网络有感知器网络、BP 网络和 RBF 网络。感知器（又叫感知机）是最简单的前馈神经网络，它主要用于模式分类，也可用在基于模式分类的学习控制和多模态控制中。感知器网络可分为单层感知器网络和多层感知器网络。BP 网络是指连接权调整采用了反向传播（back propagation）学习算法的前馈网络。与感知器不同之处在于，BP 神经网络的神经元变换函数采用了 S 型函数（sigmoid 函数），因此输出量是 0~1 的连续量，可实现从输入到输出的任意非线性映射。RBF 网络是指隐含层神经元由 RBF 神经元组成的前馈神经网络。RBF 神经元是指神经元的变换函数为RBF（radial basis function，径向基函数）的神经元。典型的 RBF 网络由三层组成：一个输入层，一个或多个由 RBF 神经元组成的 RBF 层（隐含层），一个由线性神经元组成的输出层。

9.2　反馈神经网络

　　反馈神经网络内神经元间有反馈，可以用一个无向的完备图表示。反馈神经网络的信息处理是状态的变换，可以用动力学系统理论处理。在反馈神经网络中，每个神经元同时将自身的输出信号作为输入信号反馈给其他神经元，它需要工作一段时间才能达到稳定，系统的稳定性与联想记忆功能有密切关系。Hopfield 网络（HNN）、玻耳兹曼机均属于反馈神经网络。HNN 的拓扑结构如图 9-3 所示。

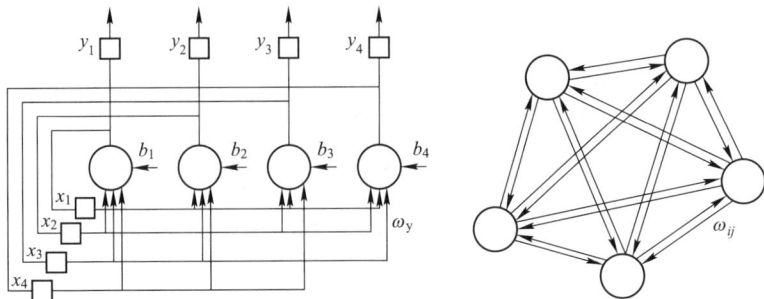

图 9-3　HNN 的拓扑结构

9.3　激活函数

　　神经网络特点之一就是对非线性可分数据进行分类，之所以能做到这点，就是因为在隐藏层中引入了非线性激活函数。从神经元角度看，就是在正向传播过程中，抑制某些结点的信号大小（抑制某些维）。神经元在接收一个输入时，不会立即输出。因此，需要寻找一种可以模拟该过程的激活函数来抑制输入。在神经网络中，网络解决问题的能力与效率除了与网络结构有关外，在很大程度上取决于网络所采用的激活函数。激活函数的选择对网络的收敛速度有较大的影响，针对不同的实际问题，激活函数的选择也应不同。

　　神经元在输入信号作用下产生输出信号的规律由神经元功能函数 f（activation function，也称为激活函数或转移函数）给出，这是神经元模型的外特性。神经元功能函数包含了从输入信号到净输入，再到激活值，最终产生输出信号的过程，它形式多样，利用它的不同特性可以构成功能各异的神经网络。

　　常用的激活函数有以下几种形式：

　　（1）Relu 函数修正线性单元有许多优点，是目前神经网络中使用最多的激活函数。它的优点包括：不会出现梯度消失，收敛速度快；前向计算量小，只需要计算 max（0，x），不像 sigmoid 中有指数计算；反向传播计算快，导数计算简单；有些神经元的值为 0，可减小过拟合。缺点是比较脆弱，反向传播中如果一个参数为 0，后面的参数就会不更新，使用合适的学习率会减弱这种情况，Relu 函数图像如图 9-4 所示。

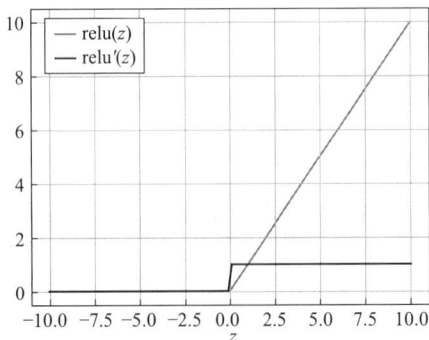

图 9-4　Relu 函数图像

（2）sigmoid 激活函数，当输入值很小时，输出接近于 0；当输入值很大时，输出值接近于 1。sigmoid 激活函数主要有两个缺点：一个是容易引起梯度消失，当输入值很小或很大时，梯度趋向于 0，相当于函数曲线左右两端函数导数趋向于 0。另外一个是非零中心化，会影响梯度下降的动态性。sigmoid 函数图像如图 9-5 所示。

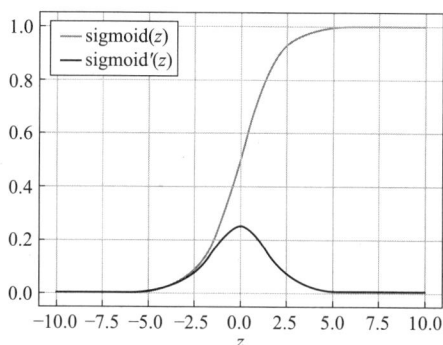

图 9-5　sigmoid 函数图像

（3）tanh 激活函数，类似于被平滑的阶跃函数，形状与对数 S 型函数相同。与 sigmoid 相比，输出值的范围变成了 [-1，1]，但梯度消失现象依然存在。双曲正切 S 型函数图像如图 9-6 所示。

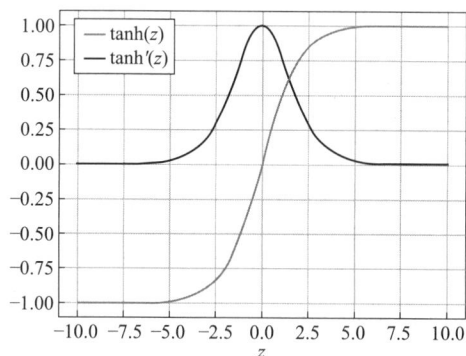

图 9-6　双曲正切 S 型函数图像

通过 Matplotlib 来绘制这三种函数及其导函数的图像，具体代码如下：

```
#导入相关库
from matplotlib import pylab
import pylab as plt
import numpy as np
def sigmoid(x):
    s=1/(1+np.exp(-x))
    return s
def sigmoid_derivative(x):
    s=sigmoid(x)
    ds=s*(1-s)
```

```
        return ds
def tanh(x):
    return 2* sigmoid(x)-1
def tanh_derivative(x):
    return 1-tanh(x)* tanh(x)
def relu(x):
    y=x.copy()
    y[y<=0]=0
    return y
def relu_derivative(x):
    y=x.copy()
    y[y<=0]=0
    y[y>0]=1
    return y
#使用 linspace 函数从-10 到 10 之间等距的取 100 个元素
values=plt.linspace(-10,10,100)
#进行绘图的准备,红色用于描绘原函数,蓝色用于绘制导函数
plt.plot(values,sigmoid(values),'r',label='sigmoid(z)')
plt.plot(values,sigmoid_derivative(values),label="sigmoid'(z)")
#将函数绘制
plt.grid()
plt.title('Sigmoid and Sigmoid derivative functions')
plt.xlabel('z')
plt.legend()
#创建图像
plt.show()
#使用 linspace 函数从-10 到 10 之间等距的取 100 个元素
values=plt.linspace(-10,10,100)
#进行绘图的准备,红色用于描绘原函数,蓝色用于绘制导函数
plt.plot(values,tanh(values),'r',label='tanh(z)')
plt.plot(values,tanh_derivative(values),label="tanh'(z)")
plt.grid()
plt.title('tanh and tanh derivative functions')
plt.xlabel('z')
plt.legend()
#创建图像
plt.show()
#使用 linspace 函数从-10 到 10 之间等距的取 100 个元素
values=plt.linspace(-10,10,100)
#进行绘图的准备,红色用于描绘原函数,蓝色用于绘制导函数
plt.plot(values,relu(values),'r',label='relu(z)')
plt.plot(values,relu_derivative(values),label="relu'(z)")
plt.grid()
```

```
plt.title('relu and relu derivative functions ')
plt.xlabel('z')
plt.legend()
#创建图像
plt.show()
```

9.4　损失函数

不同的损失函数可用于不同的目标值，损失函数有助于优化神经网络的参数。目标函数通过优化神经网络的参数（权重）可以最大限度地减少神经网络的损失，通过神经网络将目标（实际）值与预测值进行匹配，可以计算出损失。然后，使用梯度下降法来优化网络权重，以使损失最小化，这就是训练神经网络的方式。从学习任务类型的角度，可以将损失函数划分为两大类——回归损失和分类损失，分别对应回归问题和分类问题。

9.4.1　回归损失

回归损失一般采用均方误差、均方根误差和平均绝对误差等指标来衡量。

1. 均方误差

顾名思义，均方误差（MSE）计算的是目标（实际）值和预测值之间平方差的平均值，如式 9-1 所示，它只考虑误差的平均大小，不考虑其方向。经过平方后，对于偏离真实值较多的预测值会受到更严重的惩罚，并且 MSE 的数学特性很好，也就是易于求导，所以计算梯度也会变得更加容易。当执行回归任务时，可以选择该损失函数。

$$\text{MSE} = \frac{1}{m} \sum_{i=1}^{m} \| y_i - \hat{y}_i \|^2 \tag{9-1}$$

其中，y_i 为真实标签，$\hat{y}_i$ 为预测标签。

2. 均方根误差

均方根误差（RMSE）的评价效果与均方误差类似，是观测值与真实值偏差平方和与观测次数 m 比值的平方根，同样是衡量观测值和真实值之间差异的一种观测指标，如公式 9-2 所示。

$$\text{RMSE} = \sqrt{\frac{1}{m} \sum_{i=1}^{m} \| y_i - \hat{y} \|_i^2} \tag{9-2}$$

均方根误差实现代码如下：

```
def rmse(predictions,targets):
    #真实值和预测值的误差
    differences=predictions-targets
    differences_squared=differences* * 2
    mean_of_differences_squared=differences_squared.mean()
    #取平方根
```

```
    rmse_val=np.sqrt(mean_of_differences_squared)
    return rmse_val
```

一个简单的测试例子：

```
y_hat=np.array([0.000,0.166,0.333])
y_true=np.array([0.000,0.254,0.998])
print("d is: "+str(["%.8f" % elem for elem in y_hat]))
print("p is: "+str(["%.8f" % elem for elem in y_true]))
rmse_val=rmse(y_hat,y_true)
print("rms error is: "+str(rmse_val))
```

输出：

```
d is: ['0.00000000','0.16600000','0.33300000']
p is: ['0.00000000','0.25400000','0.99800000']
rms error is: 0.387284994115
```

3. 平均绝对误差

平均绝对误差（MAE）计算的是预测值和实际观测值之间绝对差之和的平均值，如式9-3所示。和MSE一样，这种度量方法也是在不考虑方向的情况下衡量误差大小。但和MSE的不同之处在于，MAE需要像线性规划这样更复杂的工具来计算梯度。此外，MAE对异常值更加稳健，因为它不使用平方。

$$MAE = \frac{1}{m} \sum_{i=1}^{m} |y_i - \hat{y}_i| \tag{9-3}$$

平均绝对误差的实现代码如下，采用均方根误差测试例子进行测试。

```
def mae(predictions,targets):
    differences=predictions-targets
    absolute_differences=np.absolute(differences)
    mean_absolute_differences=absolute_differences.mean()
    return mean_absolute_differences
```

输出：

```
d is: ['0.00000000','0.16600000','0.33300000']
p is: ['0.00000000','0.25400000','0.99800000']
mae error is: 0.251
```

9.4.2 分类损失

分类损失常用hinge loss、交叉熵等来衡量。

1. hinge loss

hinge loss常用于最大间隔分类（maximum-margin classification），即在一定的安全间隔内（通常是1），正确类别的分数应高于所有错误类别的分数之和。最常用的就是支持向量机（SVM）。尽管不可微，但它是一个凸函数，可以采用机器学习领域中常用的凸优化器，其公式如9-4所示。

$$\text{SVMloss} = \sum_{j \neq y_i} \max(0,\ s_j - s_{y_i} + 1) \tag{9-4}$$

其中，s_j 为预测值，s_{y_i} 为真实值，1 代表间隔 margin，通过真实值和预测值之间的差来表示两种预测结果之间的相似关系。margin 是人为设置的一个安全系数，希望正确分类的得分要高于错误预测的得分，并且高于 margin 的数值，即 s_{y_i} 越高越好，s_j 越低越好，这样计算得到的 loss 会趋向于 0。

用一个简单的例子说明，假设现在有如图 9-7 所示的三个训练样本，需要预测三个类别，表 9-1 中的数值就是经过算法得到的每个类别的数值。

图 9-7　图片实例

表 9-1　类别数值

	Image #1	Image #2	Image #3
Dog	-0.39	-4.61	1.03
Cat	1.49	3.28	-2.37
Horse	4.21	1.46	-2.27

通过每张图片每个类别的最大数值，可以知道每一列的预测值分别是马、猫、狗。下面通过计算 hinge loss 值来判断预测的准确性，其值越大，说明预测越不准确，代码如下：

```
def hinge_loss(predictions,label):
    '''
    hinge_loss=max(0,s_j-s_yi +1)
    :param predictions:
    :param label:
    :return:
    '''
    result=0.0
    pred_value=predictions[label]
    for i,val in enumerate(predictions):
        if i ==label:
            continue
        tmp=val-pred_value+1
        result +=max(0,tmp)
    return result
```

测试例子如下：

```
image1=np.array([-0.39,1.49,4.21])
image2=np.array([-4.61,3.28,1.46])
image3=np.array([1.03,-2.37,-2.27])
result1=hinge_loss(image1,0)
result2=hinge_loss(image2,1)
result3=hinge_loss(image3,2)
print('image1,hinge loss={}'.format(result1))
print('image2,hinge loss={}'.format(result2))
print('image3,hinge loss={}'.format(result3))
```

输出：

```
image1,hinge loss=8.48
image2,hinge loss=0.0
image3,hinge loss=5.199 999 999 999 999
```

这个例子更加形象地说明，hinge loss 数值越高，就代表预测越不准确。通过每张图片每个类别的最大数值，可以知道每一列的预测值分别是马（4.21）、猫（3.28）、狗（1.03）。下面通过计算 hinge loss 的值来判断预测准确性，值越大，说明预测越不准确。代码如下：

```
#第一个训练样本
max(0,(1.49)-(-0.39)+1)+max(0,(4.21)-(-0.39)+1)
max(0,2.88)+max(0,5.6)
```

输出：

```
    2.88+5.6
    8.48
```

```
#第二个训练样本
max(0,(-max 4.61)-(3.28)+1)+max(0,(1.46)-(3.28)+1)
(0,-6.89)+max(0,-0.82)
```

输出：

```
    0+0
    0
```

```
#第三个训练样本
max(0,(1.03)-(-2.27)+1)+max(0,(-2.37)-(-2.27)+1)
max(0,4.3)+max(0,0.9)
```

输出：

```
    4.3+0.9
    5.2
```

2. 交叉熵

交叉熵代价函数是目前神经网络分类问题中常用的损失函数，如式 9-5 所示。交叉熵代价函数对分类问题有一个很好的解释：当分类输出正确类的结果 a 接近于 1 时，对应正确类的标签为 1，即 $y=1$。则可得到，C 中第一项接近于 0，第二项等于 0。对于非正确类，a

接近于 0，$y=0$，则 C 中第一项为 0，第二项接近于 0。故最终 C 接近于 0；当分类输出正确类的结果与 1 的差距越大，则 C 的值越大。

$$C = -\frac{1}{n} \sum_x \left[y\ln a + (1-y)\ln(1-a) \right] \tag{9-5}$$

式中，x 表示样本，y 表示真实标签，a 为预测标签，n 表示样本总数量。如果真实标签 y 为 1，那么公式只有前半部分；如果真实标签 y 是 0，那么公式只有后半部分。交叉熵是将对真实类别预测的概率的对数相乘，并且，它会重重惩罚那些置信度很高但预测错误的数值。

代码如下：

```
def cross_entropy(predictions,targets,epsilon=1e-10):
    predictions=np.clip(predictions,epsilon,1.-epsilon)
    N=predictions.shape[0]
    ce_loss=-np.sum(np.sum(targets* np.log(predictions+1e-5)))/N
    return ce_loss
```

测试样例如下：

```
predictions=np.array([[0.25,0.25,0.25,0.25],
              [0.01,0.01,0.01,0.96]])
targets=np.array([[0,0,0,1],
          [0,0,0,1]])
cross_entropy_loss=cross_entropy(predictions,targets)
print("Cross entropy loss is: "+str(cross_entropy_loss))
```

输出：

```
Cross entropy loss is: 0.713 532 969 914
```

9.5 基于 BP 神经网络的港口货物吞吐量预测

9.5.1 数据描述

港口货物吞吐量是指报告期内经由水路进出港区范围并经过装卸的货物数量，是衡量港口规模大小及能力的重要指标。大连港的经济腹地是以辽宁省为中心的整个东北地区，本书选取辽宁省的经济区作为腹地代表，统计了大连港近年来相关影响因素的具体情况，如表 9-2 所示。

表 9-2 大连港港口货物吞吐量影响因素的数据统计表

年份	港口货物吞吐量/亿吨	全地区生产总值/亿元	第一产业增加值/亿元	第三产业增加值/亿元	进出口总额/亿元	年人均可支配收入/元	年人均消费支出/元
2004	1.05	1 235.6	111.4	550	112.4	7 418	6 512

续表

年份	港口货物吞吐量/亿吨	全地区生产总值/亿元	第一产业增加值/亿元	第三产业增加值/亿元	进出口总额/亿元	年人均可支配收入/元	年人均消费支出/元
2005	1.12	1 406	118.4	626.5	129.86	8 200	7 118
2006	1.26	1 632.6	145.6	704.9	155.4	9 101	7 760
2007	1.45	1 961.8	153.1	825.4	194.3	10 378	8 672
2008	1.71	2 150	185.2	970.8	235.23	11 994	9 996
2009	2	2 569.7	208.6	1132	293.24	13 350	10 534
2010	2.2	3 131	247.6	1 346.9	363.03	15 109	12 135
2011	2.46	3 858.2	289.1	1 575.2	449.09	17 500	14 101
2012	2.73	4 417.7	313.4	1 789.5	403.47	19 014	15 330
2013	3.14	5 158.1	345.1	2 167.5	501.95	21 293	16 580
2014	3.4	6 150.1	395.7	2 550.2	585.25	24 276	18 846
2015	3.7	7 002.8	451.4	2 916.7	625.63	27 539	20 417
2016	4.1	7 650.8	477.6	3 281.2	676.55	30 238	22 516
2017	4.2	7 655.6	441.8	3 517.2	645.78	33 591	27 482
2018	4.15	7 731.6	453.3	3 697.5	550.91	35 889	25 824

9.5.2 参数介绍

在进行 BP 神经网络的设计时，应从网络的层数、隐含层的神经元数、初始权值的选取等几个方面进行考虑。

（1）网络的层数。已经证明三层 BP 神经网络能够逼近任何有理函数，这实际上给了一个设计 BP 神经网络的基本原则。增加层数可以更进一步地降低误差，提高精度，但同时也使网络复杂化，从而增加网络权值的训练时间。而误差精度的提高实际上也可以通过增加隐含层中的神经元数目来获得，其训练结果也比增加层数更容易观察和调整。所以一般情况下，应优先考虑增加隐含层中的神经元数。

（2）隐含层的神经元数。网络训练精度的提高，可以通过采用一个隐含层而增加神经元数的方法来获得。这在结构的实现上要比增加更多的隐含层简单得多。在具体设计时，比较实际的做法是隐含层取输入层的两倍，然后适当地加上一点余量。评价一个网络设计得好坏，首先是精度，其次是训练时间。训练时间包含有两层：一层是循环次数，二是每一次循环中计算所花的时间。

（3）初始权值的选取。由于系统是非线性的，初始权值的选取对于学习是否达到局部最小、是否能够收敛以及训练时间的长短有很大关系。初始权值过大过小都会影响学习速度，因此初始权值应选为均匀分布的小数经验值，一般取初始权值（−1，1）的随机数，也可选取 $[-2.4/n, 2.4/n]$ 的随机数，其中 n 为输入特征个数。为避免每步初始权值的调整方向是同向的，应将初始权值设为随机数。

（4）学习速率。学习速率决定每次循环训练中所产生的权值变化量。快的学习速率可能导致系统的不稳定；但慢的学习速率导致较长的训练时间，可能收敛很慢，不过能保证网络的误差值跳出误差表面的低谷而最终趋于最小误差值。在一般情况下，倾向于选取较慢的学习速率以保证系统的稳定性，学习速率的选取范围为 0.01~0.8。

如同初始权值的选取过程一样，在一个神经网络的设计中，网络要经过几个不同的学习速率的训练，通过观察每一次训练后的误差平方和的下降速率来判断所选定的学习速率是否合适。若下降很快，则说明学习速率合适；若出现震荡现象，则说明学习速率过快。每一个具体网络都存在一个合适的学习速率，但对于较复杂网络，在误差曲面的不同部位可能需要不同的学习速率。为了减少寻找学习速率的训练次数以及训练时间，比较合适的方法是采用变化的自适应学习速率，使网络的训练在不同的阶段自动设置不同学习的速率。一般来说，学习速率越快，收敛越快，但容易震荡；而学习速率越慢，收敛越慢。

（5）期望误差值的选取。在网络的训练过程中期望误差值也应当通过对比训练后确定一个合适的值。所谓的"合适"，是相对于所需要的隐含层的结点数来确定的，因为较小的期望误差值要靠增加隐含层的结点以及训练时间来获得。一般情况下，作为对比，可以同时对两个不同期望误差值的网络进行训练，最后通过综合因素的考虑来确定采用其中哪一种。

尽管含有隐含层的神经网络能实现任意连续函数的逼近，但在训练过程中如果一些参数选取得合适，可以加快神经网络的训练速率，取得满意的训练结果。对训练过程有较大影响的是权系数的初值、学习速率等。

9.5.3　代码实现

1. 导入相关包

```
#-* -coding: utf-8-* -
import numpy as np
import pandas as pd
import matplotlib.pyplot as plt
from sklearn.preprocessing import MinMaxScaler
```

2. 数据导入

```
df=pd.read_csv('data2.csv',engine='python')
x=df[['全地区生产总值','第一产业增加值','第三产业增加值','进出口总额','年人均可支配收入','年人均消费支出']]
y=df[['港口货物吞吐量']]
```

3. 数据归一化处理

```
x_scaler=MinMaxScaler(feature_range=(-1,1))
y_scaler=MinMaxScaler(feature_range=(-1,1))
x=x_scaler.fit_transform(x)
y=y_scaler.fit_transform(y)
#方便后续矩阵乘法的操作
sample_in=x.T
sample_out=y.T
```

4. 对神经网络模型的参数进行设置

```
#最大迭代次数
max_epochs=60000
#学习效率
learn_rate=0.035
#训练终止条件
mse_final=6.5e-4
sample_number=x.shape[0]
input_number=6
output_number=1
hidden_unit_number=15
#输入层到隐藏层权重和偏置单元
#8*3
w1=0.5* np.random.rand(hidden_unit_number,input_number)-0.1
#8*1
b1=0.5* np.random.rand(hidden_unit_number,1)-0.1
#隐藏层到输出层的权重和偏置单元 2*8 的
w2=0.5* np.random.rand(output_number,hidden_unit_number)-0.1
#2*1
b2=0.5* np.random.rand(output_number,1)-0.1
#定义激活函数,本案例中未设置输出层的激活函数
def sigmoid(z):
return 1.0/(1+np.exp(-z))
```

5. 神经网络的训练过程

```
#开始训练
mse_history=[]
for i in range(max_epochs):
    #FP,前馈网络过程
    hidden_out=sigmoid(np.dot(w1,sample_in)+b1)
    network_out=np.dot(w2,hidden_out)+b2
    #误差
    err=sample_out-network_out
    mse=np.average(np.square(err))
    mse_history.append(mse)
    if mse < mse_final:
        break
    #BP,反馈网络过程
    delta2=-err
    delta1=np.dot(w2.T,delta2)* hidden_out* (1-hidden_out)
    delta_w2=np.dot(delta2,hidden_out.T)
```

```
    delta_b2=np.dot(delta2,np.ones((sample_number,1)))
    delta_w1=np.dot(delta1,sample_in.T)
    delta_b1=np.dot(delta1,np.ones((sample_number,1)))
    #更新权重
    w2-=learn_rate* delta_w2
    b2-=learn_rate* delta_b2
    w1-=learn_rate* delta_w1
    b1-=learn_rate* delta_b1
mse_history1g=np.log10(mse_history)
#反转获取实际值
network_out=y_scaler.inverse_transform(network_out.T)
sample_out=y_scaler.inverse_transform(y)
plt.rcParams['font.sans-serif']=['SimHei'] #用来正常显示中文标签
plt.rcParams['axes.unicode_minus']=False #用来正常显示负号
```

6. 绘制图像

通过使用 Matplotlib 绘制误差训练图，横轴为迭代次数，纵轴为损失函数的值。另一张图代表真实值与预测值之间的误差。

```
#误差曲线图
plt.figure(1)
plt.plot(mse_history1g,color='green',label='训练误差')
plt.plot([0,len(mse_history1g)],[min(mse_history1g),min(mse_history1g)],color
='red')
plt.xlabel('迭代次数')
plt.ylabel('误差')
plt.title('训练误差图')
#实际与预测
fig,axes=plt.subplots(figsize=(15,10))
xticks=range(0,15,2)
xtickslabel=range(2004,2019,2)
axes.set_xticks(xticks)
axes.set_xticklabels(xtickslabel)
plt.xlabel('年份')
plt.plot(network_out,color='green',label='实际值')
plt.plot(sample_out,color='red',label='预测值')
plt.ylabel('港口货物吞吐量')
plt.title('预测结果图')
plt.show()
```

输出结果如图 9-8、图 9-9 所示，图 9-9 中虚线代表预测值，实线代表真实值。从图 9-9 中可以得知，预测值与真实值比较接近，模型拟合效果较好。

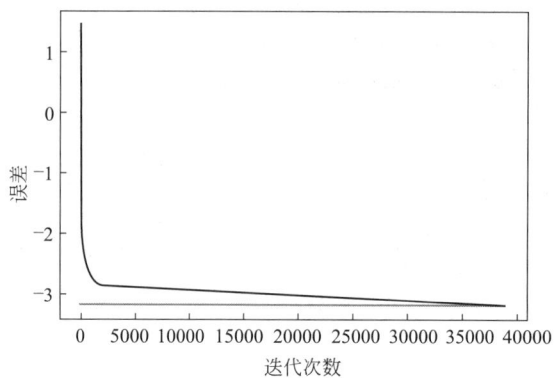

图 9-8　训练误差图

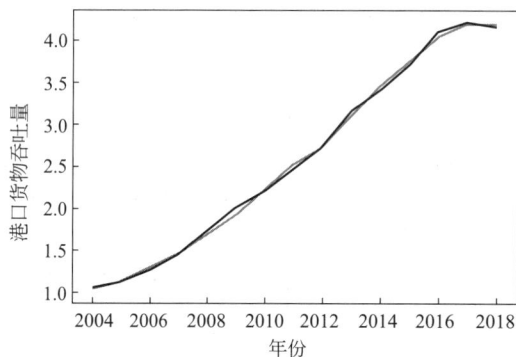

图 9-9　预测结果图

课后习题

1. 在实际设计神经网络模型的过程中，隐藏层的层数和每层神经元的个数应该如何选择？

2. 神经网络模型的深度是越深越好吗？随着神经网络的深度不断增加，可能会出现哪些问题？

3. 通过构建神经网络模型来实现鸢尾花的分类预测。

4. air cargo.csv 文件为 2004—2014 年的广西航空货运量及其影响因素的数据，请合理划分训练集和测试集，利用 BP 神经网络算法对广西航空货运量进行预测。然后尝试寻找并扩充数据量，验证实际预测效果，使用新数据进行再次预测。

第 10 章　卷积神经网络及其应用

卷积神经网络（CNN）是一种具有深层结构的前馈神经网络，由卷积层、池化层、全连接层以及输出层组成，通过卷积、池化等操作，可以有效学习数据中具有隐含关系的特征。传统的 BP 神经网络仅有几层网络，需要手工指定特征且容易出现局部最优的问题。而卷积神经网络引入了概率生成模型，可自动地从训练集提取特征，解决了手工特征考虑不周的问题，而且初始化了神经网络权重，采用了反向传播算法进行训练，与 BP 神经网络相比取得了很好的效果。

本章将详细介绍卷积神经网络的结构、卷积神经网络算法的实现，并基于卷积神经网络进行股票趋势预测。

10.1　卷积神经网络的结构

卷积神经网络（CNN）和之前介绍的神经网络一样，可以像乐高积木一样通过组装层来构建。不过，CNN 中新出现了卷积（convolution）层和池化（pooling）层。卷积层和池化层将在下一节详细介绍，这里先介绍如何组装层以构建 CNN。在之前介绍的神经网络中，相邻层的所有神经元之间都有连接，称为全连接（fully-connected）。如图 10-1 所示，使用 affine 层连接成一个 5 层的全连接神经网络，affine 层后面跟着激活函数 ReLU 层（或者 sigmoid 层），前 4 层是"affine-ReLU"组合，然后第 5 层是 affine 层，最后由 softmax 层输出最终结果（概率）。

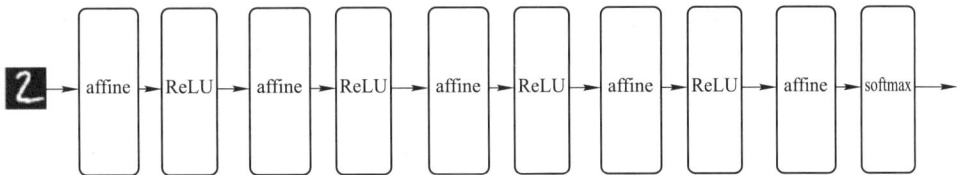

图 10-1　基于 affine 层的全连接神经网络

CNN 中新增了 convolution 层和 pooling 层，其结构如图 10-2 所示。CNN 层的连接顺序是"convolution-ReLU-（pooling）"（pooling 层有时会被省略）。这可以理解为之前的"affine-ReLU"连接被替换成了"convolution-ReLU-（pooling）"连接。还需要注意的是，在 CNN 中，靠近输出的层中使用了之前的"affine-ReLU"组合。此外，最后的输出层中使用了之前的"affine-softmax"组合，这些都是一般的 CNN 中比较常见的结构。

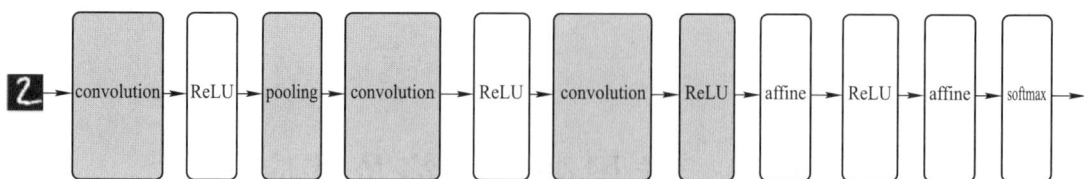

图 10-2 基于 CNN 网络的例子

10.2 卷积层

10.2.1 卷积运算

卷积层进行的处理就是卷积运算，相当于图像处理中的"滤波器运算"。如图 10-3 所示，卷积运算对输入数据应用滤波器，输入数据是有高长方向形状的数据，滤波器也一样，有高长方向上的维度。假设用（height，width）表示数据和滤波器的形状，则在图 10-3 中，输入大小是（4，4），滤波器大小是（3，3），输出大小是（2，2）。另外，有的文献中也会用"核"这个词来表示这里所说的"滤波器"。

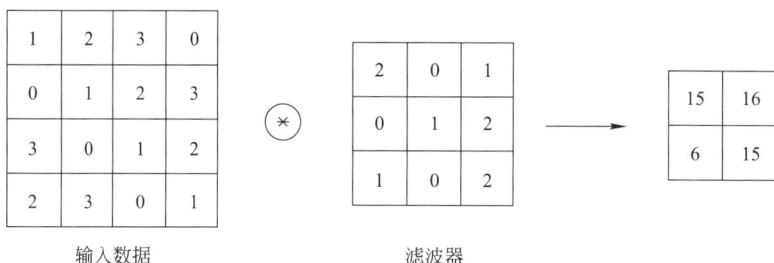

图 10-3 卷积运算的例子

图 10-4 中展示了卷积运算的计算顺序。对于输入数据，卷积运算以一定间隔滑动滤波器的窗口并应用，此处的窗口是指图中灰色的 3 × 3 的部分。在图 10-4 中，将各个位置上滤波器的元素和输入的对应元素相乘，然后再求和（有时将这个计算称为乘积累加运算），最后将这个结果保存到输出的对应位置。将这个过程在所有位置都进行一遍，就可以得到卷积运算的输出。在全连接的神经网络中，除了权重参数，还存在偏置。在 CNN 中，滤波器的参数就对应之前的权重，并且 CNN 中也存在偏置。图 10-4 中卷积运算的例子一直展示到了应用滤波器的阶段，包含偏置的卷积运算如图 10-5 所示，向应用了滤波器的数据上加了偏置。偏置通常只有 1 个（1 × 1）（在图 10-4 中，相对于应用了滤波器的 4 个数据，偏置只有 1 个），这个值会被加到应用了滤波器的所有元素上。

10.2.2 填充

在进行卷积层的处理之前，有时要向输入数据的周围填入固定的数据（比如 0 等），称

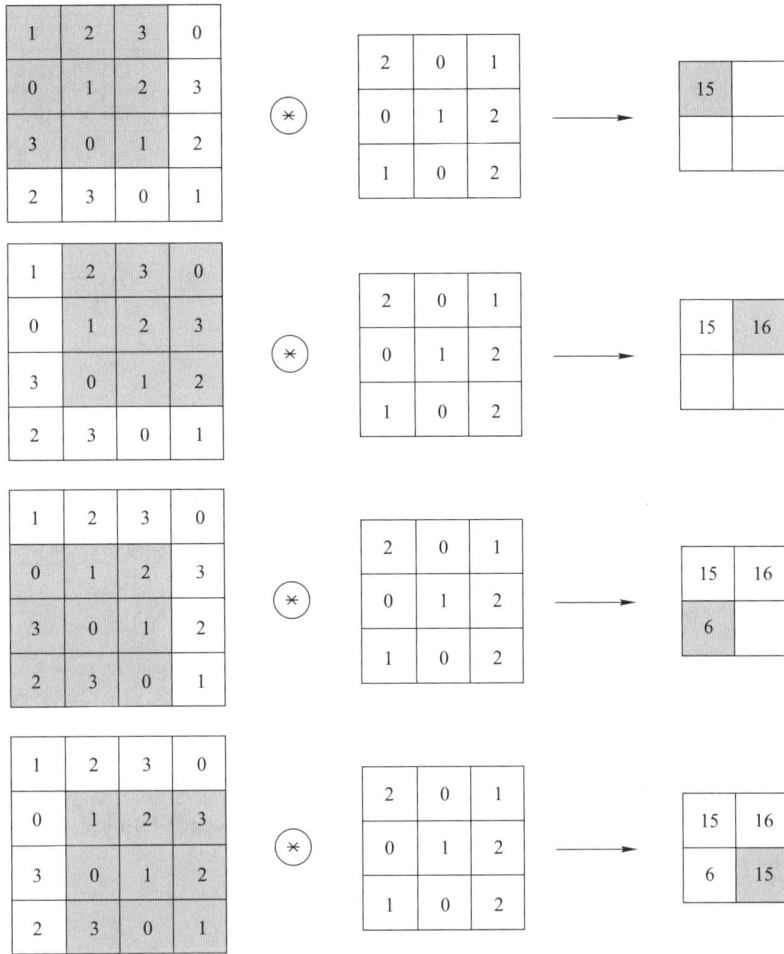

图 10-4 卷积运算的计算顺序

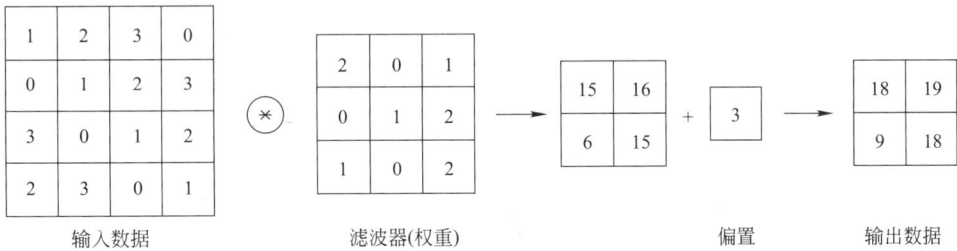

输入数据   滤波器(权重)   偏置   输出数据

图 10-5 包含偏置的卷积运算

为填充（padding），它是卷积运算中经常会用到的处理方法。比如，在图 10-6 中，对大小为（4，4）的输入数据应用了幅度为 1 的填充。"幅度为 1 的填充"是指用幅度为 1 像素的 0 填充周围。

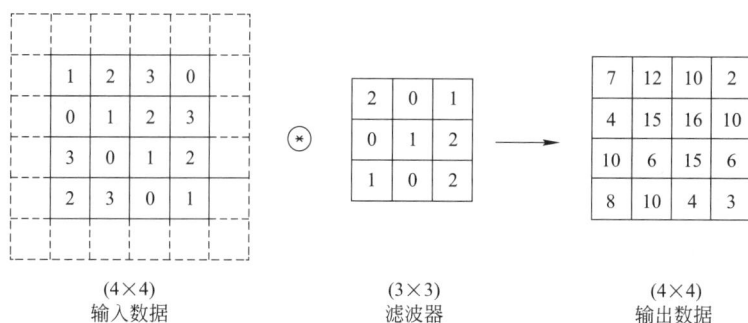

图 10-6 卷积运算的填充处理

在图 10-6 中，向输入数据的周围填入 0（图中用虚线表示填充，并省略了填充的内容 "0"），通过填充，大小为（4，4）的输入数据变成了（6，6）的形状。然后，应用大小为（3，3）的滤波器，生成了大小为（4，4）的输出数据。在图 10-6 中，将填充值设为 1，不过填充值也可以设置为 2、3 等任意的整数；如果将填充值设为 2，则输入数据的大小变为（8，8）；如果将填充值设为 3，则输入数据的大小变为（10，10）。

填充主要是为了调整输出的大小。比如，对大小为（4，4）的输入数据应用（3，3）的滤波器时，输出大小变为（2，2），相当于输出大小比输入大小缩小了 2 个元素。这在反复进行多次卷积运算的深度网络中会成为问题，因为如果每次进行卷积运算都会缩小空间，那么在某个时刻输出大小就有可能变为 1，导致无法再应用卷积运算。为了避免出现这样的情况，就要使用填充。在图 10-6 中，将填充的幅度设为 1，那么相对于输入大小（4，4），输出大小也保持为原来的（4，4）。因此，卷积运算就可以在保持空间大小不变的情况下将数据传给下一层。

10.2.3 步幅

应用滤波器的位置间隔称为步幅（stride）。之前的例子中步幅都是 1，如果将步幅设为 2，则应用滤波器窗口的间隔变为 2 个元素，如图 10-7 所示。

在图 10-7 中，对输入大小为（7，7）的数据，以步幅 2 应用了滤波器。通过将步幅设为 2，输出大小变为（3，3）。如此，步幅可以指定应用滤波器的间隔。

综上，增大步幅后，输出大小会变小。而增大填充后，输出大小会变大。假设输入大小为（H，W），滤波器大小为（FH，FW），输出大小为（OH，OW），填充为 P，步幅为 S。此时，输出大小可通过式 10-1 和式 10-2 进行计算。

$$OH = \frac{H+2P-FH}{S}+1 \tag{10-1}$$

$$OW = \frac{W+2P-FW}{S}+1 \tag{10-2}$$

例如，输入大小为（28，31），填充为 2，步幅为 3，滤波器大小为（5，5），可以计算输出大小：

$$OH = \frac{28+2\times2-5}{3}+1 = 10$$

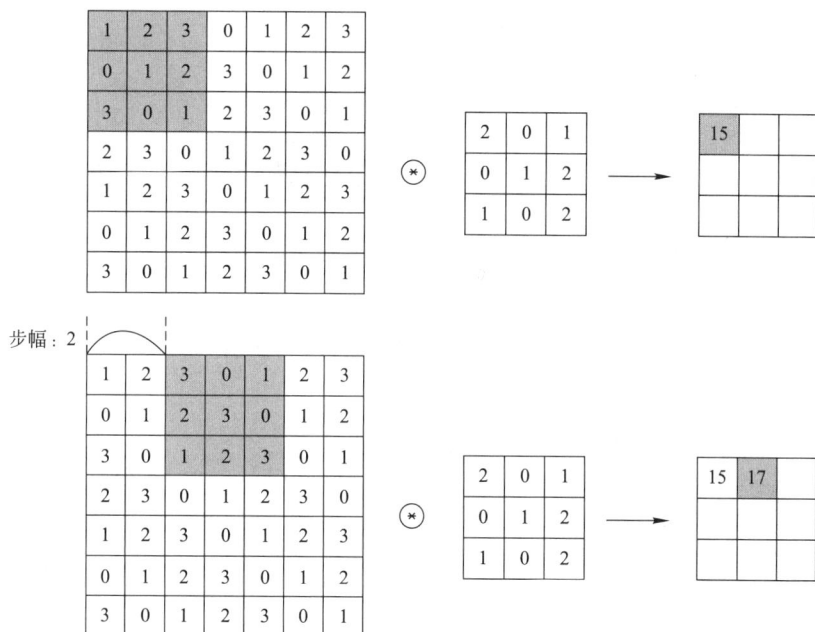

图 10-7　步幅为 2 的卷积运算的例子

$$OW = \frac{31+2\times2-5}{3}+1 = 11$$

需要注意的是，虽然只要代入值就可以计算输出大小，但是所设定的值必须使公式中的 $\frac{H+2P-FH}{S}$ 和 $\frac{W+2P-FW}{S}$ 分别可以除尽。当输出大小无法除尽时（结果是小数时），需要采取报错等对策。根据深度学习的框架不同，当所设定的值无法除尽时，有时会向最接近的整数四舍五入，不进行报错而继续运行。

10.2.4　三维数据的卷积运算

之前的卷积运算的例子都是以有高、长方向的二维形状为对象。但是，图像是三维数据，除了高、长方向之外，还需要处理通道方向。下面按照与之前相同的顺序，对加上了通道方向的三维数据进行卷积运算。图 10-8 是卷积运算，图 10-9 是计算顺序，以 3 通道的数据为例，展示了卷积运算的结果。和二维数据时相比，可以发现纵深方向（通道方向）上特征图增加了。通道方向上有多个特征图时，会按通道进行输入数据和滤波器的卷积运算，并将结果相加，从而得到输出。

需要注意的是，在三维数据的卷积运算中，输入数据和滤波器的通道数要设为相同的值。在这个例子中，输入数据和滤波器的通道数一致，均为 3。滤波器大小可以设定为任意值（不过，每个通道的滤波器大小要全部相同）。这个例子中滤波器大小为（3，3），但也可以设定为（2，2）、（1，1）、（5，5）等任意值。再次强调，通道数只能设定为和输入数据的通道数相同的值（本例中为 3）。

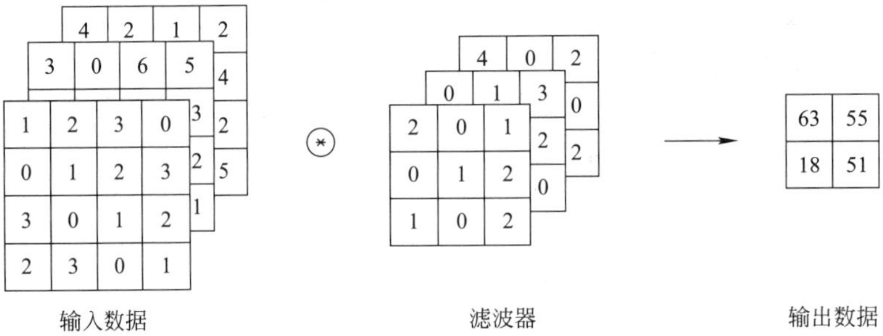

输入数据　　　　　　　　　　　　滤波器　　　　　　　　　输出数据

图 10-8　对三维数据进行卷积运算的例子

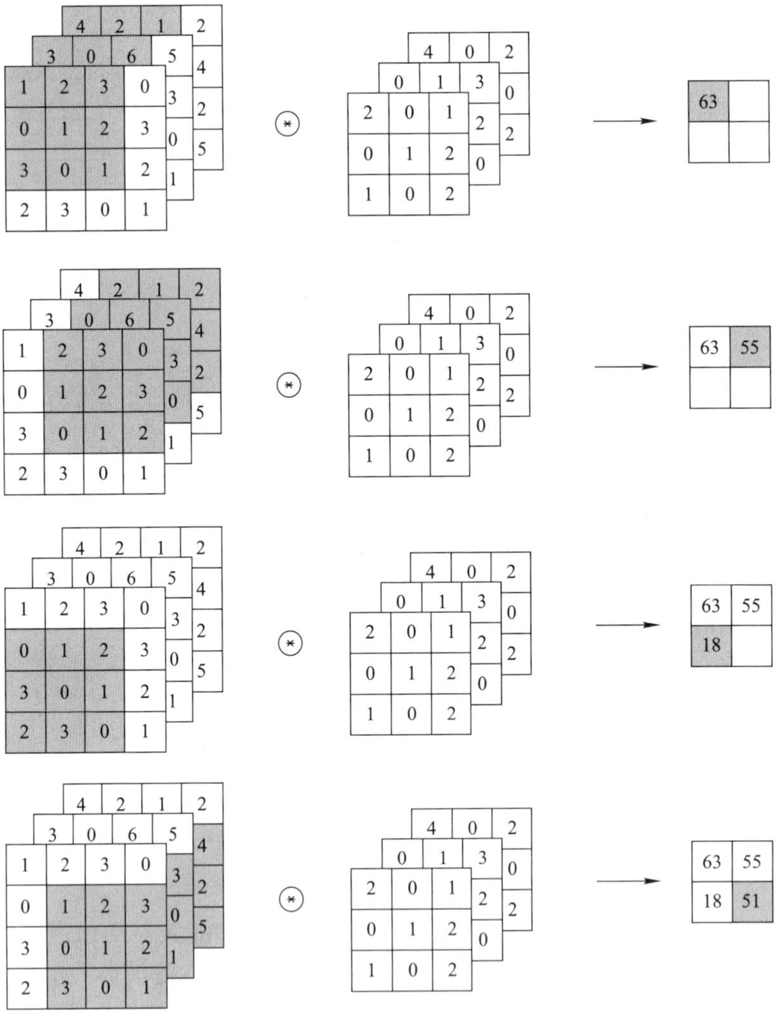

图 10-9　对三维数据进行卷积运算的计算顺序

10.2.5　批处理

神经网络的处理中包括了将输入数据打包的批处理。之前的全连接神经网络通过批处理，能够实现处理的高效化和学习时 mini-batch 的对应。卷积运算也同样对应批处理，为此，需要将在各层间传递的数据保存为 4 维数据。具体地讲，就是按（batch_num，channel，height，width）的顺序保存数据。在图 10-10 的批处理数据流中，在各个数据的开头添加了批用的维度。如此，数据作为 4 维的形状在各层间传递。需要注意的是，网络间传递的是 4 维数据，对这 N 个数据进行了卷积运算，相当于批处理将 N 次的处理汇总成了 1 次进行。

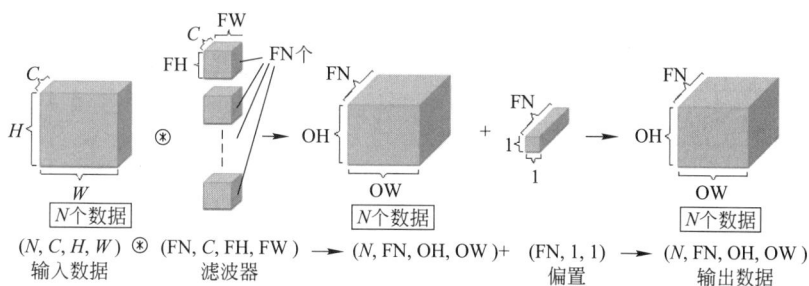

(N, C, H, W) $\circledast$ (FN, C, FH, FW) $\rightarrow$ $(N, FN, OH, OW)+$ $(FN, 1, 1)$ $\rightarrow$ (N, FN, OH, OW)

输入数据　　滤波器　　　　　　　　　　　偏置　　　输出数据

图 10-10　卷积运算的批处理

10.3　池化层

池化是缩小高、长方向上空间的运算。例如：可以将图 10-11 中 2 × 2 的区域集约成 1 个元素的处理，缩小空间大小。

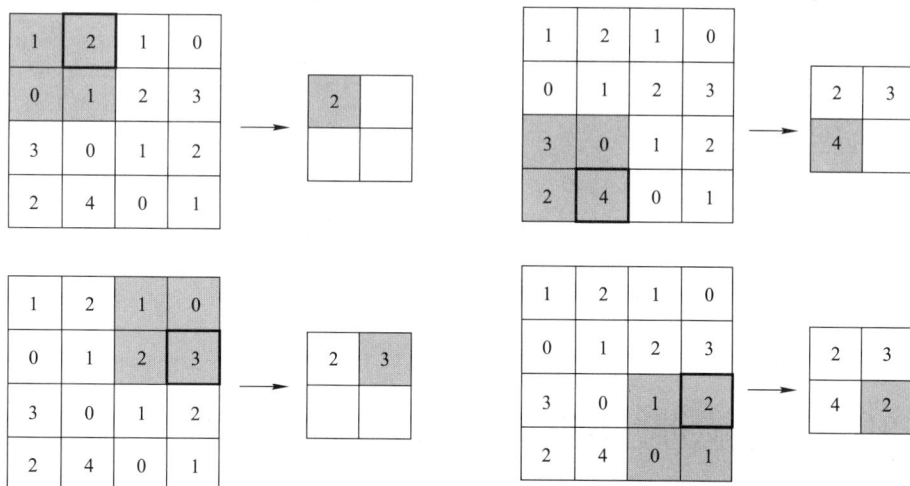

图 10-11　Max 池化的处理顺序

在图 10-11 中是按步幅 2 进行 2×2 Max 池化时的处理顺序，"2×2"表示目标区域的大小，"Max 池化"是获取最大值的运算，从 2×2 区域中取出最大的元素。这个例子中将步幅设为了 2，所以 2×2 窗口的移动间隔为 2 个元素。一般来说，池化的窗口大小会和步幅设定成相同的值。比如，3×3 窗口的步幅会设为 3，4×4 窗口的步幅会设为 4 等。

除了 Max 池化之外，还有 Average 池化等。相对于 Max 池化是从目标区域中取出最大值，Average 池化则是计算目标区域的平均值。在图像识别领域，主要使用 Max 池化。

池化层和卷积层不同，没有要学习的参数。池化只是从目标区域中取最大值（或者平均值），所以不存在要学习的参数。经过池化运算，输入数据和输出数据的通道数不会发生变化，计算是按通道独立进行的，如图 10-12 所示。

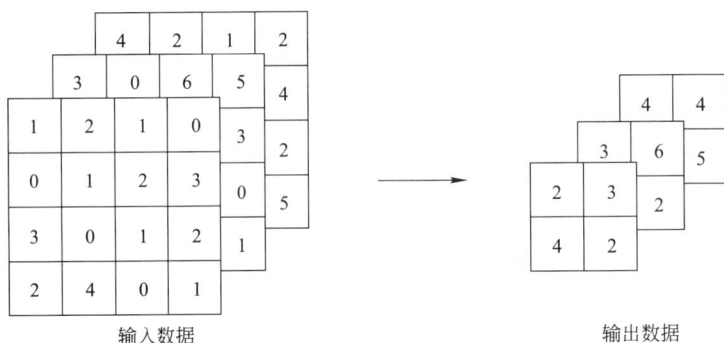

输入数据　　　　　　　　　　　　　　输出数据

图 10-12　池化中通道数不变

输入数据发生微小偏差时，池化仍会返回相同的结果。因此，池化对输入数据的微小偏差具有鲁棒性。比如，如图 10-13 所示，3 × 3 的池化的情况下，池化会吸收输入数据的偏差（根据数据的不同，结果有可能不一致）。

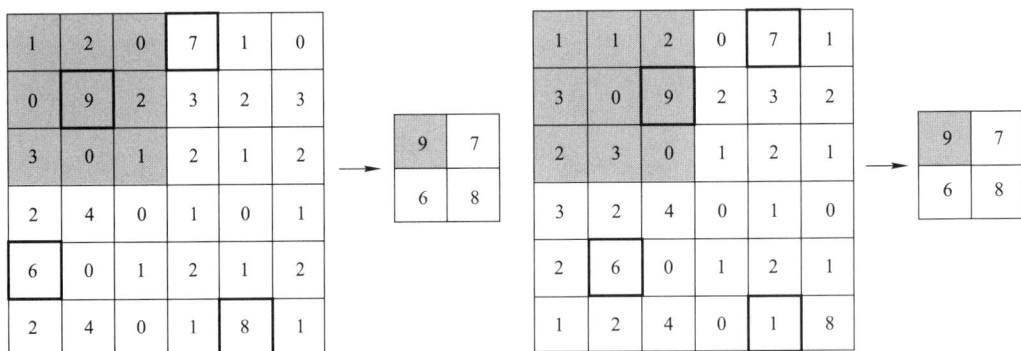

图 10-13　输入数据在宽度方向上只偏离 1 个元素

10.4　卷积神经网络的实现

现在搭建一个简单的卷积神经网络，其结构如图 10-14 所示，它的构成是"convolution-ReLU-pooling-affine-ReLU-affine-softmax"，可实现为名为 SimpleConvNet 的类。SimpleConvNet 的初始化（＿＿ init＿＿），取以下参数。

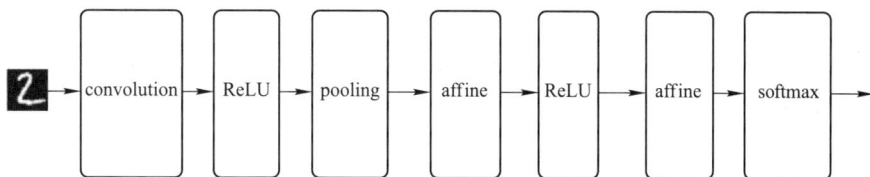

（1）input_dim——输入数据的维度（通道，高，长）。

（2）conv_param——卷积层的超参数（字典）。字典的关键字如下：

① filter_num——滤波器的数量；

② filter_size——滤波器的大小；

③ stride——步幅；

④ pad——填充。

（3）hidden_size——隐藏层（全连接）的神经元数量。

（4）output_size——输出层（全连接）的神经元数量。

（5）weitght_int_std——初始化时权重的标准差。

卷积层的超参数通过名为 conv_param 的字典传入。设想它会像 ｛ 'filter_num '：30，'filter_size '：5，'pad '：0，'stride '：1｝这样，保存必要的超参数值。SimpleConvNet 的初始化的实现稍长，分成 3 部分来说明，首先是初始化的最开始部分：

```
class SimpleConvNet:
def __init__(self,input_dim=(1,28,28),
conv_param={'filter_num':30,'filter_size':5,'pad':0,'stride':1},hidden_size=100,
          output_size=10,weight_init_std=0.01):
filter_num=conv_param['filter_num']
filter_size=conv_param['filter_size']
filter_pad=conv_param['pad']
filter_stride=conv_param['stride']
input_size=input_dim[1]
conv_output_size=(input_size-filter_size+2* filter_pad)/filter_stride+1)
pool_output_size=int(filter_num* (conv_output_size/2)* (conv_output_size/2)
```

此处将由初始化参数传入的卷积层超参数从字典中取了出来（以方便后面使用），然后，计算卷积层的输出大小。然后是权重参数的初始化部分：

```
self.params={}
self.params['W1']=weight_init_std* np.random.randn(filter_num,input_dim[0],
filter_size,filter_size)
self.params['b1']=np.zeros(filter_num)
self.params['W2']=weight_init_std* np.random.randn(pool_output_size,hidden_size)
self.params['b2']=np.zeros(hidden_size)
self.params['W3']=weight_init_std* np.random.randn(hidden_size,output_size)
```

```
self.params['b3']=np.zeros(output_size)
```

学习所需的参数是第 1 层的卷积层和剩余两个全连接层的权重和偏置，将这些参数保存在实例变量的 params 字典中。将第 1 层卷积层的权重设为关键字 W1，偏置设为关键字 b1。同样，分别用关键字 W2、b2 和关键字 W3、b3 来保存第 2 个和第 3 个全连接层的权重和偏置。最后，生成必要的层。

```
self.layers=OrderedDict()
self.layers['Conv1']=Convolution(self.params['W1'],self.params['b1'],conv_param['stride'],conv_param['pad'])
self.layers['Relu1']=Relu()
self.layers['Pool1']=Pooling(pool_h=2,pool_w=2,stride=2)
self.layers['Affine1']=Affine(self.params['W2'],self.params['b2'])
self.layers['Relu2']=Relu()
self.layers['Affine2']=Affine(self.params['W3'],self.params['b3'])
self.last_layer=softmaxwithloss()
```

从最前面开始按顺序向有序字典（OrderedDict）的 layers 中添加层，只有最后的 SoftmaxWithLoss 层被添加到别的变量 lastLayer 中。以上就是 SimpleConvNet 的初始化中进行的处理。初始化后，进行推理的 predict 方法和求损失函数值的 loss 方法就实现如下：

```
def predict(self,x):
for layer in self.layers.values():
x=layer.forward(x)
return x
def loss(self,x,t):
y=self.predict(x)
return self.lastLayer.forward(y,t)
```

参数 x 是输入数据，t 是教师标签。用于推理的 predict 方法从头开始依次调用已添加的层，并将结果传递给下一层。在求损失函数的 loss 方法中，除了使用 predict 方法进行的 forward 处理之外，还会继续进行 forward 处理，直到到达最后的 SoftmaxWithLoss 层。下面是基于误差反向传播法求梯度的代码实现：

```
def gradient(self,x,t):
self.loss(x,t)
dout=1
dout=self.lastLayer.backward(dout)
layers=list(self.layers.values())
layers.reverse()
for layer in layers:
dout=layer.backward(dout)
#设定
grads={}
grads['W1']=self.layers['Conv1'].dW
grads['b1']=self.layers['Conv1'].db
```

```
grads['W2']=self.layers['Affine1'].dW
grads['b2']=self.layers['Affine1'].db
grads['W3']=self.layers['Affine2'].dW
grads['b3']=self.layers['Affine2'].db
return grads
```

参数的梯度通过误差反向传播法（反向传播）求出，通过把正向传播和反向传播组装在一起来完成。因为已经在各层正确实现了正向传播和反向传播的功能，所以这里只需要以合适的顺序调用即可。最后，把各个权重参数的梯度保存到 grads 字典中。以上就是 SimpleConvNet 的实现。

10.5　常见卷积神经网络

关于卷积神经网络，迄今为止已经提出了各种网络结构。本书介绍其中特别重要的两个网络，一个是在 1998 年首次被提出的卷积神经网络元祖 LeNet，另一个是在 2012 年被提出的在深度学习领域受到关注的的 AlexNet。

10.5.1　LeNet

LeNet 是进行手写数字识别的网络，如图 10-15 所示，它有连续的卷积层和池化层（确切地讲，是只"抽选元素"的子采样层），最后经全连接层输出结果。

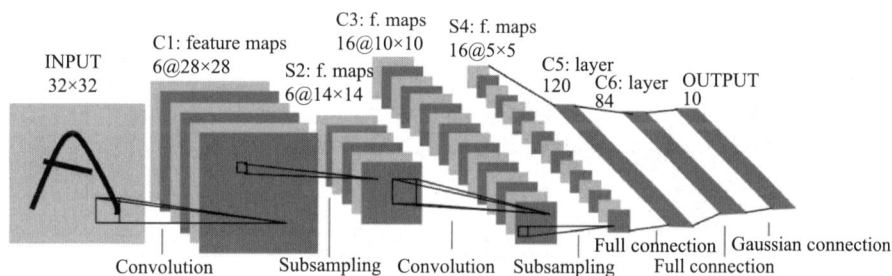

图 10-15　LeNet 的网络结构

和现在的卷积神经网络相比，LeNet 有几个不同点。第一个不同点在于激活函数，LeNet 中使用 sigmoid 函数，而现在的 CNN 中主要使用 ReLU 函数。另一个不同点是，LeNet 中使用子采样（subsampling）缩小中间数据的大小，而现在的卷积神经网络中 Max 池化是主流。综上，LeNet 与现在的卷积神经网络虽然有些许不同，但差别并不是那么大。

10.5.2　AlexNet

AlexNet 是引发深度学习热潮的导火线，不过它的网络结构和 LeNet 基本上没有什么不同，如图 10-16 所示。

AlexNet 叠有多个卷积层和池化层，最后经由全连接层输出结果。虽然 AlexNet 与 LeNet 相比结构上区别不大，但有以下几点差异：

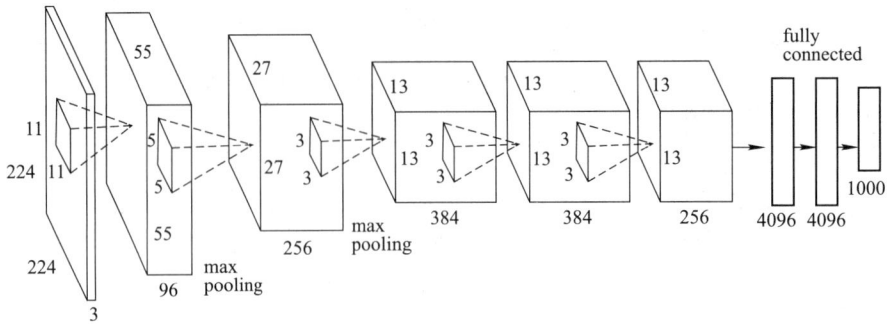

图 10-16 AlexNet 的网络结构

（1）激活函数使用 ReLU；

（2）使用进行局部正规化的 LRN（local response normalization）层；

（3）使用 Dropout。

10.6 基于卷积神经网络的股票趋势预测

本节利用股票历史数据对股票长期趋势进行预测，数据（tt. csv）中包含股票每天的开盘价、收盘价、最高价、最低价、交易量，选择开盘价、最高价、最低价三个变量作为卷积神经网络的三个通道来预测股票趋势。

1. 导入相关包并读取数据

```
import numpy as np
from scipy import stats
import tensorflow.compat.v1 as tf
tf.disable_v2_behavior()
import pandas as pd
from sklearn.preprocessing import minmax_scale
from sklearn.model_selection import train_test_split
from sklearn.preprocessing import OneHotEncoder
import os
os.environ['TF_CPP_MIN_LOG_LEVEL']='2'
#读取数据集
df=pd.read_csv('C:/Users/灰灰/Downloads/cnn_stock/dataset/tt.csv',encoding="gbk")
```

2. 数据预处理

对数据进行最大最小值归一化，使用 minmax_scale() 函数将数据转化为 [0, 1]，代码如下所示。

```
#数据归一化
df['open']=minmax_scale(df['open'])
df['high']=minmax_scale(df['high'])df['low']=minmax_scale(df['low'])
```

3. 构建向量矩阵

```
#总数据矩阵/标签
data=[]
label=[]
```

4. 定义窗口函数

```
#定义窗口函数
def windows(data,size):
    start=0
    while start < data.count():
        yield int(start),int(start+size)
        start +=(size/2)
```

5. 采样

对数据采用加窗（window）的方式，每个窗口为一条样本，使得每个窗口内的总体趋势为涨或者跌，若该窗口的变化趋势不明显则舍弃。统计窗口内涨跌次数作为窗口的标记，窗口内涨多跌少，则标记为 1，反之标记为-1，如此将股票趋势预测转化为分类问题。

```
#返回格式数据
def segment_signal(data,window_size=90):
    segments=np.empty((0,window_size,3))
    labels=np.empty((0))
    for (start,end) in windows(data["timestamp"],window_size):
        x=data["open"][start:end]
        y=data["high"][start:end]
        z=data["low"][start:end]
        if (len(df["timestamp"][start:end]) ==window_size):
            segments=np.vstack([segments,np.dstack([x,y,z])])
            labels=np.append(labels,stats.mode(data["label"][start:end])[0][0])
    return segments,labels
data,label=segment_signal(df)
```

6. 格式整理

将样本按照 80% 和 20% 的比例随机分成训练集和测试集，然后将训练集和测试集的数据和标签转化为向量形式，对标签进行 One-Hot 独热编码。

```
#对标签数据进行处理
for i in range(0,len(label)):
    if label[i] ==-1:
        label[i]=0
X_train,X_test,y_train,y_test=train_test_split(data,label,test_size=0.2)
X_train=np.array(X_train).reshape(len(X_train),90,3)
X_test=np.array(X_test).reshape(len(X_test),90,3)
```

```
y_train=np.array(y_train).reshape(-1,1)
y_test=np.array(y_test).reshape(-1,1)
#标签独热编码
enc=OneHotEncoder()
enc.fit(y_train)
y_train=enc.transform(y_train).toarray()
y_test=enc.transform(y_test).toarray()
```

7. 参数设置

通道数量 in_channels 为 3，神经元个数 units 为 256，迭代次数 epoch 为 10000，批次大小 batch_size 为 5。批次 batch 为样本数量/批次大小。

```
in_channels=3
units=256
epoch=10000
batch_size=5
batch=X_train.shape[0]/batch_size
```

8. 创建占位符

读取样本后需要存储样本，创建占位符。

```
#创建占位符
X=tf.placeholder(tf.float32,shape=(None,90,in_channels))
Y=tf.placeholder(tf.float32,shape=(None,2))
```

9. 模型构建

第一个卷积-池化层中，卷积核为"1*4"，步长为2，"SAME"表示 Padding，即补0，激活函数为 ReLU。采用最大池化，核为"1*2"，步长为2。第二个卷积-池化层和第三个卷积-池化层的设置与第一个卷积-池化层相同。

```
#第一层
h1=tf.layers.conv1d(X,256,4,2,'SAME',name='h1',use_bias=True,activation=
tf.nn.relu)
p1=tf.layers.max_pooling1d(h1,2,2,padding='VALID')
print(h1)
print(p1)
#第二层
h2=tf.layers.conv1d(p1,256,4,2,'SAME',use_bias=True,activation=tf.nn.relu)
p2=tf.layers.max_pooling1d(h2,2,2,padding='VALID')
print(h2)
print(p2)
#第三层
h3=tf.layers.conv1d(p2,2,4,2,'SAME',use_bias=True,activation=tf.nn.relu)
p3=tf.layers.max_pooling1d(h3,2,2,padding='VALID')
res=tf.reshape(p3,shape=(-1,2))
print(h3)
```

```
print(p3)
print(res)
```

10. 定义损失函数和准确率

此处采用交叉熵损失函数，优化器采用 Adam，每 100 次输出代价函数值和训练准确度。

```
# loss
loss=tf.reduce_mean(tf.nn.softmax_cross_entropy_with_logits_v2(logits=res,la-
bels=Y))
#创建正确率
ac=tf.cast(tf.equal(tf.argmax(res,1),tf.argmax(Y,1)),tf.float32)
acc=tf.reduce_mean(ac)
#创建优化器
optim=tf.train.AdamOptimizer(0.0001).minimize(loss)
with tf.Session() as sess:
    sess.run(tf.global_variables_initializer())
    for i in range(10000):
        sess.run(optim,feed_dict={X: X_train,Y: y_train})
        if i % 1000 ==0:
            los,accuracy=sess.run([loss,acc],feed_dict={X: X_train,Y: y_train})
            print(los,accuracy)
    ccc=sess.run(tf.argmax(res,1),feed_dict={X: X_test,Y: y_test})
    print("ccc:",ccc)
```

输出：

loss	accuracy
0.687 403 2	0.695 652 2
0.403 849 66	0.826 086 94
0.268 110 48	0.869 565 2
0.183 776 08	0.939 130 4
0.134 590 73	0.965 217 4
0.098 219 626	0.965 217 4
0.070 928 52	0.982 608 7
0.051 795 963	1
0.037 854 634	1
0.027 439 92	1

```
ccc:[1 0 0 0 0 0 0 0 0 1 1 1 0 0 1 0 0 0 0 0 0 0 0 1 1 0 0]
```

其中，"1"代表窗口内涨多跌少，"0"代表窗口内涨跌趋势不明显。

在输出时，每 1 000 次迭代输出一次代价函数值和精准度，从输出结果可以看出代价函数值越来越小，精准度越来越高，可以看出当迭代次数达到 8 000 次时，精准度已达到 1。

课后习题

1. 简述卷积神经网络结构。
2. 简述 LeNet 的特点。
3. 论述 AlexNet 与 LeNet 的不同点。
4. coal.csv 文件为煤炭价格及其相关影响因素的数据，请将数据集合理划分为训练集和测试集，建立卷积神经网络模型预测煤炭价格。

第11章 循环神经网络及其应用

循环神经网络（recurrent neural network，RNN）是一类具有短期记忆能力的神经网络，主要用途是处理和预测序列数据，在语音识别、语言模型、机器翻译以及时序分析等方面得到了广泛应用。本章介绍循环神经网络的记忆能力、结构及长短期记忆神经网络（long short-term memory，LSTM），并使用 LSTM 算法对通货膨胀率进行预测。

11.1 循环神经网络的记忆能力

循环神经网络的提出是为了解决一个序列当前的输出与之前信息的关系问题。从网络结构上看，循环神经网络会记忆之前的信息，并利用之前的信息影响后面结点的输出。循环神经网络的隐藏层之间的结点是有连接的，隐藏层的输入不仅包括输入层的输出，而且包括上一时刻隐藏层的输出。

图 11-1 是一个典型的循环神经网络。循环神经网络的主体结构 A 的输入除了来自输入层 x_t，还有一个循环的边来提供上一时刻的隐藏状态 h_{t-1}。在每一时刻，循环神经网络的模块 A 在读取了 x_t 和 h_{t-1} 之后会生成新的隐藏状态 h_t，并产生本时刻的输出 o_t。循环神经网络当前的状态 h_t 是根据上一时刻的状态 h_{t-1} 和当前的输入 x_t 共同决定的。

和普通的神经网络不同的是，循环神经网络的神经网络单元 A，不仅与输入和输出存在联系，而且与自身也存在回路。循环神经网络以时间序列展开后的结构如图 11-2 所示，该结构揭示了循环神经网络的实质：上一个时刻的网络状态信息会作用于下一个时刻的网络状态。

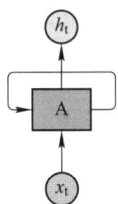

图 11-1 循环神经
网络结构图

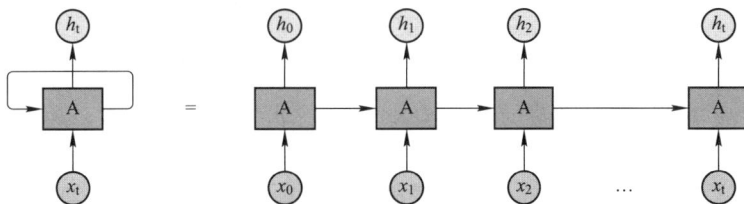

图 11-2 循环神经网络按时间展开后的结构

图 11-2 中等号右边表示 0 时刻循环神经网络的输入为 x_0，输出为 h_0，0 时刻的状态保存在 A 中。当下一个时刻到来时，网络神经元的状态由 1 时刻的输入 x_1 和 0 时刻的神经元状态共同决定。以此类推，直到时间序列的末尾 t 时刻。在时刻 t 时，状态 h_t 浓缩了前面序列 x_0，x_1，…，x_{t-1} 的信息，用作输出 o_t 的参考。由于序列长度可无限长，维度有限的 h 状态不

可能将序列的全部信息都保存下来，因此模型必须学习只保留与后面任务 o_t，o_{t+1}，……相关的最重要的信息。

下面用一个例子解释循环神经网络结构的特点。假设有一句话"I want to play basketball"，由于自然语言本身是一个时间序列，较前的语言会与较后的语言存在某种联系，如句中"play"这个动词意味着后面一定有一个名词，而这个名词具体是什么可能需要更遥远的语境来决定，因此该句话可作为循环神经网络的一个输入。该句话中的 5 个单词是以时序出现，先将 5 个单词编码，再依次输入到循环神经网络中。首先是单词"I"，它作为时序上第一个出现的单词被用作 x_0 输入，拥有一个 h_0 输出，改变了初始神经元 A 的状态。然后，时序上第二个出现的单词"want"作为 x_1 输入，这时循环神经网络的输出和神经元状态将不仅由 x_1 决定，而且由上一时刻的神经元状态或者说上一时刻的输入 x_0 决定。以此类推，直到上述句子输入最后一个单词"basketball"。

循环神经网络对长度为 N 的序列展开后，可视为有 N 个中间层的前馈神经网络。因为该前馈神经网络没有循环连接，所以可直接使用反向传播算法进行训练，这样的训练方法称为"沿时间反向传播"。对于一个序列数据，可以将该序列上不同时刻的数据依次传入循环神经网络的输入层，输出是对序列下一时刻的预测或对当前时刻信息的处理结果（如语音识别结果）。在循环神经网络中，每个时刻都有一个输入，而不必都有输出。

11.2　循环神经网络的结构

11.2.1　单向循环神经网络

现以仅有一个隐藏层的循环神经网络结构为对象，连接不仅存在于相邻的层与层之间（比如输入层-隐藏层），而且存在于时间维度上的隐藏层与隐藏层之间（反馈连接，h_1 到 h_t）。

假设在时刻 t，网络的输入为 x_t，隐状态（隐藏层神经元活性值）h_t 不仅和当前时刻的输入 x_t 相关，也和上一个时刻的隐状态 h_{t-1} 相关，进而与全部过去的输入序列（x_1，x_2……，x_{t-1}，x_t）相关，用以下公式来描述隐状态的计算过程：

$$z_t = \boldsymbol{U}h_{t-1} + \boldsymbol{W}x_t + b \tag{11-1}$$

$$h_t = f(z_t) \tag{11-2}$$

其中，z_t 是隐藏层的净输入；$f()$ 是非线性激活函数，通常为 sigmoid 函数和 tanh 函数；$\boldsymbol{U}$ 是状态-状态权重矩阵；$\boldsymbol{W}$ 是状态-输入权重矩阵；b 为偏置。

如果把每一时刻的状态看作是前馈神经网络的一层，那么循环神经网络是时间维度上权值共享的前馈神经网络。有多个隐藏层的循环神经网络如图 11-3 所示。

11.2.2　双向循环神经网络

在某些任务中，当前时刻的输出不仅和过去的信息有关，而且与后续时刻的信息有关。比如给定一个句子，即单词序列，每个单词的词性和上下文有关，因此可以增加一个按照时间的逆序来传递信息的网络层，增强网络的能力。双向循环神经网络（bidirectional recurrent neural network，Bi-RNN），由两层循环神经网络组成，两层网络都输入序列 x，而信息传递

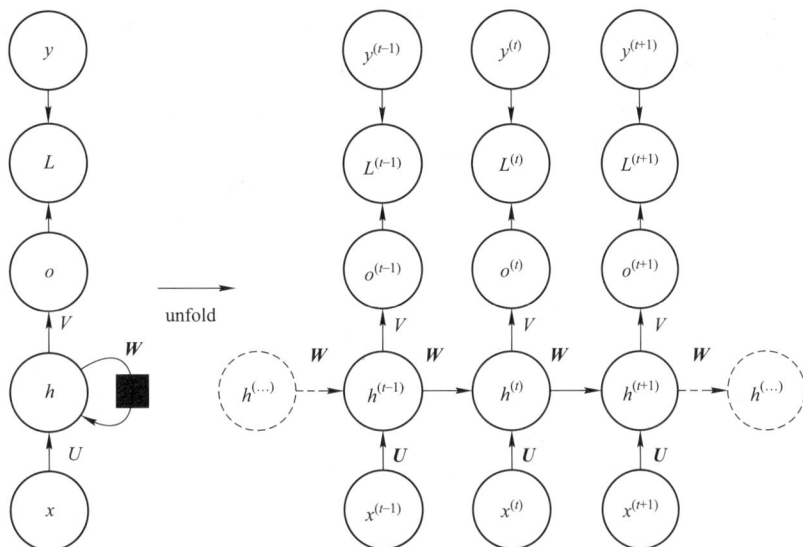

图 11-3　有多个隐藏层的神经网络

方向却相反。

假设第 1 层按时间顺序传递信息，第 2 层按时间逆序传递信息，这两层在时刻 t 的隐状态分别为 $h_t^{(1)}$ 和 $h_t^{(2)}$，然后将这两个隐状态向量拼接起来：

$$h_t^{(1)} = f(\boldsymbol{U}^{(1)} h_{t-1}^{(1)} + W^{(1)} x_t + b^{(1)}) \tag{11-3}$$

$$h_t^{(2)} = f(\boldsymbol{U}^{(2)} h_{t+1}^{(2)} + W^{(2)} x_t + b^{(2)}) \tag{11-4}$$

$$h_t = h_t^{(1)} \oplus h_t^{(2)} \tag{11-5}$$

双向循环神经网络按时间展开后的结构图如图 11-4 所示：

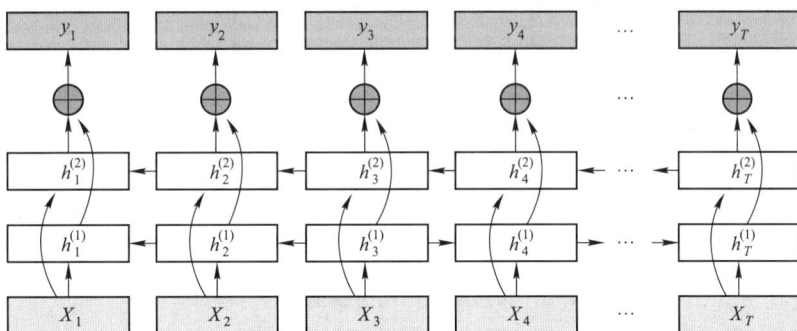

图 11-4　双向循环神经网络按时间展开后的结构图

11.3　长短期记忆网络

11.3.1　长短期记忆网络与循环神经网络的异同

长短期记忆网络（long short-term memory，LSTM）模型是对循环神经网络模型的改进。

循环神经网络模型在普通多层 BP 神经网络模型的基础上，增加了隐藏层各单元间的横向联系，通过一个权重矩阵，将上一个时间序列神经元的值传递至当前神经元，从而使神经网络具备记忆功能。长短期记忆网络模型在循环神经网络模型隐藏层各神经元中增加记忆单元，从而使时间序列上的记忆信息可控，每次在隐藏层各单元间传递时通过几个可控门，控制之前信息和当前信息的记忆和遗忘程度，从而使循环神经网络模型具备了长期记忆功能。长短期记忆网络模型与人工神经网络、循环神经网络等神经网络模型相比具有明显优势：一方面，经济金融领域的数据普遍存在时序结构，因而时序关系及其背后的逻辑关系对于预测分析是不可或缺的，但是人工神经网络模型无法识别样本之间的时序关系。长短期记忆网络模型则可以充分挖掘变量之间的长期依赖关系，从而将其背后的时序关系尽可能地应用到预测过程中。另一方面，长短期记忆网络模型还解决了循环神经网络模型的梯度消失、梯度爆炸等问题，从而做出更精准的预测。因此长短期记忆网络模型的应用日益广泛，不仅被应用到语音识别、情感分析、机器翻译和文本分析相关的学术研究之中，而且已经在谷歌和百度等公司得到了越来越多的应用。长短期记忆网络模型的预测过程通过神经元的连接实现，基本单元模型接收来自其他神经元传递过来的输入信号，输入信号通过带权重的连接进行传递。因此，可以将长短期记忆网络模型视为若干线性和非线性函数相互嵌套的模型，如图 11-5 所示，符号解释如图 11-6 所示。

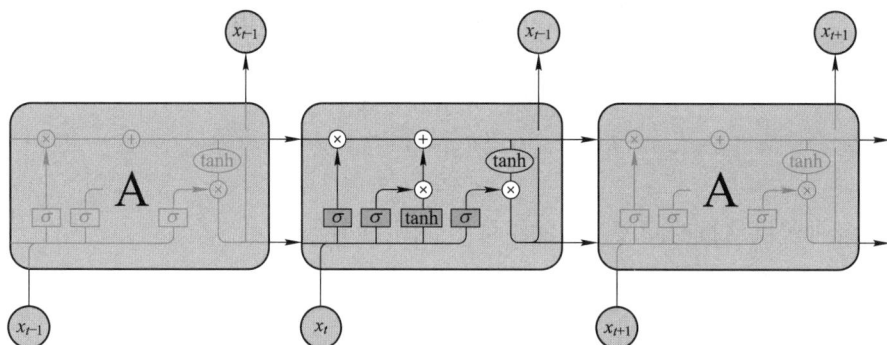

图 11-5　长短期记忆网络模型的结构

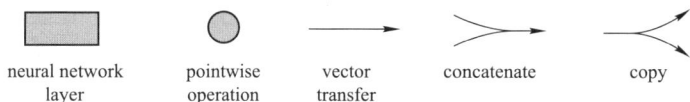

图 11-6　长短期记忆网络模型的符号解释

在图 11-6 中，每条线表示一个向量，从一个输出结点到其他结点的输入结点。圆圈表示逐点式操作，类似向量加法。盒子代表学习好的神经网络的层。线条合并表示连接，线条分叉表示内容被复制到不同位置。

在循环神经网络中，只有一个 tanh 层，即输入 x_t 与上一时刻的状态 h_{t-1} 组成本时刻循环神经网络层的输入：$[x_t, h_{t-1}]$。运算之后的结果经过激励函数 $\tanh = \dfrac{e^x - e^{-x}}{e^x + e^{-x}}$，得到下一时刻的状态 h_t。不同于单一的神经网络层，它以一种特殊的方式进行交互，但是其基本原理与循环神经网络相同，输入长短期记忆网络层后与上一时刻的状态进行运算，得到本时刻的状态输入到下一时刻进行运算，整个运算过程变得更加复杂。

11.3.2　长短期记忆网络的结构

1. 细胞状态

图 11-7 中最上面这条线表示细胞状态，细胞状态类似于传送带。直接在整个链上运行，只有一些少量的线性交互，信息很容易在传送带上传播，状态不会改变。从计算流程上看，它先与遗忘门的输出进行乘法运算，然后再加上输入门的输出。这种运算方式是将上一时刻的一些信息进行压缩或更新，然后再加上本时刻的信息来记住长期的信息。

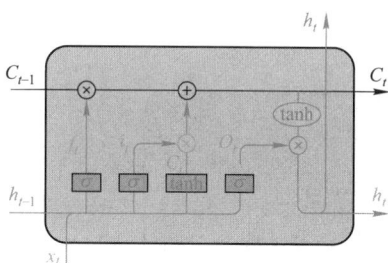

图 11-7　细胞状态

2. 遗忘门

如图 11-8 所示，遗忘门决定从细胞状态中丢弃的信息。该门读取前一个隐藏状态和当前输入，输出一组对应前一个细胞状态中数字 [0, 1] 之间的权值，表示保留或者丢弃。"1" 表示 "完全保留这个"，"0" 表示 "完全遗忘这个"。

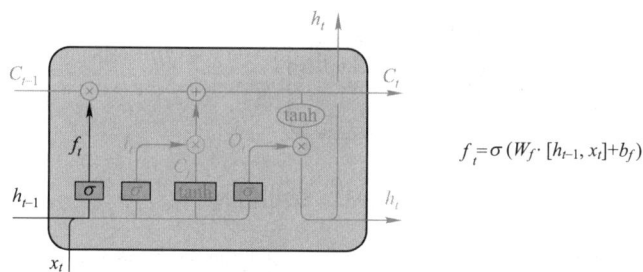

$$f_t = \sigma(W_f \cdot [h_{t-1}, x_t] + b_f)$$

图 11-8　遗忘门

3. 输入门

输入门决定将新的信息放在细胞状态里。它首先经过一个 tanh 层，得到当前信息的表示；同时也经过一个 sigmoid 层计算新的信息是否是重要，然后与 tanh 层的输出进行相乘，再加入到细胞状态中。如图 11-9、图 11-10 所示，将当前的新信息加权到细胞状态中，经过这些运算就可以得到当前时刻的细胞状态。

4. 输出门

输出门决定本时刻的输出状态（如图 11-11 所示）。它先将当前时刻的细胞状态，经过一个 tanh 层激励，再由 [h_{t-1}, x_t] 经过一个 sigmoid 层得到更新的权值，再将两者进行相乘。其结果是当前细胞状态经过 tanh 激励后加权得到当前时刻的状态。

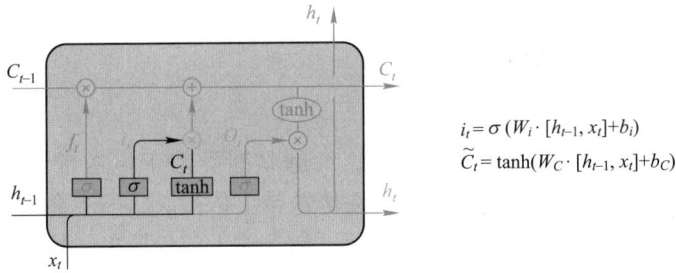

$$i_t = \sigma\left(W_i \cdot [h_{t-1}, x_t] + b_i\right)$$
$$\widetilde{C}_t = \tanh(W_C \cdot [h_{t-1}, x_t] + b_C)$$

图 11-9 输入门（一）

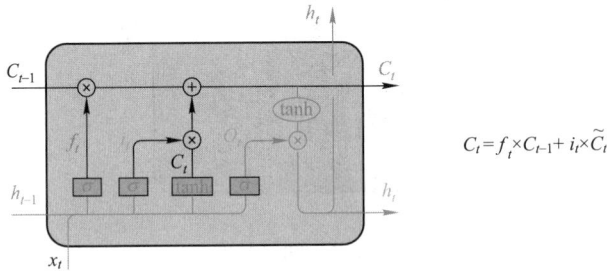

$$C_t = f_t \times C_{t-1} + i_t \times \widetilde{C}_t$$

图 11-10 输入门（二）

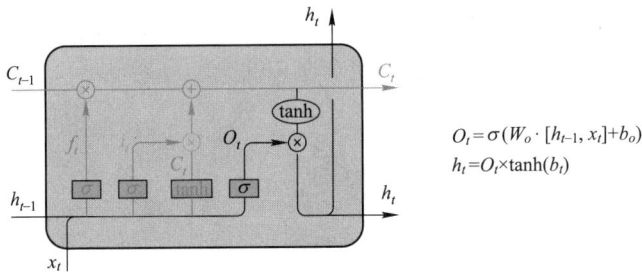

$$O_t = \sigma(W_o \cdot [h_{t-1}, x_t] + b_o)$$
$$h_t = O_t \times \tanh(b_t)$$

图 11-11 输出门

在一个长短期记忆网络细胞中，所有的 sigmoid 层都是在做一个权值的计算。在遗忘门中表示遗忘的程度，在输入门中表示当前信息在细胞状态中的更新程度，而在输出门中则作为细胞状态激励后的输出层度。

11.3.3 长短期记忆网络变体

1. Adding "Peephole Connections"

如图 11-12、图 11-13 所示，2000 年 Gers 和 Schmidhuber 提出来的长短期记忆网络变体，细胞状态输入每个 sigmoid 之前，与 x_t，h_{t-1} 共同影响权值的生成。

2. 耦合遗忘门和输入门

相较于正常的长短期记忆网络，在图 11-13 的变体中，输入门的输出信息加入到细胞状态中的权值由遗忘门输出得到 $1-f_t$，表示遗忘多少信息，就更新多少信息。

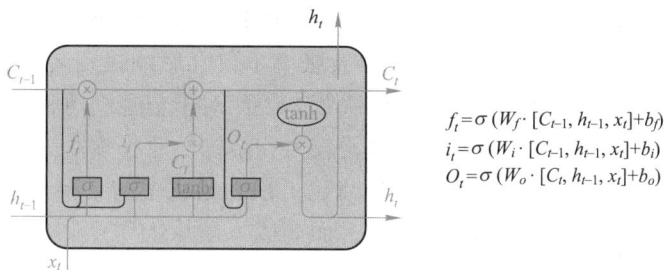

$$f_t=\sigma\left(W_f\cdot[C_{t-1},h_{t-1},x_t]+b_f\right)$$
$$i_t=\sigma\left(W_i\cdot[C_{t-1},h_{t-1},x_t]+b_i\right)$$
$$O_t=\sigma\left(W_o\cdot[C_t,h_{t-1},x_t]+b_o\right)$$

图 11-12　长短期记忆网络的变体 1

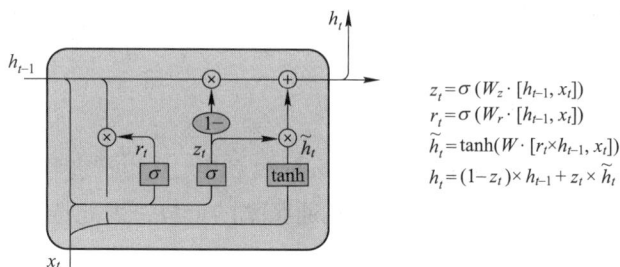

$$z_t=\sigma\left(W_z\cdot[h_{t-1},x_t]\right)$$
$$r_t=\sigma\left(W_r\cdot[h_{t-1},x_t]\right)$$
$$\widetilde{h}_t=\tanh(W\cdot[r_t\times h_{t-1},x_t])$$
$$h_t=(1-z_t)\times h_{t-1}+z_t\times\widetilde{h}_t$$

图 11-13　长短期记忆网络的变体 2

3. GRU

图 11-14 中的长短期记忆网络变体是 Cho 等于 2014 年提出的。该变体将遗忘门和输入门统一为更新门，而且将状态 h 和细胞状态 C 也一起合并了，摆脱了细胞状态，直接用隐藏状态传递信息。从整个外观上看比较像简单的循环神经网络结构了，最终的模型比标准的长短期记忆网络模型要简单，也是非常流行的变体。

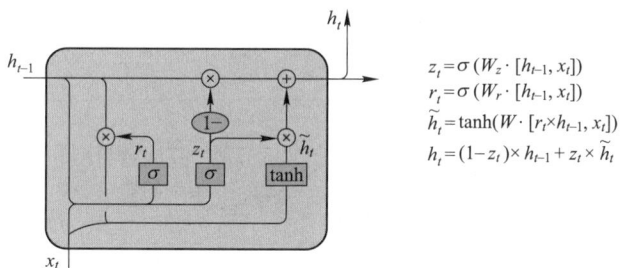

$$z_t=\sigma\left(W_z\cdot[h_{t-1},x_t]\right)$$
$$r_t=\sigma\left(W_r\cdot[h_{t-1},x_t]\right)$$
$$\widetilde{h}_t=\tanh(W\cdot[r_t\times h_{t-1},x_t])$$
$$h_t=(1-z_t)\times h_{t-1}+z_t\times\widetilde{h}_t$$

图 11-14　长短期记忆网络的变体 3

11.4　基于长短期记忆网络算法的通货膨胀率预测

11.4.1　业务背景分析

通货膨胀率（下文简称"通胀率"）是监测宏观经济运行的重要指标之一。通胀率预测的重要性主要体现在三个方面：其一，货币政策的重要目标之一是稳定物价，但是货币政策在调控物价过程中存在一定的时滞，因而央行需要较为精确的通胀率预测作为前提，才能更好地使用货币政策稳定物价水平。其二，通胀率不仅会影响投资者在投资周期方面的决策，而且会影响到投资者在投资产品方面的决策，因而对于金融机构和投资者而言预测通胀率具有重要的指导意义。其三，家庭财产差距较大和结构性通胀频发等问题的存在，使得通胀对中低收入群体的危害较大，从而进一步凸显了预测通胀率的必要性和重要性。在中国，中低收入阶层的财产主要以存款的形式存在，而高收入阶层的财产则以房地产等形式存在，通胀会降低实际利率从而导致中低收入阶层的存款缩水，而高收入阶层则可能因为房价上涨而获益。不仅如此，中国经常发生以食品价格大幅上涨为特征的结构性通胀，而中低收入阶层的食品支出占收入的比重相对较高。考虑到两方面原因使中低收入阶层难以抵御通胀冲击，哪怕是温和通胀也会对中低收入阶层造成较为严重的不利影响。

11.4.2　指标选择与数据说明

考虑到消费者物价指数（consumer price index，CPI）和生产者物价指数（producer price index，PPI）分别从消费领域和生产领域反映通胀率的走势，因此选择 CPI 和 PPI 进行预测分析。

CPI 能够从消费领域反映通胀率的走势。通过从理论层面分析通胀率的决定因素，构建了包括 11 个变量的基准指标体系来预测 CPI。同时结合中国的实际情况额外考虑了两类拓展指标。中国的通胀率很容易受到食品价格的影响，输入性通胀因素尤其是国际能源价格也是通胀率的重要影响因素，因而将国际能源价格相关指标考虑在内。预测 CPI 所使用指标的含义及其统计性描述如表 11-1 所示。

表 11-1　预测 CPI 所使用指标的含义及其统计性描述

指标	符号	含义	
基准指标	CPI	CPI 同比增速/%	衡量通胀率，本书要预测的关键指标之一
	M1	货币期末同比增速/%	反映数量型和价格型货币政策操作对通胀率的影响
	M2	货币与准货币期末同比增速/%	
	RATEST	银行间 7 天同业拆借利率/%	
	IVA	工业增加值同比增速/%	反映工业领域生产活动的活跃程度对通胀率的影响
	PMI_P	PMI 购进价格指数/%	反映原材料价格对通胀率的影响
	C	社会消费品零售总额同比增速/%	反映居民消费需求对通胀率的影响
	HINDEX	房地产景气指数	多维度反映房地产市场对通胀率的影响
	HINVEST	房地产开发投资累计同比增速/%	
	HSTARTS	商品房本年新开工面积同比增速/%	
	STOCK	沪深 300 指数	反映股市对通胀率的影响
	EXC	人民币对美元汇率中间价	反映汇率市场变动对通胀率的影响

指标	符号	含义	
扩展指标	FOOD	食品价格消费指数指数	反映蔬菜等食品价格对通胀率的影响
	GRAIN	粮食价格消费指数	反映粮食价格对通胀率的影响
	CBOT	小麦期货收盘价格指数	反映大宗期货食品对通胀率的影响
	GAS	美国亨利港天然气现货价格指数	输入性通胀，反映国际能源价格对通胀率的影响
	COAL	澳大利亚动力煤炭价格指数	
	OIL	英国布伦特原油现货价格指数	

　　PPI 能够从生产领域反映通胀率的走势。通过从理论层面分析通胀率的决定因素，在预测 PPI 时构建了包括 13 个变量的基准指标体系。结合中国的实际情况额外考虑了两类拓展指标。PPI 主要从生产端反映通胀率，生产端影响价格的因素需着重考虑，其中化工类产品的价格和能源价格是重中之重。输入性通胀因素尤其是国际能源价格也是通胀率的重要影响因素，因而将国际能源价格相关指标考虑在内。预测 PPI 所使用指标的含义及其统计性描述如表 11-2 所示。

表 11-2　预测 PPI 所使用指标的含义及其统计性描述

指标	符号	含义（单位）	
基准指标	CPI	CPI 同比增速/%	衡量通胀率，本文要预测的关键指标之一
	M1	货币期末同比增速/%	反映数量型和价格型货币政策操作对通胀率的影响
	M2	货币与准货币期末同比增速/%	
	RATEST	银行间 7 天同业拆借利率/%	
	IVA	工业增加值同比增速/%	反映工业领域生产活动的活跃程度对通胀率的影响
	PMI_P	PMI 购进价格指数/%	反映原材料价格对通胀率的影响
	C	社会消费品零售总额同比增速/%	反映居民消费需求对通胀率的影响
	HINDEX	房地产景气指数	多维度反映房地产市场对通胀率的影响
	HINVEST	房地产开发投资累计同比增速/%	
	HSTARTS	商品房本年新开工面积同比增速/%	
	STOCK	沪深 300 指数	反映股市对通胀率的影响
	EXC	人民币对美元汇率中间价	反映汇率市场变动对通胀率的影响
扩展指标	FOOD	食品价格消费指数	反映蔬菜等食品价格对通胀率的影响
	GRAIN	粮食价格消费指数	反映粮食价格对通胀率的影响
	CBOT	小麦期货收盘价格指数	反映大宗期货食品对通胀率的影响
	GAS	美国亨利港天然气现货价格指数	输入性通胀，国际能源价格对通胀率的影响
	COAL	澳大利亚动力煤炭价格指数	
	OIL	英国布伦特原油现货价格指数	

所有指标统一使用月度数据，基于数据可得性，所选择样本的起止时间确定为 2004 年 5 月至 2021 年 3 月，一共包含 204 个样本观测值，相关指标均来自中经网数据库。

11.4.3　训练方法及优化器选择

在训练模型的过程中，选择合适的训练方法和优化器能够提升模型的训练效率，反之则会导致模型的训练效率偏低、学习效果偏差，进而影响最终的预测准确度。本例选择小批量方法，采用深度学习神经网络的常用做法，随机抽取 30 个样本点进行模型训练，避免了训练的样本点过多导致训练过程慢以及过拟合问题。为了使长短期记忆网络模型能够快速地实现收敛，本例采用适应性矩估计（adaptive moment estimation，Adam）优化器进行优化训练。Adam 优化器由是目前最常用的优化算法之一。与传统的优化算法通常将学习率设为常数，不同 Adam 优化算法在优化过程中会更新学习率，因而学习效果更为有效、收敛速度也更快。

11.4.4　超参数的设定和网络结构的选择

由于训练长短期记忆网络模型需要将数据划分为训练集和验证集，在初始训练中将 2004 年 5 月至 2014 年 5 月共 121 个月度数据作为模型的训练集，2014 年 6 月至 2015 年 6 月共 13 个月度数据作为模型的验证集。训练集数据用来帮助模型更新权重、确定模型结构，而验证集的数据则主要用来评估模型效果。由于本例采用了动态滚动预测方法，在后续预测过程中，训练集会随着样本量增加而不断扩充。模型需要调试的目标包括神经元个数、训练周期的期数等。训练时，采用小批量 Adam 算法进行更新，再根据模型在验证集上对所有变量拟合后的均方误差来衡量模型的精度，选择精度最高的模型。

11.4.5　动态预测过程

令 y_{t+h} 表示在第 t 期对第 $t+h$ 期通胀率 y 的预测值，y_{t+h}^0 表示 y_{t+h} 的实际观测值。为了更好地分析模型的时序数据预测效果，本例重点考察模型动态滚动预测的结果。当进行相邻一步预测时，h 设置 1。具体的预测分三步为：第一步，把 2004 年 5 月至 2015 年 6 月作为样本来预测下一期的数值，即 2015 年 7 月通胀率的数值。第二步，扩充样本区间为 2004 年 5 月至 2015 年 7 月，将实际观测值作为样本来预测 2015 年 8 月通胀率的数值，预测步骤与第一步相同。第三步，进一步扩充样本区间为 2004 年 5 月至 2015 年 8 月，将实际观测值作为样本来预测 2015 年 9 月通胀率的数值。重复以上扩充样本滚动预测过程，直至对全部样本的预测结束。

11.4.6　预测误差指标

为了评判模型预测性能的优劣，使用均方误差（mean squared error，MSE）、平均绝对百分比误差（mean absolute percent error，MAPE）、对称平均绝对百分比误差（symmetric mean absolute percentage error，SMAPE）作为模型预测性能优劣的评判标准。以上三个误差指标的具体计算公式如下：

$$\text{MSE} = \frac{1}{N} \sum_{t=t_0}^{N-1} (y_t - y_t^0)^2 \qquad (11-6)$$

$$\text{MAPE} = \frac{100\%}{N} \sum_{t=t_0}^{N-1} \left| \frac{y_t - y_t^0}{y_t} \right| \qquad (11-7)$$

$$\text{SMAPE} = \frac{100\%}{N} \sum_{t=t_0}^{N-1} \frac{|y_t - y_t^0|}{(|y_t| + |y_t^0|)/2} \qquad (11-8)$$

11.4.7　代码实现

1. CPI 预测

1）导入相关包

```
import numpy as np
import tensorflow as tf
from tensorflow.keras.layers import Dropout,Dense,LSTM
import matplotlib.pyplot as plt
import os
import pandas as pd
from sklearn.preprocessing import MinMaxScaler
from sklearn.metrics import mean_squared_error,mean_absolute_error
import math
import tensorflow.keras as ks
```

2）文件读取、数据归一化

```
cpi=pd.read_csv('cpi2.csv')   #读取文件
training_set=cpi.iloc[0:204-50,1:16].values
test_set=cpi.iloc[204-50:,1:16].values
#归一化
sc=MinMaxScaler(feature_range=(0,1))   #定义归一化:归一化到(0,1)之间
training_set_scaled=sc.fit_transform(training_set)   #求得训练集的最大值,最小值这些训练集固有的属性,并在训练集上进行归一化
test_set=sc.transform(test_set)   #利用训练集的属性对测试集进行归一化
```

3）生成符合神经网络的训练集

```
x_train=[]
y_train=[]
x_test=[]
y_test=[]
for i in range(12,len(training_set_scaled)):
x_train.append(np.pad(training_set_scaled[12:i,0],(0,len(training_set_scaled)-i),'constant',constant_values=(0,0)))
    y_train.append(training_set_scaled[i,0])
#对训练集进行打乱
np.random.seed(7)
```

```
np.random.shuffle(x_train)
np.random.seed(7)
np.random.shuffle(y_train)
tf.random.set_seed(7)
x_train,y_train=np.array(x_train),np.array(y_train)
x_train=np.reshape(x_train,(x_train.shape[0],x_train.shape[1],1))
print(x_train.shape[0])
```

4）生成符合神经网络的测试集

```
for i in range(12,len(training_set_scaled)):
    x_train.append(training_set_scaled[i-12:i,1:15])
    y_train.append(training_set_scaled[i,0])
#对训练集进行打乱
np.random.seed(7)
np.random.shuffle(x_train)
np.random.seed(7)
np.random.shuffle(y_train)
tf.random.set_seed(7)
#将训练集由 list 格式变为 array 格式
x_train,y_train=np.array(x_train),np.array(y_train)
x_train=np.reshape(x_train,(x_train.shape[0],x_train.shape[1],14))
```

5）模型构建

```
model=tf.keras.Sequential([
    LSTM(80,return_sequences=True),
    Dropout(0.2),
    LSTM(100),
    Dropout(0.2),
    Dense(1)
])
model.compile(optimizer=tf.keras.optimizers.Adam(0.01),loss='mean_squared_
error') #损失函数用均方误差
#该应用只观测 loss 数值,不观测准确率,所以删去 metrics 选项,一会在每个 epoch 迭代显示时只
显示 loss 值
checkpoint_save_path=". /checkpoint/LSTM_cpi6.ckpt"
if os.path.exists(checkpoint_save_path+'.index'):
    print('-------------load the model-----------------')
    model.load_weights(checkpoint_save_path)
cp_callback=tf.keras.callbacks.ModelCheckpoint(filepath=checkpoint_save_path,
    save_weights_only=True,
    save_best_only=True,
    monitor='val_loss')
history=model.fit(x_train,y_train,batch_size=30,epochs=100,validation_data=
(x_test,y_test),validation_freq=1,callbacks=[cp_callback])
```

```
model. summary()
file=open('weight/weights6. txt ','w ')    #参数提取
for v in model. trainable_variables:
    file. write(str(v. name)+' \n ')
    file. write(str(v. shape)+' \n ')
    file. write(str(v. numpy())+' \n ')
file. close()
loss=history. history['loss ']
val_loss=history. history['val_loss ']
plt. plot(loss,label='Training Loss ')
plt. plot(val_loss,label='Validation Loss ')
plt. title('Training and Validation Loss ')
plt. legend()
plt. show()
```

输出结果如图 11-15 所示。

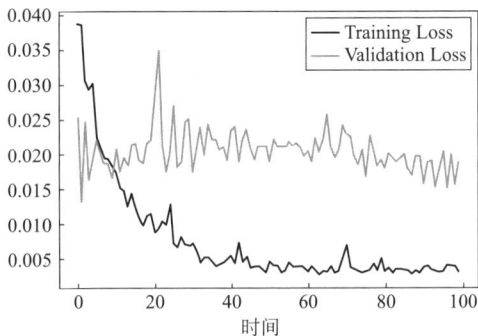

图 11-15　CPI 损失函数图

6）模型预测

```
#predict
#测试集输入模型进行预测
predicted_cpi=model. predict(x_test)
predicted_cpi=np. concatenate((predicted_cpi,test_set[12:,1:]),axis=1)
predicted_cpi=sc. inverse_transform(predicted_cpi)
predicted_cpi=predicted_cpi[:,0]
#对真实数据还原---从(0,1)反归一化到原始范围
real_cpi=sc. inverse_transform(test_set[12:])
real_cpi=real_cpi[:,0]
#画出真实数据和预测数据的对比曲线
plt. plot(real_cpi,color='red ',label='real_cpi ')
plt. plot(predicted_cpi,color='blue ',label='Predicted cpi ')
plt. title('cpi Prediction ')
plt. xlabel('Time ')
plt. ylabel('cpi ')
```

```
plt.legend()
plt.show()
```

输出结果如图 11-16 所示，可以看出，预测值与真实值比较接近，模型拟合效果较好。

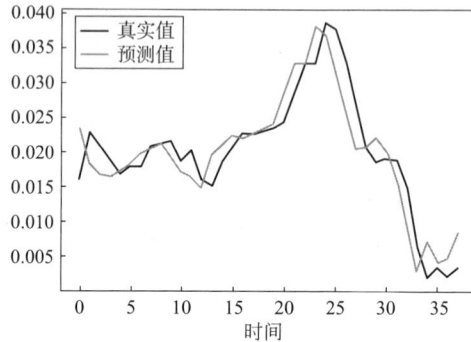

图 11-16　CPI 预测结果

7）模型评价

```
#计算 MSE 均方误差--->E[(预测值-真实值)^2](预测值减真实值平方后求均值)
mse=mean_squared_error(predicted_cpi,real_cpi)
#平均绝对百分比误差 Mean Absolute Percent Error,MAPE
#对称平均绝对百分比误差(Symmetric Mean Absolute Percentage Error,SMAPE)
#MAPE 和 SMAPE
def mape(y_true,y_pred):
    return np.mean(np.abs((y_pred-y_true)/y_true))* 100
def smape(y_true,y_pred):
    return 2.0* np.mean(np.abs(y_pred-y_true)/(np.abs(y_pred)+np.abs(y_true)))* 100
mape1=mape(real_cpi,predicted_cpi)
smpae=smape(real_cpi,predicted_cpi)
print('均方误差: % .6f '% mse)
print('平均绝对百分比误差: % .6f '% mape1)
print('对称平均绝对百分比误差:%.6f '% smpae)
```

输出：

均方误差：1.288093

平均绝对百分比误差：0.87785

对称平均绝对百分比误差：0.879898

2. PPI 预测

1）导入相关包

```
import numpy as np
import tensorflow as tf
from tensorflow.keras.layers import Dropout,Dense,LSTM
import matplotlib.pyplot as plt
```

```
import os
import pandas as pd
from sklearn.preprocessing import MinMaxScaler
from sklearn.metrics import mean_squared_error,mean_absolute_error
import math
```

2）文件读取、数据归一化

```
ppi=pd.read_csv('ppi2.csv')   #读取文件
training_set=ppi.iloc[0:204-50,1:16].values
test_set=ppi.iloc[204-50:,1:16].values
#归一化
sc=MinMaxScaler(feature_range=(0,1))   #定义归一化:归一化到(0,1)之间
training_set_scaled=sc.fit_transform(training_set)   #求得训练集的最大值,最小值这
些训练集固有的属性,并在训练集上进行归一化
test_set=sc.transform(test_set)   #利用训练集的属性对测试集进行归一化
```

3）生成符合神经网络的训练集

```
x_train=[]
y_train=[]
x_test=[]
y_test=[]
for i in range(12,len(training_set_scaled)):
    x_train.append(training_set_scaled[i-12:i,1:15])
    y_train.append(training_set_scaled[i,0])
#对训练集进行打乱
np.random.seed(7)
np.random.shuffle(x_train)
np.random.seed(7)
np.random.shuffle(y_train)
tf.random.set_seed(7)
#将训练集由 list 格式变为 array 格式
x_train,y_train=np.array(x_train),np.array(y_train)
x_train=np.reshape(x_train,(x_train.shape[0],x_train.shape[1],14))
```

4）生成符合神经网络的测试集

```
for i in range(12,len(test_set)):
    x_test.append(test_set[i-12:i,1:15])
    y_test.append(test_set[i,0])
x_test,y_test=np.array(x_test),np.array(y_test)
x_test=np.reshape(x_test,(x_test.shape[0],12,14))
```

5）模型构建

```
model=tf.keras.Sequential([
    LSTM(80,return_sequences=True),
    Dropout(0.2),
    LSTM(100),
    Dropout(0.2),
    Dense(1)
])
model.compile(optimizer=tf.keras.optimizers.Adam(0.01),
            loss='mean_squared_error')    #损失函数用均方误差
#该应用只观测loss数值，不观测准确率，所以删去metrics选项，一会在每个epoch迭代显示时只
显示loss值
checkpoint_save_path="./checkpoint/LSTM_ppi6.ckpt"
if os.path.exists(checkpoint_save_path+'.index'):
    print('--------------load the model----------------')
    model.load_weights(checkpoint_save_path)
cp_callback=tf.keras.callbacks.ModelCheckpoint(filepath=checkpoint_save_path,
    save_weights_only=True,save_best_only=True,monitor='val_loss')
history=model.fit(x_train,y_train,batch_size=30,epochs=100,validation_data=
(x_test,y_test),validation_freq=1,callbacks=[cp_callback])
model.summary()
file=open('weight/weights6.txt','w')    #参数提取
for v in model.trainable_variables:
    file.write(str(v.name)+'\n')
    file.write(str(v.shape)+'\n')
    file.write(str(v.numpy())+'\n')
file.close()
loss=history.history['loss']
val_loss=history.history['val_loss']
plt.plot(loss,label='Training Loss')
plt.plot(val_loss,label='Validation Loss')
plt.title('Training and Validation Loss')
plt.legend()
plt.show()
```

输出结果如图11-17所示。

6）模型预测

```
#预测
#测试集输入模型进行预测
predicted_ppi=model.predict(x_test)
predicted_ppi=np.concatenate((predicted_ppi,test_set[12:,1:]),axis=1)
predicted_ppi=sc.inverse_transform(predicted_ppi)
```

```
predicted_ppi=predicted_ppi[:,0]#对真实数据还原---从(0,1)反归一化到原始范围
real_ppi=sc.inverse_transform(test_set[12:])
real_ppi=real_ppi[:,0]
#画出真实数据和预测数据的对比曲线
plt.plot(real_ppi,color='red',label='real_ppi')
plt.plot(predicted_ppi,color='blue',label='Predicted ppi')
plt.title('ppi Prediction')
plt.xlabel('Time')
plt.ylabel('ppi')
plt.legend()
plt.show()
```

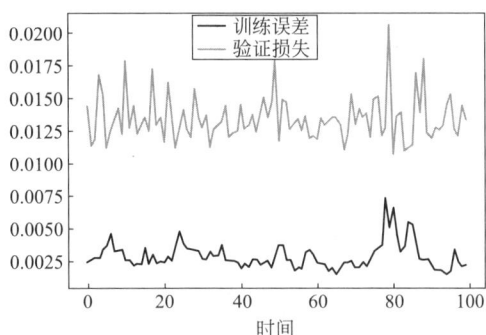

图 11-17 PPI 损失函数图

输出结果如图 11-18 所示，可以看出，预测值与真实值比较接近，模型拟合效果较好。

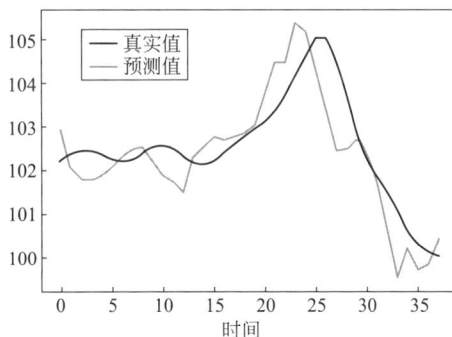

图 11-18 PPI 预测结果

7）模型评价

```
#计算 MSE 均方误差--->E[(预测值-真实值)^2](预测值减真实值求平方后求均值)
mse=mean_squared_error(predicted_ppi,real_ppi)
#平均绝对百分比误差 Mean Absolute Percent Error,MAPE
#对称平均绝对百分比误差(Symmetric Mean Absolute Percentage Error,SMAPE)
# MAPE 和 SMAPE
def mape(y_true,y_pred):
```

```
        return np. mean (np. abs ((y_pred-y_true) /y_true)) * 100
def smape (y_true, y_pred):
        return 2.0* np. mean (np. abs (y_pred-y_true) / (np. abs (y_pred) +np. abs (y_true))) * 100
mape1=mape (real_ppi, predicted_ppi)
smpae=smape (real_ppi, predicted_ppi)
print ('均方误差:%.6f '% mse)
print ('平均绝对百分比误差:%.6f '% mape1)
print ('对称平均绝对百分比误差:%.6f '% smpae)
```

输出：
均方误差：1.08907
平均绝对百分比误差：0.83683
对称平均绝对百分比误差：1.63798

课后习题

1. 简述循环神经网络的特点及结构。
2. 简述长短期记忆网络与循环神经网络的异同。
3. 简述长短期记忆网络结构的优缺点以及适用范围。
4. 通货膨胀率是监测宏观经济运行的重要指标之一，CPI 和 PPI 能够分别从消费领域和生产领域反映通胀率的走势，因而选择 CPI 和 PPI 进行预测分析。PPI 为工业生产者出厂价格指数，CPI 为居民消费价格同比涨跌幅，cpi. csv 和 ppi. csv 文件均为这两个指标的影响因素数据，请合理划分训练集和测试集，建立合适的长短期记忆网络模型来预测某地区的通货膨胀率。

第12章 深度森林及其应用

深度森林是一个新的基于树的集成学习方法，通过对树构成的森林集成并串联起来达到让分类器做表征学习的目的，主要包括级联森林和多粒度扫描两个阶段。本章主要介绍深度森林方法的原理及算法流程，并利用深度深林对母婴商品销量进行预测。

12.1 多粒度扫描

对于序列数据样本而言，预测算法若能有效地处理样本特性，且把握样本中各个特征的顺序关系，则有利于提高预测的精确度。为提高深度森林算法中级联森林阶段的预测精确度，深度森林算法设置了多粒度扫描阶段来对样本特征进行提取，尽可能地挖掘序列数据特征的顺序关系。深度森林算法中多粒度扫描如图 12-1 所示，图中假定存在 1 个未经多粒度扫描的具有 200 维特征向量的样本，深度森林算法希望解决二分类问题。其多粒度扫描的具体步骤如下：首先，设置 1 个 50 维的向量窗口在原始特征向量上进行滑动取值，步长默认取 1，则可获得 151 个 50 维向量；其次，将所得的向量分别经 2 种不同类型的森林模型进行分类处理，分别得到 151 个 2 维的分类向量；最后，再将所有分类向量按顺序拼接组成 1 个604 维的特征向量，作为级联森林的输入。

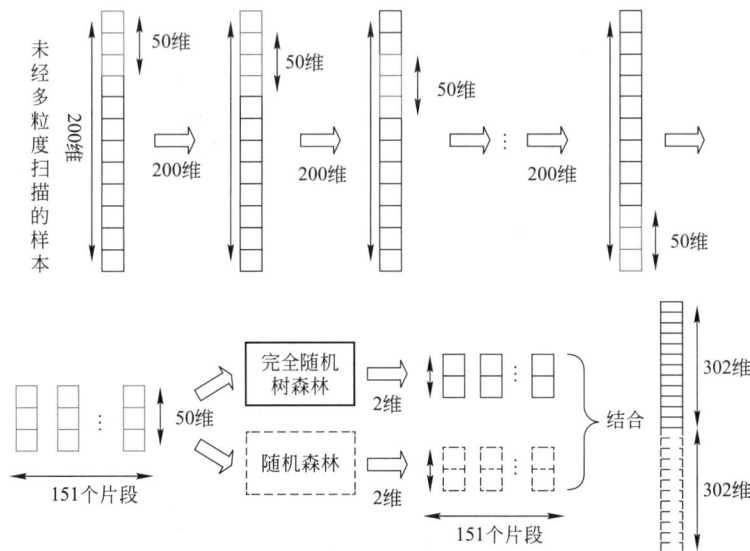

图 12-1 多粒度扫描

图 12-1 仅展示了采用 1 种大小的取值窗口进行多粒度扫描的过程，而在实际运用深度森林算法时，默认会设置多个不同长度的取值窗口。因此，多粒度扫描过程将对应产生多个不同的多粒度特性向量作为级联森林的输入，而最终变换所得的特征矢量将包括更多的特征。深度森林算法通过采用多粒度扫描过程，对原始特征数据进行加工处理，使特征数据维度得以拓展。经过处理后的深度森林算法具有了处理样本特性之间顺序关系的能力，增强了后续级联森林阶段。

12.2　级联森林

深度森林算法通过设置级联森林阶段，以体现其深度学习的过程。级联森林阶段的每一级都由多个不同类型的森林模型组成。深度森林算法利用级联森林阶段对数据特性逐层进行处理，加强了算法的表征学习能力，有利于提高预测精准度。在级联森林阶段中，每一级都从上一级获取经处理后的特征信息，并利用特征信息产生出新的特征信息传递至下一级。除第 1 级直接采用经多粒度扫描处理后的特征向量作为输入之外，随后的每一级都将上一级输出的特征结果向量与原始输入特征向量相拼接作为自身的输入。深度森林算法中级联森林结构如图 12-2 所示。级联森林采用经图 12-1 中多粒度扫描过程处理后所得的 604 维特征向量作为输入。首先，特征向量经过 2 个不同类型的森林模型分类处理后，得到 2 个 2 维类别向量。深度森林理论认为这 2 个 2 维类别向量能够有效地反映样本的特性，并将其称为增强特性向量。其次，增强特性向量将与 604 维的原始特征向量相拼接组成 608 维特征向量。然后，将具有增强特征的 608 维特征向量作为下一级的输入向量，依此方法直至进行到级联森林的最后一级。最后，对最后一级产生的类别向量取平均值，再取其中最大值所对应的类别作为样本的分类结果。

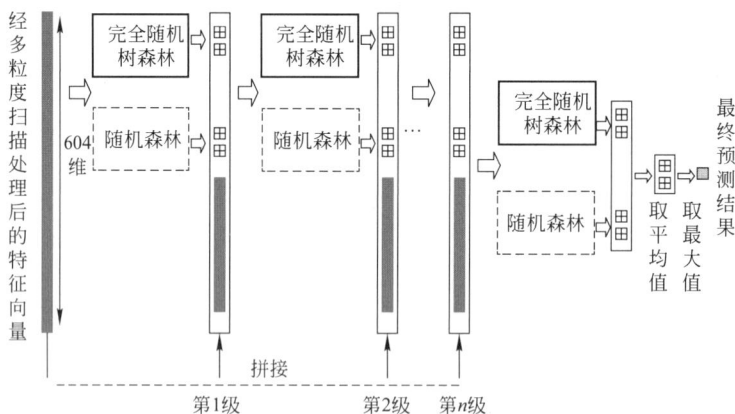

图 12-2　级联森林结构

在级联森林阶段处理过程中，为了降低过拟合风险，每个森林产生的类别向量均经过 k 折交叉验证产生。每个样本都将作为训练数据训练 $k-1$ 次，从而产生 $k-1$ 个类别向量。深度森林算法默认采用 3 折交叉验证。深度森林模型中通常采用多种不同类型的森林模型以保证和提高预测模型的泛化程度，各森林模型的复杂程度和数量可进行不同配置。深度森林模型默认选用完全随机树森林模型和随机森林模型 2 种森林模型对数据进行处理。每个完全随机树森林模型包含 500 棵完全随机决策树，每棵决策树的结点分裂所采用的特征都是随机选择的。当结点达到完全纯性时，决策树停止生长。随机森林模型同样包含 500 棵决策树，随机选择 $\left[\sqrt{d}\right]$ 个特征用于结点分裂（d 为输入样本的特征数量，$\left[\cdot\right]$ 为向上取整）。决策树选取具有最优 Gini 指数的特征进行分裂，当结点达到完全纯性时，决策树停止生长。级联森林的级数为深度森林模型的深度，深度森林算法在训练级联森林时可由算法运算自动确定级联森林的级数。每当级联森林训练层数增加一层后，将会采用验证集对级联森林的性能进行测试，如果预测效果没有提升，则停止产生下一层。与深度神经网络算法须人为规定模型复杂程度不同，深度森林算法可以自动确定级联森林的级数，从而调整预测模型的复杂程度。因此，深度森林算法可以适用于不同规模的训练数据，而不局限于大数据集。

12.3 深度森林算法流程

深度森林算法流程如下：

（1）对预测所需数据进行预处理。剔除无效数据，并对缺失数据利用线性插值法进行填补；依据预测算法的需要，划分出训练样本集。

（2）利用训练样本集对深度森林算法进行训练。按照深度森林算法的超参数设置，对多粒度扫描阶段和级联森林阶段中的森林模型进行构造，确定级联森林的级数。

（3）利用预测样本的特征数据进行预测。预测样本的特征数据将依次进行多粒度扫描阶段以及级联森林阶段处理。深度森林算法将汇总级联森林的输出结果，得出预测分类结果。整体预测过程如图 12-3 所示。

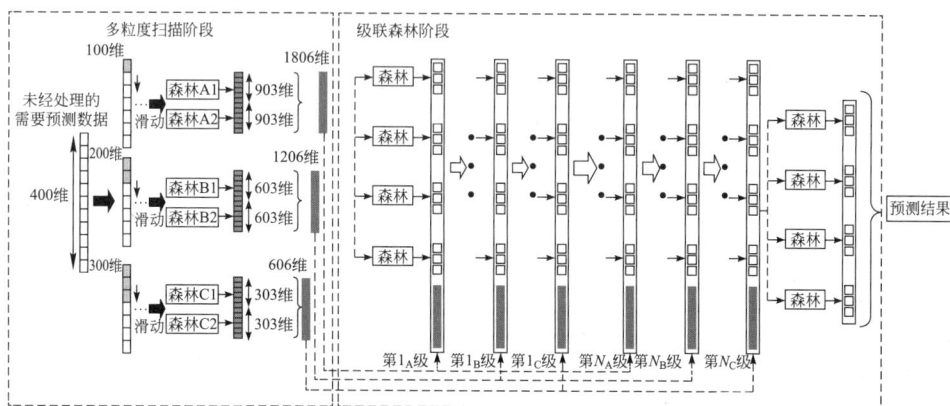

图 12-3 深度森林算法整体预测过程

12.4 基于深度森林的母婴商品销量预测

12.4.1 项目分析

数据来源：https：//tianchi. aliyun. com/dataset/dataDetail？dataId = 45，共有两个 csv 文件：婴儿信息表属性描述如表 12-1 所示，交易记录表属性描述如表 12-2 所示。

表 12-1 婴儿信息表属性描述

属性	属性描述
user_id	用户 ID
birthday	婴儿出生日期
gender	0—女，1—男，2—未知

表 12-2 交易记录表属性描述

属性	属性描述
item_id	产品 ID
user_id	用户 ID
cat_id	商品二级分类 ID
cat1	商品一级分类 ID
propery	商品属性
buy_mount	购买数量
day	购买日期

12.4.2 数据探索性分析

1. 导入相关包

```
import numpy as np
import pandas as pd
import matplotlib. pyplot as plt
import seaborn as sns
import pyecharts. charts as pyc
import pyecharts. options as opts
import warnings
from datetime import datetime
warnings. filterwarnings("ignore")
```

```
% matplotlib inline
plt.rcParams['font.sans-serif']=['Microsoft YaHei']
plt.rcParams['axes.unicode_minus']=False
# 作图的字体默认设置
fontdict={'fontsize':15,
          'horizontalalignment': 'center'}
```

2. 数据准备

（1）导入婴儿信息表和交易记录表，并输出婴儿信息表前五行数据。

```
baby=pd.read_csv("./sam_tianchi_mum_baby.csv")
trade=pd.read_csv("./sam_tianchi_mum_baby_trade_history.csv")
baby.head()
```

输出结果如表 12-3 所示。

表 12-3　婴儿信息表前五行数据

	user_id	birthday	gender
0	2757	20130311	1
1	415971	20121111	0
2	1372572	20120130	1
3	10339332	20110910	0
4	10642245	20130213	0

（2）输出交易记录表前五行数据。

```
trade.head()
```

输出结果如表 12-4 所示。

表 12-4　交易记录表前五行数据

	user_id	auction_id	cat_id	cat1	property	buy_mount	day
0	786295544	41098319944	50014866	50022520	21458：86755362；13023209：3593274；10984217：21985...	2	20140919
1	532110457	17916191097	50011993	28	21458：11399317；1628862：3251296；21475：137325；16...	1	20131011
2	249013725	21896936223	50012461	50014815	21458：30992；1628665：92012；1628665：3233938；1628...	1	20131011

	user_id	auction_id	cat_id	cat1	property	buy_mount	day
3	917056007	12515996043	50018831	50014815	21458：15841995；21956：3494076；27000458：59723383…	2	20141023
4	444069173	20487688075	50013636	50008168	21458：30992；13658074：3323064；1628665：3233941；1…	1	20141103

（3）给出婴儿信息数据的相关信息概览，如行数、列数、列索引、列非空值个数、列类型、内存占用。

```
#婴儿信息数据相关信息概览
baby.info()
```

输出：

```
<class 'pandas.core.frame.DataFrame'>
RangeIndex: 953 entries,0 to 952
Data columns (total 3 columns):
user_id      953 non-null int64
birthday     953 non-null int64
gender       953 non-null int64
dtypes:int64(3)
memory usage:22.5 KB
```

（4）给出交易信息数据的相关信息概览，如行数、列数、列索引、列非空值个数、列类型、内存占用。

```
trade.info()
```

输出：

```
<class 'pandas.core.frame.DataFrame'>
RangeIndex: 29971 entries,0 to 29970
Data columns(total 7 columns):
user_id       29971 non-null int64
auction_id    29971 non-null int64
cat_id        29971 non-null int64
cat1          29971 non-null int64
property      29827 non-null object
buy_mount     29971 non-null int64
day           29971 non-null int64
dtypes:int64(6),object(1)
memory usage:1.6+MB
```

（5）输出交易记录表中购买数量的统计信息，其意义在于观察这一系列数据的范围、大小、波动趋势等。

```
trade.buy_mount.describe()
```

输出：

```
count    29971.000000
mean         2.544126
std         63.986879
min          1.000000
25%          1.000000
50%          1.000000
75%          1.000000
max      10000.000000
Name:buy_mount,dtype:float64
```

（6）查看单个订单购买量的分布，分析购买量与订单数的关系。

```
quantity=trade.buy_mount.value_counts().sort_index()
plt.figure(figsize=(10,8))
sns.scatterplot(x=quantity.index,y=quantity.values,alpha=0.3)
plt.title("单个订单购买量分布",fontdict=fontdict)
plt.ylabel("订单数",fontdict=fontdict)
plt.xlabel("购买量",fontdict=fontdict)
plt.show()
```

输出结果如图 12-4 所示。

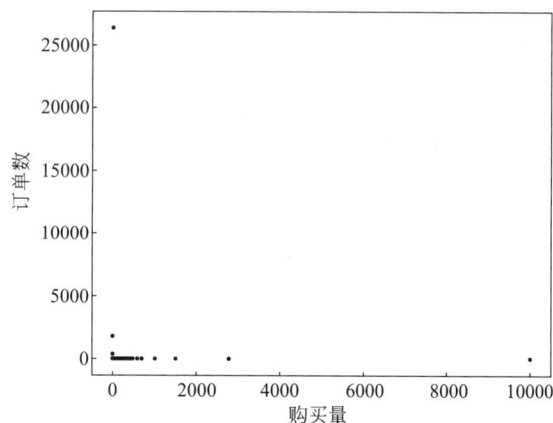

图 12-4　购买量与订单数的关系

从图 12-4 中可以看出，单个订单的购买量主要集中在 1000 以下。

3. 数据清洗

```
# 保留 buy_mount[0,195]以内的记录
trade=trade[(trade.buy_mount>=1)&(trade.buy_mount<=195)]
```

```
# 列重命名
trade. rename({"auction_id": "item_id"},axis=1,inplace=True)
# 先将 property 暂且取出放在一边,后续再分析
property=trade.property
trade.drop('property',axis=1,inplace=True)
# 日期类型转换
baby['birthday ']=pd. to_datetime(baby. birthday. astype('str '))
trade['day ']=pd. to_datetime(trade. day. astype('str '))
# 本次统计数据的时间范围是 2012/7/2-2015/2/5
trade. day. describe()
```

输出:

```
count                    29942
unique                     949
top      2014-11-11 00:00:00
freq                       454
first    2012-07-02 00:00:00
last     2015-02-05 00:00:00
Name:day,dtype: object
```

```
count_cat1=trade. cat1. nunique()
count_cat=trade. cat_id. nunique()
count_item=trade. item_id. nunique()
sales_volume=trade. buy_mount. sum()
count_user=trade. user_id. nunique()
print("商品类目数:",count_cat1)
print("商品类别数:",count_cat)
print("商品数:",count_item)
print("总销量:",sales_volume)
print("用户数:",count_user)
```

输出:

```
商品类目数:6
商品类别数:662
商品数:28394
总销量:49973
用户数:29915
```

4. 数据分析

(1) 根据年月查看销量趋势。

```
# 根据年月查看销量趋势
# 根据年分组
year_item=trade[['item_id ','buy_mount ','day ']]. groupby(by=trade. day. dt. year)[
    'buy_mount ']. sum()
```

```
# 各年季度销量情况
year_quarter_item = trade [['item_id','buy_mount','day']].groupby(by=
[trade.day.dt.year,trade.day.dt.quarter])[
    'buy_mount'].sum()
# 根据年月分组
year_month_item=trade[['item_id','buy_mount','day']].groupby(
    by=[trade.day.dt.year,trade.day.dt.month])['buy_mount'].sum()
# 各年销量情况
plt.figure(figsize=(10,5))
sns.barplot(x=year_item.index,y=year_item.values)
plt.title("年销量趋势",fontdict=fontdict)
plt.xlabel("年份",fontdict=fontdict)
plt.ylabel("销量",fontdict=fontdict)
plt.show()
```

输出结果如图 12-5 所示。

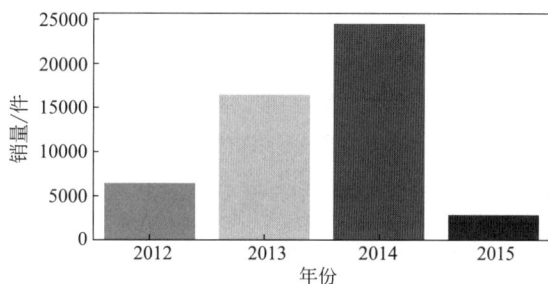

图 12-5　年销量趋势

2017/7—2015/2 期间总销量是 49973 件，从图 12-5 可以看出淘宝和天猫平台母婴商品市场销量整体呈现上升趋势，但是波动较大。

（2）季销量趋势

```
# 各季度销售情况
plt.figure(figsize=(10,5))
sns.barplot(x=year_quarter_item.index,y=year_quarter_item.values)
plt.title("季度销量趋势",fontdict=fontdict)
plt.xlabel("(年,季度)",fontdict=fontdict)
plt.ylabel("销量",fontdict=fontdict)
plt.show()
```

输出结果如图 12-6 所示，可以看出，2015 年由于数据缺失，所以不能反映 2015 年第一季度的真实销量情况。每年第一季度的销售额都会呈现一定幅度的下跌，每年第四季度的销量都会呈现大幅度上升。

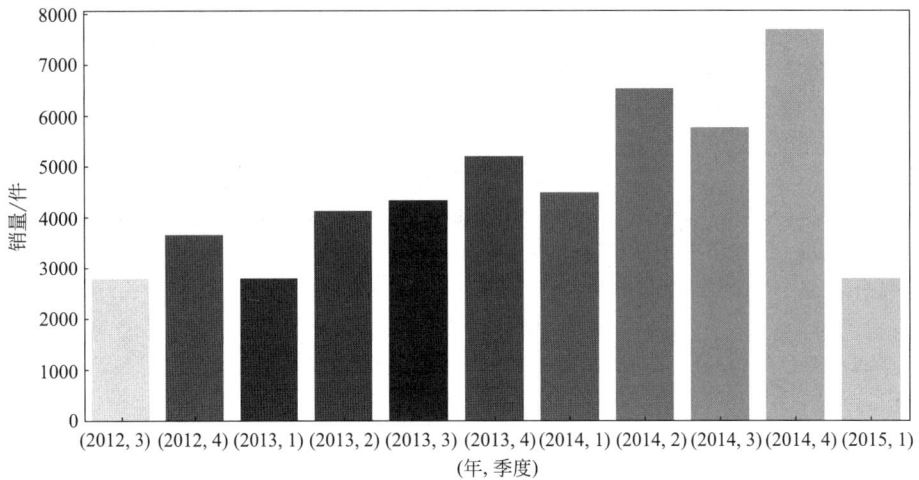

图 12-6　季度销量趋势

（3）第一季度销量下滑原因：假设销量下降与春节假期有关。

```
def quarterData(trade: pd.DataFrame, low: tuple, high: tuple)->list:
    """
    输入日期型字符串,返回日期范围内的销量和用户量
    """
    from datetime import datetime
    low=datetime.strptime(low,"% Y/% m/% d")
    high=datetime.strptime(high,"% Y/% m/% d")
    trade_low=trade[(trade.day>=datetime(low.year,low.month,low.day))&(
        trade.day<=datetime(high.year,high.month,high.day))]
    group_low=trade_low[['buy_mount','day','user_id']].groupby(
        by=[trade_low.day.dt.month,trade_low.day.dt.day])
    mount=group_low.buy_mount.sum()
    user=group_low.user_id.nunique()

    return [mount,user]
def lineMountUser(mount,user,title):
    """
    输入销量和用户量数据以及标题,生成折线图
    """
plot=pyc.Line().add_xaxis(xaxis_data=[str(x[0])+"/"+str(x[1]) for x in
mount.index]).
add_yaxis(series_name="销量",y_axis=[int(x) for x in mount.values],
markline_opts=opts.MarkLineOpts(data=[opts.MarkLineItem(name='当月销量均值',
type_="average")])).add_yaxis(series_name="用户量",y_axis=[int(x) for x in
user.values],
```

```
markline_opts=opts.MarkLineOpts(data=[opts.MarkLineItem(name='当月用户量量均值',
type_="average")])).set_series_opts(label_opts=opts.LabelOpts(is_show=
False)).
set_global_opts(title_opts=opts.TitleOpts(title=title),toolbox_opts=
opts.ToolboxOpts(),
tooltip_opts=opts.TooltipOpts(trigger='axis')).render_notebook()
    return plot
mount_2013_1_quarter=quarterData(trade,"2013/1/1","2013/3/31")[0]
mount_2014_1_quarter=quarterData(trade,"2014/1/1","2014/3/31")[0]
user_2013_1_quarter=quarterData(trade,"2013/1/1","2013/3/31")[1]
user_2014_1_quarter=quarterData(trade,"2014/1/1","2014/3/31")[1]
lineMountUser(mount_2013_1_quarter,user_2013_1_quarter,"2013年第一季度销量")
lineMountUser(mount_2014_1_quarter,user_2014_1_quarter,"2014年第一季度销量")
```

输出如图 12-7 和图 12-8 所示。

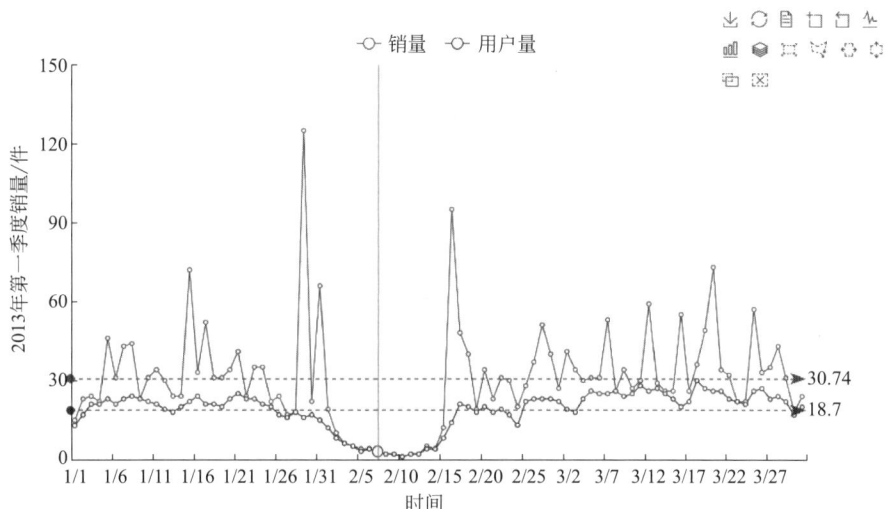

图 12-7　2013 年第一季度销量

从图 12-7 和图 12-8 可以看出，2013/2/1—2013/2/15 处于销量谷底，2013 年春节假期为 2013/2/9—2013/2/15；2014/1/26—2014/2/4 处于销售谷底，2014 年春节假期为 2014/1/31—2014/2/6；2015 年春节假期为 2015/2/18—2015/2/24，数据集统计时间只到 2015/2/5，所以就暂不分析 2015 年第一季度情况。临近春节可能存在部分企业提早放假，快递停运，销售低谷时段与春节假期基本吻合，假期结束后购买量和用户量上升，所以可以认为第一季度销量下降是由春节假期造成的。

（4）第四季度销量上升原因：假设与"双 11""双 12"活动有关。

```
mount_2012_4_quarter,user_2012_4_quarter=quarterData(
    trade,"2012/10/1","2012/12/31")
mount_2013_4_quarter,user_2013_4_quarter=quarterData(
```

```
    trade,"2013/10/1","2013/12/31")
mount_2014_4_quarter,user_2014_4_quarter=quarterData(
    trade,"2014/10/1","2014/12/31")
lineMountUser(mount_2012_4_quarter,user_2012_4_quarter,"2012年第四季度销量")
```

输出结果如图 12-9 所示。

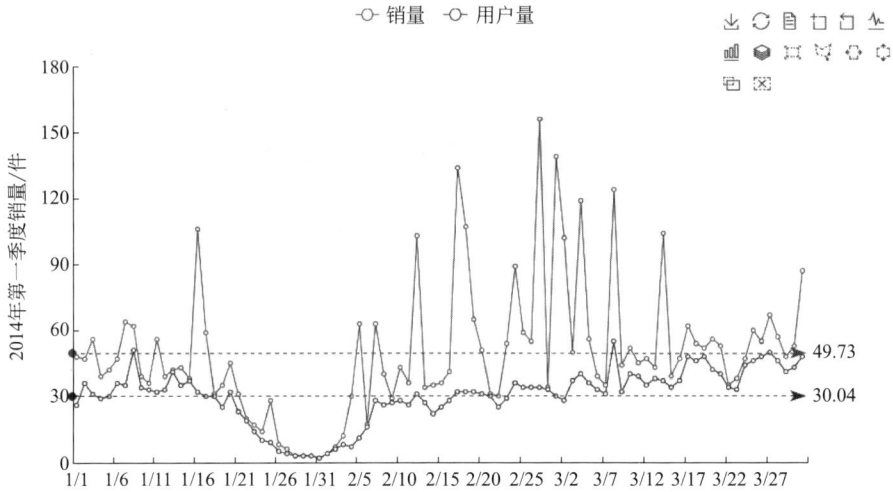

图 12-8　2014 年第一季度销量

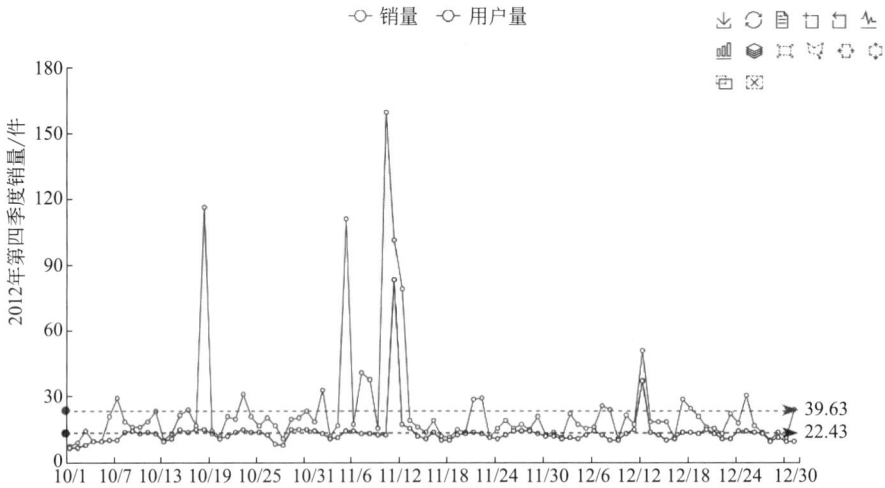

图 12-9　2012 年第四季度销量

```
lineMountUser(mount_2013_4_quarter,user_2013_4_quarter,"2013年第四季度销量")
```

输出结果如图 12-10 所示。

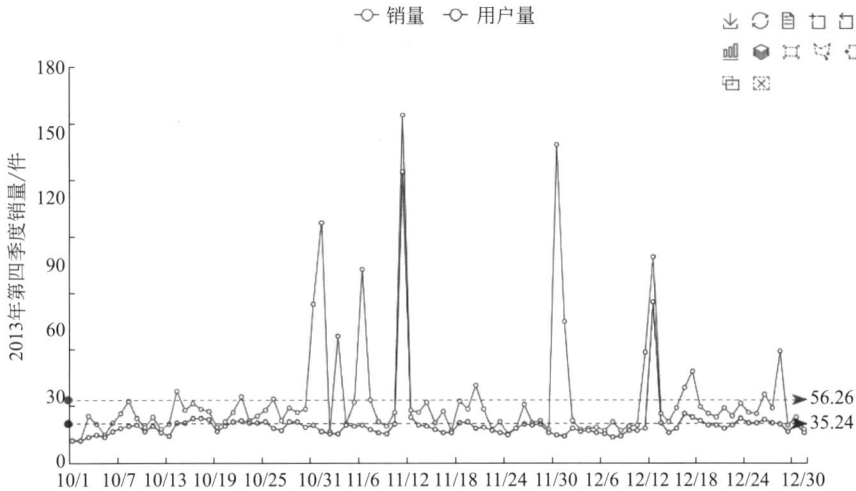

图 12-10　2013 年第四季度销量

```
lineMountUser(mount_2014_4_quarter,user_2014_4_quarter,"2014 年第四季度销量")
```

输出结果如图 12-11 所示。

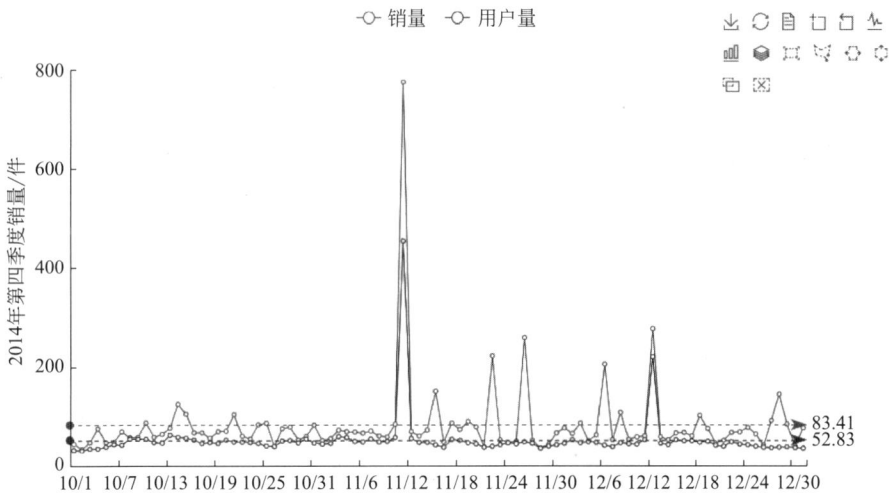

图 12-11　2014 年第四季度销量

从图 12-9、图 12-10、图 12-11 可以很明显看出，2013 年和 2014 年"双 11"及"双 12"当天的销量和销售额都激增。每年的"双 11"活动用户量和销量都比往年多，用户量增长为 75%～80%。

（5）复购率。

```
# 由于数据不完整,所以我们只计算 2013 年和 2014 年的复购率
repurchase_data_2013=trade[(trade.day>=datetime(
    2013,1,1))&(trade.day<=datetime(2013,12,31))]
```

```
repurchase_data_2014=trade[(trade.day>=datetime(
    2014,1,1))&(trade.day<=datetime(2014,12,31))]
# 根据月和 userid 分组
group_2013=repurchase_data_2013.groupby(
    by=[repurchase_data_2013.day.dt.month,'user_id'])
group_2014=repurchase_data_2014.groupby(
    by=[repurchase_data_2014.day.dt.month,'user_id'])
def cmonthPurchaseRate(data):
    """
    导入根据月和 userid 分组数据
    """
    rate=[]
    for i in range(1,13):
        cmonth_bought_user=data.size()[[i,'user_id']].sum()
        cmonth_repurchase_user=(data.size()[[i,'user_id']]>1).sum()
        rate.append(round(cmonth_repurchase_user/cmonth_bought_user,4))
    return rate
# 产品大类复购率
# 根据产品大类分组,然后循环大类进行索引求出每个大类的复购率
t=trade.groupby(by=['cat1','user_id']).size()
purchase_dict={}
for i in trade.cat1.unique():
    c=t.loc[i].value_counts()
    purchase_dict[i]=((c.sum()-c[:1])/c[:1]).values[0].round(4)
plt.figure(figsize=(10,6))
sns.barplot(x=list(purchase_dict.keys()),y=list(purchase_dict.values()))
plt.title("各大类复购率",fontdict=fontdict)
plt.show()
```

输出结果如图 12-12 所示。

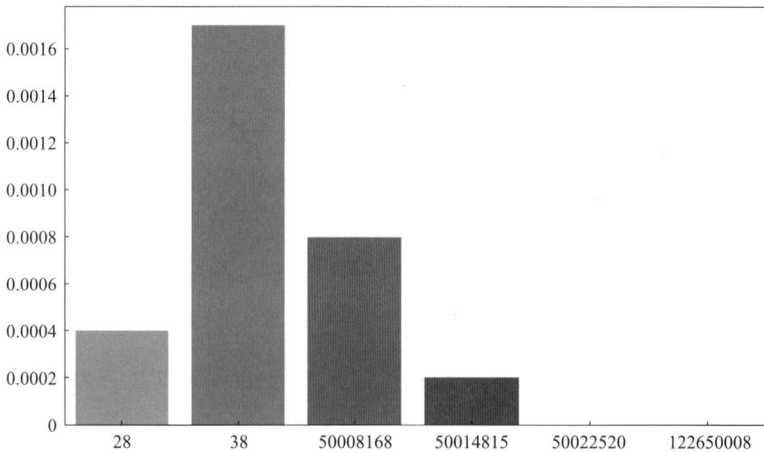

图 12-12　各大类复购率

从图 12-12 可以看出，4 月、10 月及 11 月都存在一定的用户当月复购，但是复购率都极低，各产品大类的复购率也极低，均未到达 1%。考虑到用户单次购买量大多是一件，且复购率低，说明用户对单一商品的回购欲望极低，商家应该从产品角度进行考虑，例如产品质量及购物体验等。

（6）商品销售情况

```
# 商品大类销售情况
cat=trade.groupby("cat1")['buy_mount'].sum()
sns.barplot(x=cat.index,y=cat.values)Lplt.title("商品大类销售情况")
plt.xlabel("商品大类")
plt.show()
```

输出结果如图 12-13 所示。

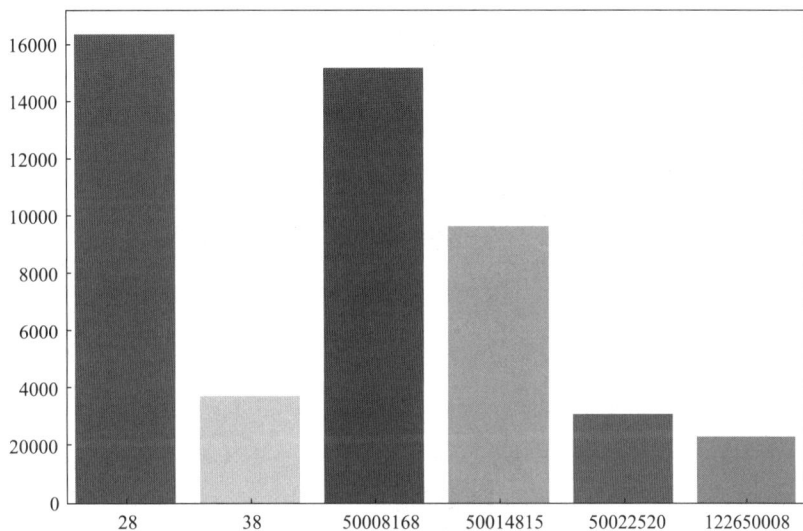

图 12-13　商品大类

```
# 人均大类购买情况
cat_aver_user=(trade.groupby("cat1")['buy_mount'].sum(
)/trade.groupby("cat1")['user_id'].count()).sort_values(ascending=False)
sns.barplot(x=cat_aver_user.index,y=cat_aver_user.values)
plt.title("商品大类人均购买情况")
plt.xlabel("商品大类")
plt.show()
```

输出结果如图 12-14 所示。

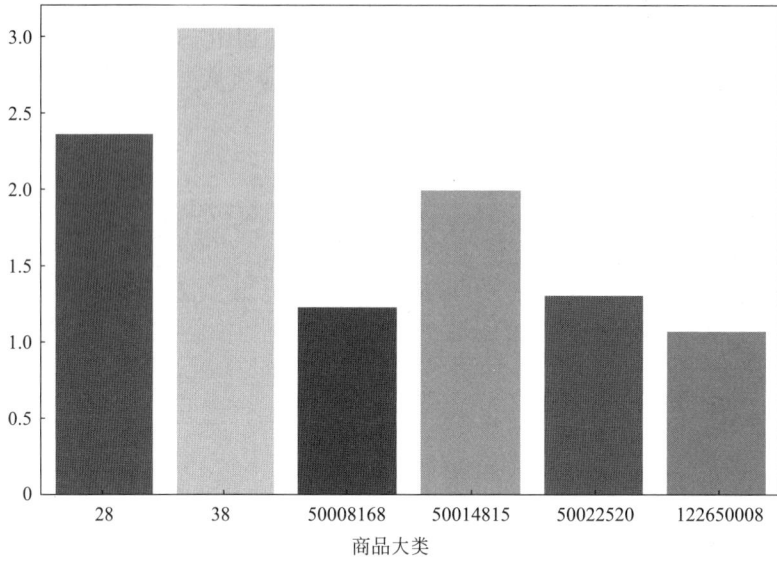

图 12-14　商品大类人均购买情况

```
# 大类下子类别数量
cat_count=trade.groupby("cat1")['cat_id'].count()
sns.barplot(x=cat_count.index,y=cat_count.values)
plt.title("商品大类的子类数量")
plt.xlabel("商品大类")
plt.show()
```

输出结果如图 12-15 所示。

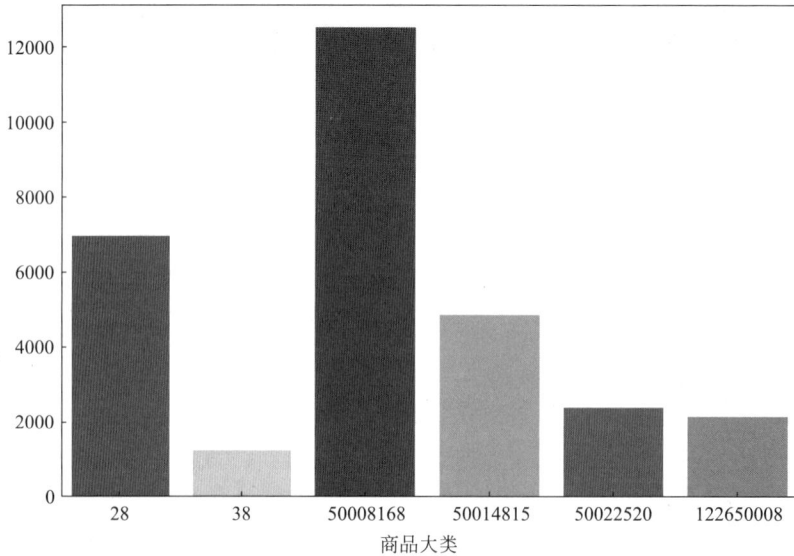

图 12-15　商品大类的子类数量

从图 12-13、图 12-14、图 12-15 可以看出，大类 28 和 50008168 销量最佳，大类 38 虽然销量低、子类数最少但是人均购买量却很高，说明用户在购买 38 大类下的产品时选择余地较少，但同时用户对此类产品的需求又很旺盛，可以适量地增加 38 大类下的子类产品，提高销售量。

12.4.3　模型构建

将交易记录表中 propery 属性删除（对预测效果无影响），并按照 70% 和 30% 的比例分为训练集和测试集。

1. 导入相关库并读取数据

```
import numpy as np
    from gcForest import*
from time import time
import pandas as pd
from sklearn.metrics import make_scorer
import time
train1=pd.read_csv('C:/Users/灰灰/Desktop/train1.csv')
train2=pd.read_csv('C:/Users/灰灰/Desktop/train2.csv')
```

2. 数据预处理

```
删除缺失值
train1.dropna(inplace=True)
train2.dropna(inplace=True)
# 数据标签
train_X=train1.drop(['buy_mount'],axis=1).values
train_Y=train1['buy_mount'].values
test_X=train2.drop(['buy_mount'],axis=1).values
test_Y=train2['buy_mount'].values
# 权重和测试文件
train_weight=[1]*len(train_Y)
test_file=''
```

3. 函数模块

```
from sklearn.ensemble import RandomForestRegressor
from sklearn.model_selection import GridSearchCV
from sklearn import ensemble
from sklearn.metrics import make_scorer
import matplotlib.pyplot as plt
from sklearn.metrics import mean_squared_error
from sklearn.metrics import mean_absolute_error
# 自定义评价函数
def my_custom_metric_func(y_true,y_pred):
    return np.mean(np.abs((y_pred-y_true)/y_true))*100
```

```
mape=make_scorer(my_custom_metric_func,greater_is_better=False)
def get_metric(true_df,pred_df):
    """
    度量指标 z
    """
    mae=mean_absolute_error(true_df,pred_df)
    mse=mean_squared_error(true_df,pred_df)
    return mae,mse
# 网格搜索法找 gcforest 的最佳参数
def GridSearchCV_GCForest(train_X,train_Y,train_weight,cv_params,other_pa-
rams):
    # 定义极大 mse 值
    max_mse=99999999
    best_value_dict={}
    for key,value in cv_params.items():
        for one_value in value:
            other_params[key]=one_value
            num_estimators=other_params['n_estimators']
            num_forests=other_params['num_forests']
            max_layer=other_params['max_layer']
            max_depth=other_params['max_depth']
            clf=gcForest(num_estimator=num_estimators,num_forests=num_forests,
max_layer=max_layer,max_depth=max_depth,n_fold=5)
            clf.train(train_X,train_Y,train_weight)
            prediction=clf.predict(train_X)
            mse=mean_squared_error(train_Y,prediction)
            if mse<max_mse:
                max_mse=mse
                best_value_dict[key]=one_value
    print('参数的最佳取值:',best_value_dict,'最佳模型 MSE 值:',max_mse)
```

4. 参数设置

（1）调试参数最佳迭代次数 n_estimators。

① 粗调。

```
cv_params={'n_estimators':[600,800,1000,1200,1400,1600,1800,2000]}
other_params = {'n_estimators':1000,'num_forests':5,'max_layer':0.1,'max_
depth':0.1,'n_fold':5}
GridSearchCV_GCForest(train_X,train_Y,train_weight,cv_params,other_params)
```

输出：

参数的最佳取值:{'n_estimators':1800}最佳模型 MSE 值:5695.091685955184

② 细调。

```
cv_params = {'n_estimators': [1600,1620,1640,1660,1680,1700,1720,1740,1760,
1780,1800]}
other_params = {'n_estimators': 1000,'num_forests': 5,'max_layer': 0.1,'max_
depth':0.1,'n_fold':5}
GridSearchCV_GCForest(train_X,train_Y,train_weight,cv_params,other_params)
```

输出：

参数的最佳取值：{'n_estimators':1680}最佳模型 MSE 值：5695.091685991985

（2）调试参数 num_forests。

```
cv_params={'num_forests':[1,2,3,4,5,6,7,8,9,10]}
other_params = {'n_estimators':1680,'num_forests':5,'max_layer':0.1,'max_
depth':0.1,'n_fold':5}
GridSearchCV_GCForest(train_X,train_Y,train_weight,cv_params,other_params)
```

输出：

参数的最佳取值：{'num_forests':7}最佳模型 MSE 值：5695.091685545014

（3）调试参数 max_ layer。

```
cv_params={'max_layer':[0.1,0.2,0.3,0.4,0.5,0.6,0.7,0.8,0.9,1]}
other_params = {'n_estimators':1680,'num_forests':7,'max_layer':0.1,'max_
depth':0.1,'n_fold':5}
GridSearchCV_GCForest(train_X,train_Y,train_weight,cv_params,other_params)
```

输出：

参数的最佳取值：{'max_layer':0.2}最佳模型 MSE 值：5695.091685555013

（4）最后调试的参数 max_depth。

```
cv_params={'max_depth':[0.1,0.2,0.3,0.4,0.5,0.6,0.7,0.8,0.9,1]}
other_params = {'n_estimators':1680,'num_forests':7,'max_layer':0.2,'max_
depth':0.1,'n_fold':5}
GridSearchCV_GCForest(train_X,train_Y,train_weight,cv_params,other_params)
```

输出：

参数的最佳取值：{'max_depth':1}最佳模型 MSE 值：5671.7559599157

（5）把得到的最佳参数组合输入模型里训练，就可以得到预测的结果，输出损失函数和运行时间。

```
# 最优参数进行训练
start=time.time()
clf=gcForest(num_estimator=1680,num_forests=7,max_layer=0.2,max_depth=1,n_
fold=5)
clf.train(train_X,train_Y,train_weight)
end=time.time()
```

```
print("run time:"+str(end-start)+"sec")
```

输出：

val loss:5705.903428555391

run time:28.434205055236816 sec

模型的损失函数值为 5 705.903，训练集的运行时间为 28.434s。

（6）用测试集进行预测，输出平均绝对误差、均方误差和运行时间。

对测试集进行预测

```
start=time.time()
predit_test_Y=clf.predict(test_X)
end=time.time()
mae,mse,mape=get_metric(test_Y,predit_test_Y)
print('mae:',mae,'mse:',mse)
# 运行时间
print("run time:"+str(end-start)+"sec")
```

输出：

mae:2.5974192910221063

mse:891.1412013460382

run time:4.076702117919922 sec

模型的平均绝对误差为 2.597，均方误差为 891.141，测试集的运行时间为 4.077 s。

课后习题

1. 简述多粒度扫描的过程以及特点。
2. 简述级联森林的过程以及特点。
3. 深度森林适用处理什么样的数据场景？
4. train.csv 为二手车交易的价格数据和其二手车相关数据，请将该数据合理划分为训练集和测试集，设置合理的参数，建立深度森林模型预测二手车交易价格。

第3篇 案 例 篇

本篇通过二手车交易价格预测、电商企业商品销量预测、区域物流需求量预测3个商务数据分析的综合案例，展示第二篇商务数据分析方法的综合应用。本篇包含第13~15章。

第13章 二手车交易价格预测，对二手车交易数据进行数据预处理、特征工程，分别建立了XGB模型、XGB和LGB融合模型对二手车交易价格进行预测并对比分析预测结果。

第14章 电商企业商品销量预测，对电商企业商品销量数据进行探索性分析、数据预处理、特征工程，分别建立随机森林模型、XGB模型、深度神经网络模型、深度森林模型和加权深度森林模型对商品销量进行预测，并比较各模型的预测结果。

第15章 区域物流需求量预测，介绍了区域物流需求量预测的背景，以某地区物流数据为例，建立基于循环神经网络的预测模型对其未来物流需求量进行精准预测。

第13章　二手车交易价格预测

13.1　项目分析

近年来，我国二手车交易活跃，交易量已经连续 18 年持续增长，2019 年全国交易量为 1 492.3 万辆。但 2020 年由于疫情影响，中国二手车交易量首次出现下滑，据中国乘用车市场信息联席会统计数据公布，2020 年我国累计完成交易二手车 1 434 万辆，累计同比下降 3.91%。2021 年上半年，我国累计完成交易二手车 843.42 万辆，同比增幅为 52.89%；即便是在 6 月份这样的汽车行业销售淡季，二手车的交易量依然环比增长 4.43%。在消费升级背景下，二手车交易量高速增长，对二手车市场交易价格的预测有助于二手车市场的调节。

（1）本项目是一个典型的回归问题，通过机器学习算法进行建模预测。

（2）主要应用 XGB、LGB、catboost，以及 Pandas、NumPy、Matplotlib、Seaborn、Sklearn、Keras 等数据挖掘常用库或者框架进行数据挖掘任务。

（3）通过数据探索性分析（EDA）来挖掘数据的信息。

（4）数据下载地址：https：//tianchi.aliyun.com/competition/entrance/531858/information，字段说明如表 13-1 所示。

（5）本项目流程主要包括数据预处理、特征工程、模型构建等部分，通过构建 XGB 模型以及 XGB 和 LGB 融合模型来预测二手车交易价格，下面将进行详细阐述。

表 13-1　字段说明

字段	说明
Name	汽车编码
regDate	汽车注册时间
model	车型编码
Brand	品牌
bodyType	车身类型
fuelType	燃油类型
gearbox	变速箱
Power	汽车功率

续表

字段	说明
Kilometer	汽车行驶里程
notRepairedDamage	汽车有尚未修复的损坏
regionCode	汽车地区编码
Seller	销售方
offType	报价类型
createDate	广告发布时间
Price	汽车价格
'v_0','v_1','v_2',…,'v_14'	根据汽车的评论、标签等大量信息得到的 embedding 向量

13.2　数据预处理

1. 导入相关库

导入相关库，包括基础工具库 Pandas、NumPy、Matplotlib、seaborn 等，数据处理库 Sklearn，数据降维库 PCA、FastICA、FactorAnalysis、SparsePCA，模型预测库 XGB、LGB 以及相关参数搜索和评价库。

```
# 基础工具库
import numpy as np
import pandas as pd
import warnings
import matplotlib
import matplotlib.pyplot as plt
import seaborn as sns
from scipy.special import jn
from IPython.display import display,clear_output
import time
warnings.filterwarnings('ignore')
% matplotlib inline
# 数据处理库
from sklearn import preprocessing
# 数据降维库
from sklearn.decomposition import PCA,FastICA,FactorAnalysis,SparsePCA
# 模型预测库
import lightgbm as lgb
import xgboost as xgb
```

```
# 参数搜索和评价库
from sklearn.model_selection import GridSearchCV,cross_val_score,StratifiedK-
Fold,train_test_split
from sklearn.metrics import mean_squared_error,mean_absolute_error
```

载入训练集和测试集，通过 Pandas 对数据进行读取，然后输出数据集的大小信息。查看数据集的 head（）以及 shape（）是一个很好的习惯，有助于了解数据集，后面的操作也会更不容易出错。

```
path ='C:/Users/灰灰/Desktop/data/'#根据实际情况修改文件路径
# 载入训练集和测试集;
Train_data=pd.read_csv(path+'train.csv',sep='')
TestA_data=pd.read_csv(path+'testA.csv',sep='')
# 输出数据的大小信息
print('Train data shape:',Train_data.shape)
print('TestA data shape:',TestA_data.shape)
```

输出：

```
Train data shape:(150000,31)
TestA data shape:(50000,30)
```

可以发现训练集有 15 万个样本，而测试集有 5 万个样本，特征维度不是很高，总体只有 30 维。

通过 .head（）简要浏览读取数据的形式，读取训练集的前五行数据，代码如下所示：

```
Train_data.head()
```

通过 .info（）简要可以看到训练数据集对应的一些列名，以及 NAN 缺失信息，代码如下所示：

```
Train_data.info()
```

2. 缺失值处理

通过 NAN 可视化，查看各个特征的缺失值，代码如下所示。由图 13-1 可以看出，只有"model" "bodyType" "gearbox" "fuelType" 这四个特征存在缺失值。

```
# NAN 可视化
missing=Train_data.isnull().sum()
missing=missing[missing>0]
missing.sort_values(inplace=True)
missing.plot.bar()
```

输出结果如图 13-1 所示。

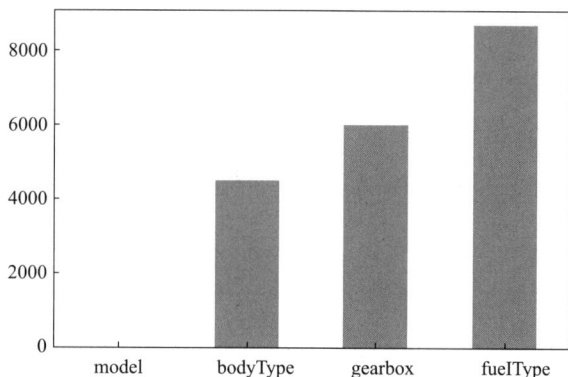

图 13-1 各个特征缺失图

抽取出"model"特征中缺失值的样本。

```
Train_data[np.isnan(Train_data['model'])]
```

3. 查看测试集的数据列名以及数据类型

通过 info（）来了解数据每列的数据类型 type，有助于了解是否存在除了 NAN 以外的特殊符号异常。

```
TestA_data.info()
```

显示所有列，查看训练数据集的统计信息。通过 describe（）可以查看数值特征列的一些统计信息，如个数 count、平均值 mean、方差 std、最小值 min、中位数以及最大值，通过这些信息可以瞬间掌握数据的大概范围以及每个异常值的判断，如有时候会发现 999、9999、-1 等值，这些值其实都是 NAN 的另外一种表达方式，有时候需要特别注意。

```
pd.set_option('display.max_columns',None)
Train_data.describe()
```

查看测试数据集的统计信息。

```
TestA_data.describe()
```

提取数值类型特征列名。

```
numerical_cols=Train_data.select_dtypes(exclude='object').columns
print(numerical_cols)
```

输出：

```
Index(['SaleID','name','regDate','model','brand','bodyType','fuelType',
    'gearbox','power','kilometer','regionCode','seller','offerType',
    'creatDate','price','v_0','v_1','v_2','v_3','v_4','v_5','v_6',
    'v_7','v_8','v_9','v_10','v_11','v_12','v_13','v_14'],
    dtype='object')
```

提取类别变量特征列名。

```
categorical_cols=Train_data.select_dtypes(include='object').columns
print(categorical_cols)
```

输出：

```
Index(['notRepairedDamage '],dtype='object ')
```

对非数字特征列进行数值化处理。

```
set(Train_data['notRepairedDamage '])
```

输出：

```
{'-','0.0','1.0'}
Train_data['notRepairedDamage ']=Train_data['notRepairedDamage '].map({'-':-1,'
0.0':0,'1.0':1})
TestA_data['notRepairedDamage ']=TestA_data['notRepairedDamage '].map({'-':-1,'
0.0':0,'1.0':1})
```

由于数据特征可以分为三种不同类型的特征，分别为时间特征、类别特征和数值类型特征，需要对不同特征进行分类别处理。

```
date_features=['regDate ','creatDate ']
numeric_features=['power ','kilometer '] + ['v_{}'.format(i) for i in range(15)]
categorical _ features = [' name ',' model ',' brand ',' bodyType ',' fuelType ',
gearbox ','notRepairedDamage ','regionCode ']
```

对时间特征进行处理，从日期数据中能提取出很重要的数据。首先提取出日期中的年月日，再具体分析每个日期的数据。设置日期的格式，如20160404设为2016-04-04，其中月份为01-12。

```
from tqdm import tqdm
def date_proc(x):
    m=int(x[4:6])
    if m==0:
        m=1
    return x[:4]+'-'+str(m)+'-'+x[6:]
#定义日期提取函数
def num_to_date(df,date_cols):
    for f in tqdm(date_cols):
        df[f]=pd.to_datetime(df[f].astype('str ').apply(date_proc))
        df[f+'_year ']=df[f].dt.year
        df[f+'_month ']=df[f].dt.month
        df[f+'_day ']=df[f].dt.day
        df[f+'_dayofweek ']=df[f].dt.dayofweek
return df
Train_data=num_to_date(Train_data,date_features)
TestA_data=num_to_date(TestA_data,date_features)
```

训练数据集时间特征可视化如图13-2所示。

```
plt.figure()
plt.figure(figsize=(16,6))
i=1
for f in date_features:
    for col in['year','month','day','dayofweek']:
        plt.subplot(2,4,i)
        i+=1
        v=Train_data[f+'_'+col].value_counts()
        fig=sns.barplot(x=v.index,y=v.values)
        for item in fig.get_xticklabels():
            item.set_rotation(90)
        plt.title(f+'_'+col)
plt.tight_layout()
plt.show()
```

输出结果如图 13-2 所示。

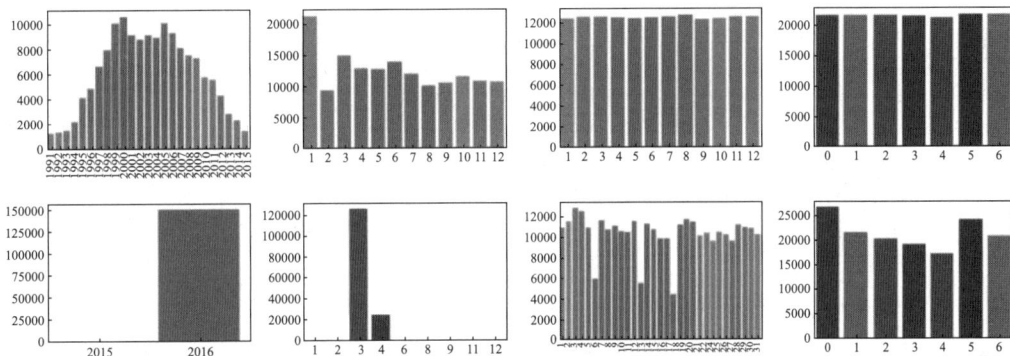

图 13-2 训练数据集时间特征可视化

测试数据集时间特征可视化如图 13-3 所示。

```
plt.figure()
plt.figure(figsize=(16,6))
i=1
for f in date_features:
    for col in ['year','month','day','dayofweek']:
        plt.subplot(2,4,i)
        i+=1
        v=TestA_data[f+'_'+col].value_counts()
        fig=sns.barplot(x=v.index,y=v.values)
        for item in fig.get_xticklabels():
            item.set_rotation(90)
        plt.title(f+'_'+col)
plt.tight_layout()
plt.show()
```

输出结果如图 13-3 所示。

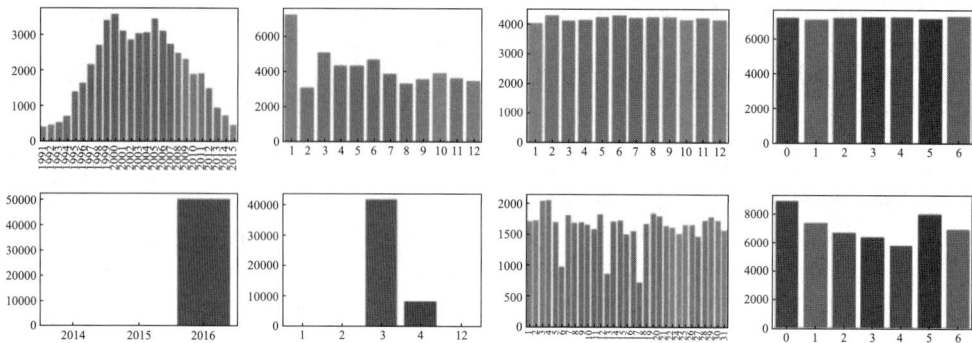

图 13-3　测试数据集时间特征可视化

通过对训练集和测试集的时间特征可视化，可以发现其分布是近似的，所以不会存在由于不同的时间窗口数据所导致的分布不一致的问题。使用数据特征和标签绘制箱型图来判断标签关于特征的分布差异性，代码如下：

```
plt.figure()
plt.figure(figsize=(16,6))
i=1
for f in date_features:
    for col in['year','month','day','dayofweek']:
        plt.subplot(2,4,i)
        i+=1
        fig=sns.boxplot(x=Train_data[f+'_'+col],y=Train_data['price'])
        for item in fig.get_xticklabels():
            item.set_rotation(90)
        plt.title(f+'_'+col)
plt.tight_layout()
plt.show()
```

输出结果如图 13-4 所示。

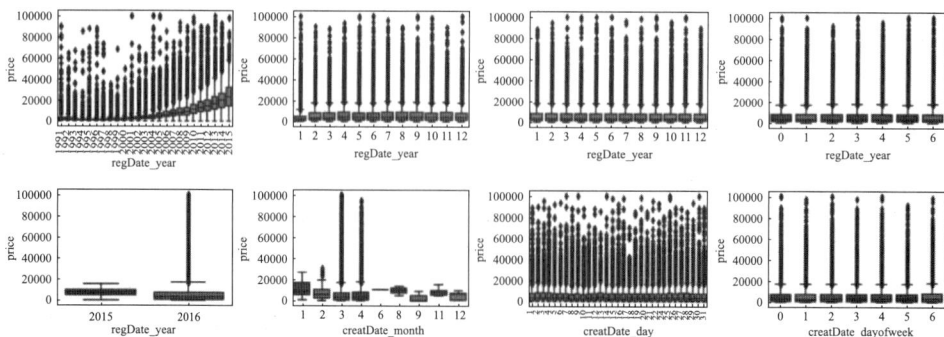

图 13-4　标签关于特征的分布差异性

更新数据特征

```
date_features=['regDate_year','regDate_month','regDate_day','regDate_
dayofweek','creatDate_month','creatDate_day','creatDate_dayofweek']
```

从图 13-4 中可以看出，时间特征与价格相关，且随着 regDate_year 的时间越久远，价格越低。creatDate_month 特征和价格也有较大波动，但通过前面的样本统计量来看，原因在于相对于 3、4 月份，剩余月份的样本量较少，所以可以将时间特征中的 regDate_year 作为模型预测的一个重要特征。

类别特征处理：对于类别类型的特征，首先进行训练数据集类别数量统计。

```
from scipy.stats import mode
def sta_cate(df,cols):
    sta_df=pd.DataFrame(columns=['column','nunique','miss_rate','most_
value','most_value_counts','max_value_counts_rate'])
    for col in cols:
        count=df[col].count()
        nunique=df[col].nunique()
        miss_rate=(df.shape[0]-count)/df.shape[0]
        most_value=df[col].value_counts().index[0]
        most_value_counts=df[col].value_counts().values[0]
        max_value_counts_rate=most_value_counts/df.shape[0]
        sta_df=sta_df.append({'column':col,'nunique':nunique,'miss_rate':miss_
rate,'most_value':most_value,'most_value_counts':most_value_counts,'max_value_
counts_rate':max_value_counts_rate},ignore_index=True)
    return sta_df
sta_cate(Train_data,categorical_features)
```

输出：

	column	Nunique	miss_rate	most_value	most_value_counts	max_value_counts_rate
0	name	99662	0.000000	708	282	0.001880
1	model	248	0.000007	0	11762	0.078413
2	brand	40	0.000000	0	31480	0.209867
3	bodyType	8	0.030040	0	41420	0.276133
4	fuelType	7	0.057867	0	91656	0.611040
5	gearbox	2	0.039873	0	111623	0.744153
6	notRepairedDamage	3	0.000000	0	111361	0.742407
7	regionCode	7905	0.000000	419	369	0.002460

然后进行测试数据集类别特征数量统计。

```
sta_cate(TestA_data,categorical_features)
```

输出：

	column	Nunique	miss_rate	most_value	most_value_counts	max_value_counts_rate
0	name	37536	0.00000	387	94	0.00188

1	model	245	0.00000	0	3772	0.07544
2	brand	40	0.00000	0	10473	0.20946
3	bodyType	8	0.03008	0	13765	0.27530
4	fuelType	7	0.05848	0	30489	0.60978
5	gearbox	2	0.03936	0	37131	0.74262
6	notRepairedDamage	3	0.00000	0	37224	0.74448
7	regionCode	6998	0.00000	419	120	0.00240

从上述样本的统计情况来看，name 特征和 regionCode 特征数量众多，不适宜做类别编码，model 特征需要做进一步的考虑。此处先对剩余的类别特征做统计可视化，代码如下：

```
plt.figure()
plt.figure(figsize=(16,6))
i=1
for col in ['bodyType','fuelType','gearbox','notRepairedDamage']:
    plt.subplot(1,4,i)
    i+=1
    fig=sns.boxplot(x=Train_data[col],y=Train_data['price'])
    for item in fig.get_xticklabels():
        item.set_rotation(90)
plt.tight_layout()
plt.show()
```

输出结果如图 13-5 所示。

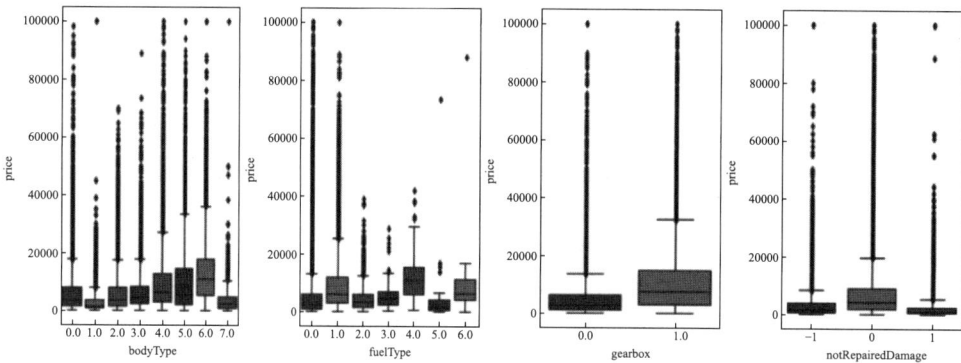

图 13-5　部分类别特征可视化

接下来导入相关包进行类别编码，代码如下所示。sklearn. preprocessing. LabelEncoder 可以简单方便地将数据中类别编码的标签值统一转换成 range（标签值个数-1）范围内。One-HotEncoder 独热编码用来解决类别型数据的离散值问题。为了使非偏序关系的变量取值不具有偏序性，并且到圆点等距，大部分算法基于向量空间中的度量来进行计算。使用 OneHot 编码，将离散特征的取值扩展到了欧氏空间，离散特征的某个取值就对应欧氏空间的某个点。将离散型特征使用 OneHot 编码，会使特征之间的距离计算更加合理。离散特征进行 OneHot 编码后，每一维度的特征都可以看作是连续的特征。和对连续型特征的归一化方法一样，对每一维特征进行归一化，如归一化到 [-1, 1] 或归一化到均值为 0 方差为 1 的分布。

```
from sklearn.preprocessing import LabelEncoder
from sklearn.preprocessing import OneHotEncoder
def cate_encoder(df,df_test,cols):
    le=LabelEncoder()
    ohe=OneHotEncoder(sparse=False,categories ='auto ')
    for col in cols:
        print(col+':')
        print(set(df[col]))
        print(set(df_test[col]))
        le=le.fit(df[col])
        integer_encoded=le.transform(df[col])
        integer_encoded_test=le.transform(df_test[col])
        # binary encode
        integer_encoded=integer_encoded.reshape(len(integer_encoded),1)
        integer_encoded_test=integer_encoded_test.reshape(len(integer_encoded_test),1)
        ohe=ohe.fit(integer_encoded)
        onehot_encoded=ohe.transform(integer_encoded)
        onehot_encoded_df=pd.DataFrame(onehot_encoded)
        onehot_encoded_df.columns=list(map(lambda x:str(x)+'_'+col,onehot_enco-
ded_df.columns.values))
        onehot_encoded_test=ohe.transform(integer_encoded_test)
        onehot_encoded_test_df=pd.DataFrame(onehot_encoded_test)
        onehot_encoded_test_df.columns=list(map(lambda x:str(x)+'_'+col,onehot_
encoded_test_df.columns.values))
        df=pd.concat([df,onehot_encoded_df],axis=1)
        df_test=pd.concat([df_test,onehot_encoded_test_df],axis=1)
    return df,df_test
cate_cols=['bodyType ','fuelType ','gearbox ','notRepairedDamage ']
Train_data[cate_cols]=Train_data[cate_cols].fillna(-1)
TestA_data[cate_cols]=TestA_data[cate_cols].fillna(-1)
Train_data,TestA_data=cate_encoder(Train_data,TestA_data,cate_cols)
```

输出：

```
bodyType:
{0.0,1.0,2.0,3.0,4.0,5.0,6.0,7.0,-1.0}
{0.0,1.0,2.0,3.0,4.0,5.0,6.0,7.0,-1.0}
fuelType:
{0.0,1.0,2.0,3.0,4.0,5.0,6.0,-1.0}
{0.0,1.0,2.0,3.0,4.0,5.0,6.0,-1.0}
gearbox:
{0.0,1.0,-1.0}
{0.0,1.0,-1.0}
notRepairedDamage:
```

{0,1,-1}

{0,1,-1}

查看经过时间特征处理和类别编码后的训练数据 Train_data。

```
Train_data
```

训练集和测试集的数值类型特征分布代码如下：

```
plt.figure(figsize=(15,15))
i=1
for col in numeric_features:
    plt.subplot(5,4,i)
    i+=1
    sns.distplot(Train_data[col],label='train ',color='r ',hist=False)
    sns.distplot(TestA_data[col],label='test ',color='b ',hist=False)
plt.tight_layout()
plt.show()
```

输出结果如图 13-6 所示。

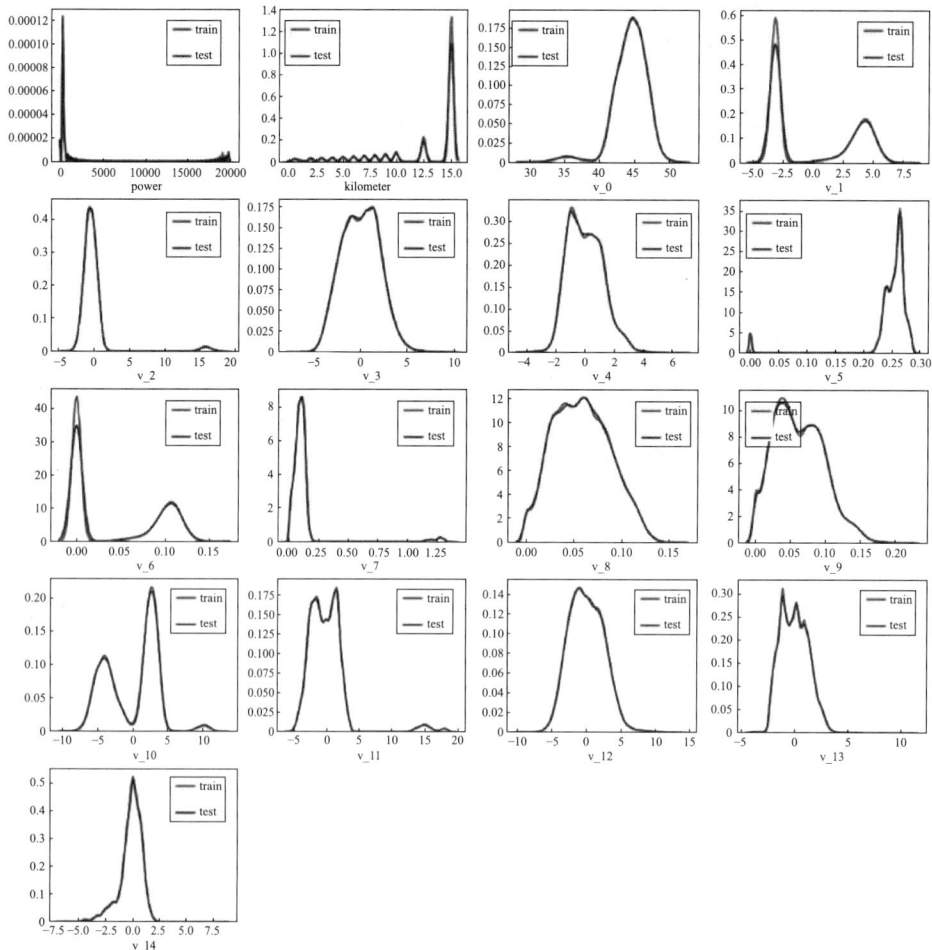

图 13-6　训练集和测试集的数值类型特征分布

由图 13-6 可知，数值类型的特征分布在训练集和测试集上是近似的。

各个标签与预测值"price"的相关性显示代码如下：

```
corr=Train_data[numeric_features+['price']].corr()
plt.figure(figsize=(20,20))
sns.heatmap(abs(np.around(corr,2)),linewidths=0.1,annot=True,cmap=sns.cm.rocket_r)
plt.show()
```

输出结果如图 13-7 所示。

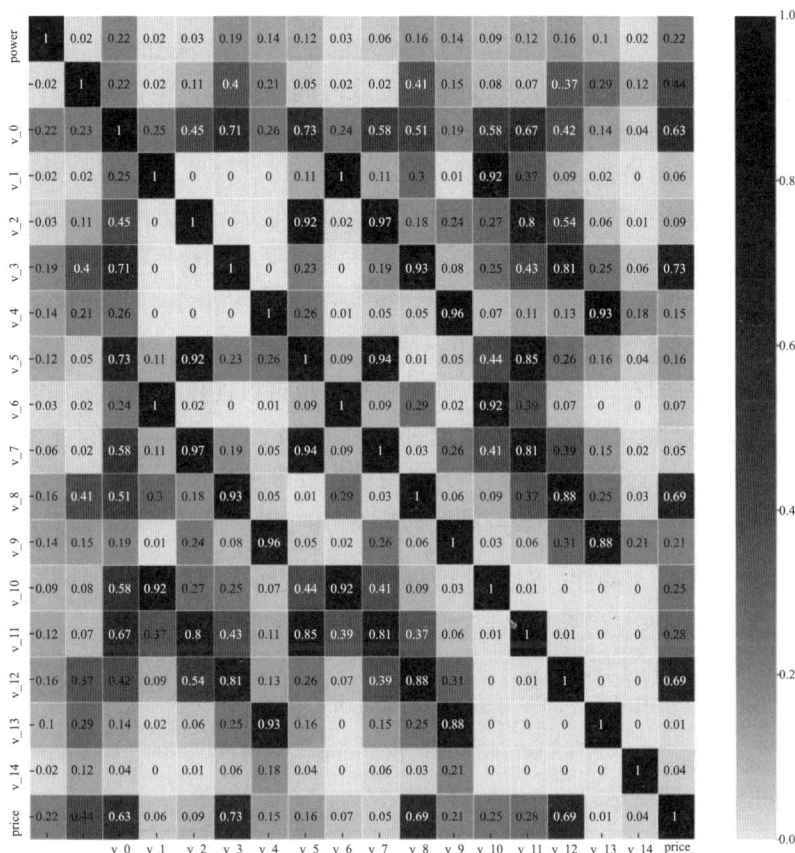

图 13-7　相关性显示

由图 13-7 可知，从数值特征维度来看，v_0，v_3，v_8，v_12 和预测值"price"的线性相关性（皮尔逊相关系数）较大，说明这些特征和预测值"price"较为相关。

13.3　特征工程

特征工程可以最大限度地从原始数据中提取特征以供算法和模型使用，特征选择意味着选择那些在所建立的模型上可以提高性能的特征变量，可以使用一些机器学习和统计方法来选择最相关的特征来改进模型性能。

1. 数据准备

将训练集和测试集放在一起，以方便构造特征。

```
Train_data['train']=1
TestA_data['train']=0
data=pd.concat([Train_data,TestA_data],ignore_index=True,sort=False)
```

2. 特殊特征的生成

特殊特征的生成包括非线性变换、一些统计特征的生成等，如对特征进行 log 变化、特征组合、特征交叉。

下面代码将 int 转换成时间戳，dt.days 是提取时间戳的日，类似地还有 dt.years。时间差等于时间戳相减，用 used_time 反映汽车的使用时间，一般情况价格与使用时间成反比，由于数据里有时间出错的格式，所以需要 errors='coerce'。

```
data['used_time']=(pd.to_datetime(data['creatDate'],format='%Y%m%d',errors
='coerce')-pd.to_datetime(data['regDa\
te'],format='%Y%m%d',errors='coerce')).dt.days
```

由于有些样本有问题，导致汽车使用时间为空，计算一下空值的个数。通过查看空数据，有 15k 个样本的时间存在问题，可以选择删除，也可以选择不做处理或者作为一个单独类别。但此处不建议删除，因为缺失值数据占比为 7.5%，占总样本比例过大，可以选择不做处理，因为像 XGBoost 之类的决策树，其本身就能处理缺失值。

```
data['used_time'].isnull().sum()
```

由于 power 特征的分布特性，对其进行 log 变化，代码如下：

```
data['power']=np.log1p(data['power'])
plt.figure(figsize=(12,6))
sns.distplot(data['power'].values,bins=100)
plt.show()
```

输出结果如图 13-8 所示。

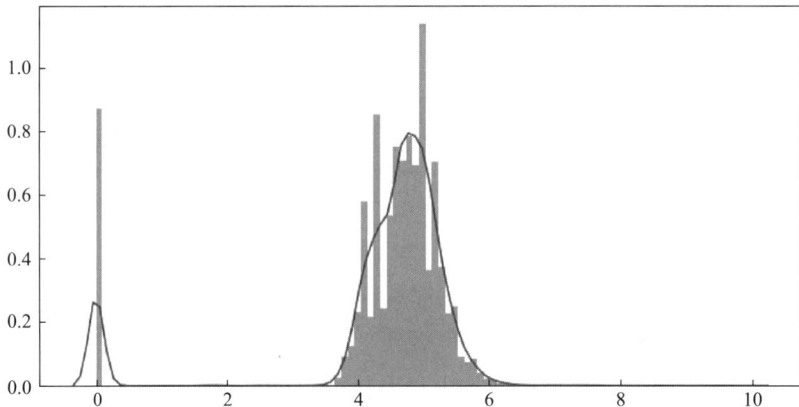

图 13-8　log 变化之后的 power 特征分布

　　然后计算某品牌的销售统计量。此处以训练集的数据计算统计量，这种特征不能进行细粒度统计，防止发生信息过多的泄露，代码如下：

```
train_gb=Train_data.groupby("brand") #按照品牌进行分组
all_info={}
for kind,kind_data in train_gb:
    info={}
    kind_data=kind_data[kind_data['price'] > 0] #选出价格大于 0 的数值
    info['brand_amount']=len(kind_data) #每个分组中价格大于 0 有多少行数据
    info['brand_price_max']=kind_data.price.max() #每个品牌价格的最大值
    info['brand_price_median']=kind_data.price.median() #每个品牌价格的中值
    info['brand_price_min']=kind_data.price.min() #每个品牌价格的最小值
    info['brand_price_sum']=kind_data.price.sum() #每个品牌价格的和
    info['brand_price_std']=kind_data.price.std() #每个品牌价格的方差
    info['brand_price_average']=round(kind_data.price.sum()/(len(kind_data)+
1),2) #每个品牌价格的均值,结果保留两位小数
    all_info[kind]=info
brand_fe=pd.DataFrame(all_info).T.reset_index().rename(columns={"index":"
brand"}) #品牌作为列名重新索引
data=data.merge(brand_fe,how='left',on='brand') # left:按照左边数据集为参考合并,
数据缺失范围 NaN
```

　　统计特征生成：统计特征有多种形式，如多项式特征、类别和类别之间的交叉特征、类别和数值之间的交叉特征等。首先统计数据中'regDate_year'、'model'、'brand'、'region-Code'每个特征有多少不同值，以及每个值出现的次数。统计特征生成代码如下：

```
from scipy.stats import entropy
feat_cols=[]
# count 编码
for f in tqdm(['regDate_year','model','brand','regionCode']):
    data[f+'_count']=data[f].map(data[f].value_counts())
    feat_cols.append(f+'_count')
```

　　（1）类别和数值之间的交叉特征。用数值特征对类别特征做统计描述，挑选与"price"相关程度高的匿名变量（'v_0'，'v_3'，'v_8'，'v_12'）和非匿名变量（'model'，'brand'，'regionCode'）做特征交叉。

```
for f1 in tqdm(['model','brand','regionCode']):
    group=data.groupby(f1,as_index=False)
    for f2 in tqdm(['v_0','v_3','v_8','v_12']):
        feat=group[f2].agg({
            '{}_{}_max'.format(f1,f2):'max','{}_{}_min'.format(f1,f2):'min',
            '{}_{}_median'.format(f1,f2):'median','{}_{}_mean'.format(f1,f2):'mean',
            '{}_{}_std'.format(f1,f2):'std','{}_{}_mad'.format(f1,f2):'mad'
        })
```

```
    data=data.merge(feat,on=f1,how='left')
    feat_list=list(feat)
    feat_list.remove(f1)
    feat_cols.extend(feat_list)
```

（2）类别特征的二阶交叉，即类别和类别之间的交叉组合，分别将'model'和'brand'、'model'和'regionCode'、'brand'和'regionCode'特征进行交叉组合。

```
for f_pair in tqdm([['model','brand'],['model','regionCode'],['brand','region-
Code']]):
    # 共现次数
    data['_'.join(f_pair)+'_count']=data.groupby(f_pair)['SaleID'].transform
('count')
    # nunique、熵
    data=data.merge(data.groupby(f_pair[0],as_index=False)[f_pair[1]].agg({
        '{}_{}_nunique'.format(f_pair[0],f_pair[1]):'nunique',
        '{}_{}_ent'.format(f_pair[0],f_pair[1]): lambda x: entropy(x.value_
counts()/x.shape[0])
    }),on=f_pair[0],how='left')
    data=data.merge(data.groupby(f_pair[1],as_index=False)[f_pair[0]].agg({
        '{}_{}_nunique'.format(f_pair[1],f_pair[0]):'nunique',
        '{}_{}_ent'.format(f_pair[1],f_pair[0]):lambda x: entropy(x.value_counts
()/x.shape[0])
    }),on=f_pair[1],how='left')
    # 比例偏好
    data['{}_in_{}_prop'.format(f_pair[0],f_pair[1])]=data['_'.join(f_pair)+'_
count']/data[f_pair[1]+'_count']
    data['{}_in_{}_prop'.format(f_pair[1],f_pair[0])]=data['_'.join(f_pair)+'_
count']/data[f_pair[0]+'_count']
    feat_cols.extend([
        '_'.join(f_pair)+'_count',
        '{}_{}_nunique'.format(f_pair[0],f_pair[1]),'{}_{}_ent'.format(f_pair
[0],f_pair[1]),
        '{}_{}_nunique'.format(f_pair[1],f_pair[0]),'{}_{}_ent'.format(f_pair
[1],f_pair[0]),
        '{}_in_{}_prop'.format(f_pair[0],f_pair[1]),'{}_in_{}_prop'.format(f_
pair[1],f_pair[0])
    ])
```

查看数据并输出。

```
Data
```

可以得到 200 000 行、168 列数据。

```
train=data[data['train']==1]
```

```
test=data[data['train']==0]
categorical_cols=train.select_dtypes(include='object').columns
categorical_cols
```

输出：

```
Index([],dtype='object')
```

3. 构建训练和测试样本

```
# 选择特征列
feature_cols = [col for col in data.columns if col not in ['SaleID','name',
'regDate','creatDate','price','model','brand',
            'regionCode','seller','bodyType','fuelType','offerType','train']]
feature_cols=[col for col in feature_cols if col not in date_features[1:]]
# 提取特征列、标签列构造训练样本和测试样本
X_data=train[feature_cols]
Y_data=train['price']
X_test=test[feature_cols]
print('X train shape:',X_data.shape)
print('X test shape:',X_test.shape)
```

输出：

```
X train shape:(150000,149)
X test shape:(50000,149)
```

4. 统计标签的基本分布信息
统计 Y_ data 的标签分布基本信息代码如下：

```
Y_data.describe()
```

输出：

```
count          150000.000000
mean             5923.327333
std              7501.998477
min                11.000000
25%              1300.000000
50%              3250.000000
75%              7700.000000
max             99999.000000
Name:price,dtype:float64
```

查看训练数据中 price<1e2 的数据，共有 461 行、168 列。

```
train[train['price']<1e2]
```

查看训练数据中 price>5e4 的数据，共有 438 行、168 列。

```
train[train['price ']>5e4]
```

绘制标签"price"的统计图，查看标签"price"的分布，代码如下：

```
plt.figure(figsize=(12,6))
sns.distplot(Y_data,bins=100)
plt.show()
plt.figure(figsize=(12,6))
Y_data.plot.box()
plt.show()
```

输出结果如图 13-9 和图 13-10 所示。

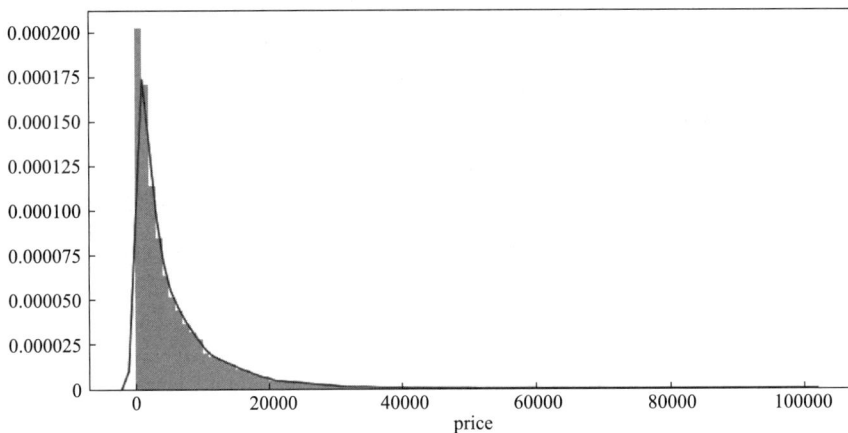

图 13-9 "price"的统计图

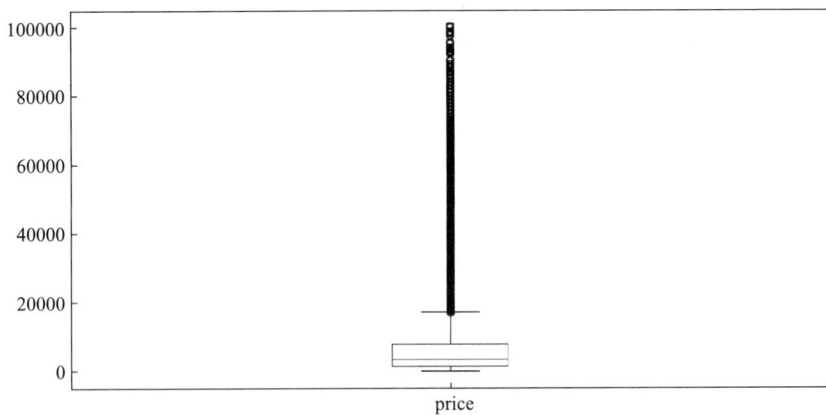

图 13-10 标签的箱型图

由图 13-9 和 13-10 可知，标签"price"是非正态分布的。

对于"price"进行 log 变换，代码如下：

```
Y_data_log=np.log1p(Y_data)
```

```
plt.figure(figsize=(12,6))
sns.distplot(Y_data_log,bins=100)
plt.show()
```

输出结果如图 13-11 所示。

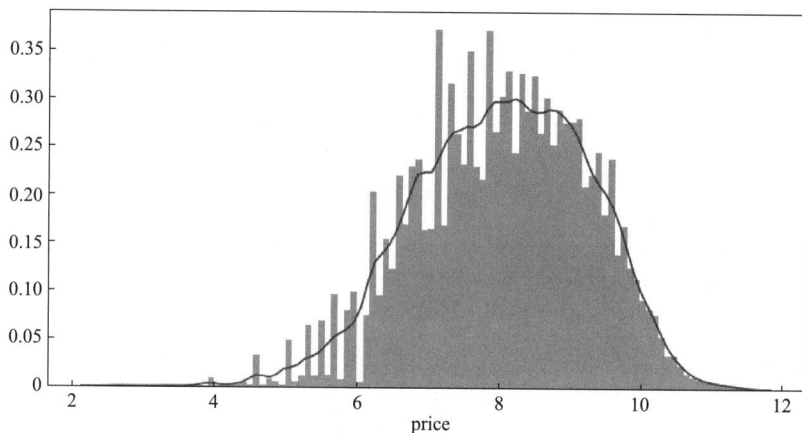

图 13-11　预测值"price"log 分布

如图 13-11 所示，"price"的 log 分布趋于正态分布。

在实验中可以对"price"预测先取对数再进行指数运算，和直接用"price"训练的效果进行对比，下节将会详细介绍。

5. 缺失值填补

将数据中的缺失值用-1 填充。

```
X_data=X_data.fillna(-1)
X_test=X_test.fillna(-1)
```

13.4　模型构建

本节分别建立 XGB 模型以及 XGB 和 LGB 融合模型预测二手车交易价格，以平均绝对误差（MAE）为评价指标来评估模型预测效果。

13.4.1　XGB 模型

1. XGB 模型参数设置

（1）XGBoost 模型优化树的个数 n_estimators 设置为 120；

（2）树的最大深度 max_depth 设置为 7；

（3）增加分支时减少的最小损失 gamma 设置为 0；

（4）学习率 learning_rate 设置为 0.1；

（5）subsample 控制对于每棵树随机采样的比例。减小这个参数的值，算法会更加保守，避免过拟合。但如果这个值设置得过小，可能会导致欠拟合。一般取 0.5~1，这里取 0.8；

（6）colsample_bytree 用来控制每棵树随机采样列数的占比（每一列是一个特征），一般取 0.5~1，这里取 0.9。

2. XGB 模型预测结果

（1）利用 XGB 进行五折交叉验证查看模型的参数效果，代码如下：

```
from sklearn.model_selection import KFold
def cv_predict(model,X_data,Y_data,X_test,sub):
    oof_trn=np.zeros(X_data.shape[0])
    oof_val=np.zeros(X_data.shape[0])
    #5 折交叉验证方式
    kf=KFold(n_splits=5,shuffle=True,random_state=0)
    for idx,(trn_idx,val_idx) in enumerate(kf.split(X_data,Y_data)):
        print('-------------------- {}fold --------------------'.format(idx))
        trn_x,trn_y=X_data.iloc[trn_idx].values,Y_data.iloc[trn_idx]
        val_x,val_y=X_data.iloc[val_idx].values,Y_data.iloc[val_idx]
        xgr.fit(trn_x,trn_y,eval_set=[(val_x,val_y)],eval_metric='mae',verbose=
30,early_stopping_rounds=20,)
        oof_trn[trn_idx]=xgr.predict(trn_x)
        oof_val[val_idx]=xgr.predict(val_x)
        sub['price']+=xgr.predict(X_test.values)/kf.n_splits
        pred_trn_xgb=xgr.predict(trn_x)
        pred_val_xgb=xgr.predict(val_x)
        print('trn mae:',mean_absolute_error(trn_y,oof_trn[trn_idx]))
        print('val mae:',mean_absolute_error(val_y,oof_val[val_idx]))
return model,oof_trn,oof_val,sub
# log 后的"price"预测
sub=test[['SaleID']].copy()
sub['price']=0
#XGB 模型
xgr=xgb.XGBRegressor(n_estimators=120,learning_rate=0.1,gamma=0,subsample=0.8,\
        colsample_bytree=0.9,max_depth=7)#默认目标函数 objective='reg:squared-
error',即线性回归
model,oof_trn,oof_val,sub=cv_predict(xgr,X_data,Y_data_log,X_test,sub)
print('Train mae:',mean_absolute_error(Y_data_log,oof_trn))
print('Val mae:',mean_absolute_error(Y_data_log,oof_val))
print('Train mae trans:',mean_absolute_error(np.expm1(Y_data_log),np.expm1(oof_
trn)))
print('Val mae trans ',mean_absolute_error(np.expm1(Y_data_log),np.expm1(oof_
val)))
```

输出：

```
--------------------0 fold--------------------
```

```
[0]validation_0-mae:6.79391
[30]validation_0-mae:0.33098
[60]validation_0-mae:0.13828
[90]validation_0-mae:0.13306
[119]validation_0-mae:0.13063
trn mae:0.11699088461243394
val mae:0.13063220577843235
--------------------1 fold--------------------
[0]validation_0-mae:6.78120
[30]validation_0-mae:0.33088
[60]validation_0-mae:0.13991
[90]validation_0-mae:0.13443
[119]validation_0-mae:0.13177
trn mae:0.11744439015237554
val mae:0.1317709335681958
--------------------2 fold--------------------
[0]validation_0-mae:6.76890
[30]validation_0-mae:0.32864
[60]validation_0-mae:0.13794
[90]validation_0-mae:0.13266
[119]validation_0-mae:0.13062
trn mae:0.11624806147147274
val mae:0.13061806473859755
--------------------3 fold--------------------
[0]validation_0-mae:6.78324
[30]validation_0-mae:0.33007
[60]validation_0-mae:0.14067
[90]validation_0-mae:0.13589
[119]validation_0-mae:0.13345
trn mae:0.11550853943124169
val mae:0.13345009309230624
--------------------4 fold--------------------
[0]validation_0-mae:6.78330
[30]validation_0-mae:0.33321
[60]validation_0-mae:0.14039
[90]validation_0-mae:0.13531
[119]validation_0-mae:0.13241
trn mae:0.1153477526626332
val mae:0.13241159378025236
Train mae:0.11549879914511173
Val mae:0.13177657819155686
Train mae trans:546.5567924144822
Val mae trans 610.8097401837701
```

对"price"预测先取对数再进行指数运算，由结果可知，XGB 预测模型得到的测试集平均绝对误差 Val mae 为 610.81。

（2）对原始的"price"进行预测，得出每一折交叉验证的结果。

```
# 原始"price"预测
sub2=test[['SaleID']].copy()
sub2['price']=0
oof_trn=np.zeros(train.shape[0])
oof_val=np.zeros(train.shape[0])
#XGB 模型
xgr=xgb.XGBRegressor(n_estimators=120,learning_rate=0.1,gamma=0,subsample=0.8,\
        colsample_bytree=0.9,max_depth=7)#默认目标函数 objective ='reg:squarederror',即线性回归
model2,oof_trn,oof_val,sub2=cv_predict(xgr,X_data,Y_data,X_test,sub2)
print('Train mae:',mean_absolute_error(Y_data,oof_trn))
print('Val mae:',mean_absolute_error(Y_data,oof_val))
```

输出：

```
--------------------0 fold--------------------
[0]validation_0-mae:5400.44531
[30]validation_0-mae:744.11639
[60]validation_0-mae:655.02374
[90]validation_0-mae:630.88495
[119]validation_0-mae:613.66333
trn mae:504.3102532632506
val mae:613.6633168298165
--------------------1 fold--------------------
[0]validation_0-mae:5350.51562
[30]validation_0-mae:725.64929
[60]validation_0-mae:638.68091
[90]validation_0-mae:613.01923
[119]validation_0-mae:598.98016
trn mae:509.13706926467967
val mae:598.9801639160156
--------------------2 fold--------------------
[0]validation_0-mae:5242.75342
[30]validation_0-mae:709.19220
[60]validation_0-mae:624.09369
[90]validation_0-mae:601.54040
[119]validation_0-mae:587.71704
trn mae:505.89623891460894
val mae:587.7170196647644
--------------------3 fold--------------------
```

```
[0]validation_0-mae:5336.79102
[30]validation_0-mae:744.88110
[60]validation_0-mae:660.49518
[90]validation_0-mae:636.30750
[119]validation_0-mae:619.69055
trn mae:504.53691853893946
val mae:619.6905088663141
--------------------4 fold--------------------
[0]validation_0-mae:5335.56885
[30]validation_0-mae:725.94745
[60]validation_0-mae:635.77374
[90]validation_0-mae:612.56287
[119]validation_0-mae:596.34235
trn mae:503.5799605472575
val mae:596.342277114602
Train mae:503.829671208125
Val mae:603.2786572783025
```

由上述结果可知，XGB 预测模型得到的测试集平均绝对误差 Val mae 为 603.28，对比可以发现，直接对"price"进行预测的效果优于对 log 后的"price"预测再 exp 回去的预测效果。

XGB 模型预测结果的前五行如下所示。

```
sub2.head()
```

输出：

	SaleID	price
150000	200000	1259.093185
150001	200001	1803.912323
150002	200002	8278.295410
150003	200003	1335.343750
150004	200004	2009.511749

13.4.2　XGB 和 LGB 融合模型

（1）定义 XGB 和 LGB 模型函数，设置相应模型的参数，并对 LGB 参数进行网格化寻优。

第一，XGB 模型参数设置：

① 优化树的个数 n_estimators 设置为 150；

② 树的最大深度 max_depth 设置为 7；

③ 增加分支时减少的最小损失 gamma 设置为 0；

④ 学习率 learning_rate 设置为 0.1；

⑤ subsample 取 0.8；

⑥ colsample_bytree 取 0.9。

第二，LGB 模型参数设置：

由于 LGB 使用的是 leaf-wise 算法，因此在调节树的复杂程度时，使用的是 num_leaves 而不是 max_depth。num_leaves 为 127，优化树的个数 n_estimators 设置为 150，学习率 learning_rate 设置为 0.01、0.05、0.1、0.2，此处引入 sklearn 中的 GridSearchCV（）函数进行网格搜索以确定最优参数。

```
def build_model_xgb(x_train,y_train):
    model=xgb.XGBRegressor(n_estimators=150,learning_rate=0.1,gamma=0,subsam-
ple=0.8,\
        colsample_bytree=0.9,max_depth=7) #默认目标函数 objective='reg:squared-
error',即线性回归
    model.fit(x_train,y_train)
    return model
def build_model_lgb(x_train,y_train):
    estimator=lgb.LGBMRegressor(num_leaves=127,n_estimators=150)
    param_grid={
        'learning_rate':[0.01,0.05,0.1,0.2],}
    gbm=GridSearchCV(estimator,param_grid)
    gbm.fit(x_train,y_train)
return gbm
```

（2）将数据集按照 70%和 30%的比例分别划分为 Train 训练集和 Val 测试集，代码如下所示。利用训练集进行模型训练，用测试集评价模型效果并对其进行预测；定义了一个统计函数，可以查看数据的最小值、最大值、平均值、方差等，方便后续信息统计。

```
#划分训练集和测试集
x_train,x_val,y_train,y_val=train_test_split(X_data,Y_data,test_size=0.3)
# 定义统计函数,方便后续信息统计
def Sta_inf(data):
    print('_min',np.min(data))
    print('_max:',np.max(data))
    print('_mean',np.mean(data))
    print('_ptp',np.ptp(data))
    print('_std',np.std(data))
    print('_var',np.var(data))
print('Sta of label:')
Sta_inf(Y_data)
```

输出：

```
Sta of label:
_min 11.0
_max: 99999.0
```

```
_mean 5923.327333333334
_ptp 99988.0
_std 7501.973469876438
_var 56279605.94272992
```

（3）定义 LGB 模型，以平均绝对误差（MAE）为评价指标，得到该模型在测试集上的平均绝对误差为 580.184，代码如下：

```
print('Train lgb...')
model_lgb=build_model_lgb(x_train,y_train)
val_lgb=model_lgb.predict(x_val)
MAE_lgb=mean_absolute_error(y_val,val_lgb)
print('MAE of val with lgb:',MAE_lgb)
print('Predict lgb...')
model_lgb_pre=build_model_lgb(X_data,Y_data)
subA_lgb=model_lgb_pre.predict(X_test)
print('Sta of Predict lgb:')
Sta_inf(subA_lgb)
```

输出：

```
Train lgb...
MAE of val with lgb:580.1843611317333
Predict lgb...
Sta of Predict lgb:
_min-755.1950344790977
_max:92607.3472715901
_mean 5907.177305663433
_ptp 93362.5423060692
_std 7347.8339334610655
_var 53990663.51372191
```

（4）定义 XGB 模型，以平均绝对误差为评价指标，得到该模型在测试集上的平均绝对误差为 601.886，代码如下：

```
print('Train xgb...')
model_xgb=build_model_xgb(x_train,y_train)
val_xgb=model_xgb.predict(x_val)
MAE_xgb=mean_absolute_error(y_val,val_xgb)
print('MAE of val with xgb:',MAE_xgb)
print('Predict xgb...')
model_xgb_pre=build_model_xgb(X_data,Y_data)
subA_xgb=model_xgb_pre.predict(X_test)
print('Sta of Predict xgb:')
Sta_inf(subA_xgb)
```

输出：

```
Train xgb...
MAE of val with xgb:601.8858598045787
Predict xgb...
Sta of Predict xgb:
_min-782.1425
_max:92401.19
_mean 5905.222
_ptp 93183.33
_std 7341.0513
_var 53891030.0
```

（5）将 XGB 和 LGB 两模型的结果加权融合，根据模型预测平均绝对误差与两模型平均误差的比值设计权重，即模型预测的平均绝对误差越大，其权重越小。

$$y_{\text{weighted}} = \left(1 - \frac{\text{MAE}(\text{LGB})}{\text{MAE}(\text{XGB}) + \text{MAE}(\text{LGB})}\right) \times y_{\text{LGB}} + \left(1 - \frac{(1 - \text{MAE}(\text{XGB}))}{\text{MAE}(\text{XGB}) + \text{MAE}(\text{LGB})}\right) \times y_{\text{XGB}}$$

$$(13-1)$$

式中，y_{weighted} 表示两模型加权融合之后的结果，y_{LGB} 表示 LGB 模型的预测值，y_{XGB} 表示 XGB 模型的预测值。由上可知，MAE（LGB）为 580.184，MAE（XGB）为 601.886。由于预测的最小值有负数，而实际中 price 为负是不存在的，所以需要修正，代码如下：

```
#XGB 和 LGB 模型的加权融合
val_Weighted=(1-MAE_lgb/(MAE_xgb+MAE_lgb))* val_lgb+(1-MAE_xgb/(MAE_xgb+MAE_lgb))* val_xgb
val_Weighted[val_Weighted<10]=10 #修正结果
print('MAE of val with Weighted ensemble:',mean_absolute_error(y_val,val_Weighted))
```

输出：

```
MAE of val with Weighted ensemble:570.6390206232562
```

得到 XGB 和 LGB 融合模型在测试集上的平均绝对误差为 570.639，小于 XGB 模型和 LGB 模型各自的平均绝对误差，验证了模型加权的有效性。此处只是进行了简单的加权融合，代码如下所示。可以查看模型预测值，判断和真实值是否接近，另外也可以考虑其他更为有效的改进方式。

```
sub_Weighted=(1-MAE_lgb/(MAE_xgb+MAE_lgb))* subA_lgb+(1MAE_xgb/(MAE_xgb+MAE_lgb))* subA_xgb
sub_Weighted[sub_Weighted<10]=10
# 查看预测值,判断和真实值是否接近
print('Sta of Predict lgb:')
Sta_inf(sub_Weighted)
```

输出：

```
Sta of Predict lgb:
_min 10.0
_max:92506.1600897421
_mean 5906.363873272417
_ptp 92496.1600897421
_std 7338.837034728315
_var 53858529.022299886
```

（6）输出 XGB 和 LBG 融合模型的预测结果，保存为 csv 文件。查看最终预测结果的前五行数据，其中包含各个 SaleID 的预测价格，代码如下：

```
sub3=test[['SaleID']].copy()
sub3['price']=sub_Weighted
sub3.to_csv('./sub_Weighted.csv',index=False)
sub3.head()
```

输出：

	SaleID	price
150000	200000	1281.187338
150001	200001	1872.199377
150002	200002	8249.294927
150003	200003	1256.008570
150004	200004	2007.215817

13.5　预测结果对比分析

本章分别建立了 XGB 模型以及 XGB 和 LGB 融合模型预测二手车交易价格，以平均绝对误差（MAE）为指标来评价模型预测效果。运行结果显示 XGB 预测模型得到的测试集平均绝对误差为 610.81，XGB 和 LGB 融合模型得到的测试集平均绝对误差为 570.639，表明在此数据集上 XGB 和 LGB 融合模型预测结果优于 XGB 模型的预测结果。

第14章 电商企业商品销量预测

14.1 项目分析

国家统计局资料显示，2020 年我国网上零售额突破 11 万亿元，占社会消费品零售总额的三分之一。消费者对于网络购物的意愿越来越强烈，对购物全流程体验的要求也越来越高。同时电商企业之间竞争也日趋激烈，竞争压力迫使电商企业更加重视控制成本和提高消费者黏性。如何更加准确地预测消费者对商品的需求，是优化库存决策、保障配送时效、降低物流成本和提高竞争力的关键因素。电商企业所销售商品的种类丰富且促销手段多样，积累了大量历史销量数据，如何有效挖掘数据潜在特征、建立更高效精准的销量预测模型，是目前电商企业和学术领域探索的一个重要方向。

电商企业商品销量预测问题是根据商品的历史销量数据进行建模，训练出能计算商品销量的分类器，进而对商品销量进行预测。相较于实体企业，电商企业销售环境更复杂，商品销量波动性更大。影响销量的因素主要概括为三类：一是历史销量数据，二是季节、节假日和促销等随机因素，三是消费者因素，因此电商企业商品销量具有波动性大、影响因素多的特征。

下面以京东为例，展示电商企业商品销量预测过程。为了提升配送时效，优化顾客购物体验，京东采用了分地区进行销售配送的方式，对商品在各个地区内销量的精准预测至关重要。该数据集来源于 JDATA 平台 GOC 仓储网络智能库存管理初赛，该数据集包括了 1 000 种商品在 2016 年 1 月 1 日—2017 年 12 月 31 日的销量数据等信息（由于大型促销活动期间的销售活动与平时差别较大，6 月和 11 月的销量数据除外）。除历史销售情况外，该数据还包括商品的基本信息数据，如品类和属性信息等，相同的品类或相似属性的商品，可能存在销售趋势的相关性。另外，电商运营中促销是影响销量的重要因素，不同的促销方式以及促销组合会导致商品折扣力度的差异，最终引起销量的波动，因此促销力度也会影响商品销量预测。

该数据集包括：商品基本信息表如表 14-1 所示，该表共有 1 000 条数据，包含 3 个一级品类、19 个二级品类、96 个三级品类、1 000 种商品；商品属性信息表如表 14-2 所示，该表共有 6 776 条数据；为更容易理解商品属性含义，以某手机属性为例展示具体属性信息，如图 14-1 所示；销售信息表如表 14-3 所示，该表共有 1 048 575 条数据，记录了商品每天的销量数据，其中销售折扣 discount 属性的取值范围为（0，10]，10 代表无折扣，数值越小表明折扣力度越大；促销信息表如表 14-4 所示，该表共有 862 111 条数据，其中促销形式代码 promotion_type 属性代表多种促销手段，如满减优惠、代金券、直接打折等。

表 14-1　商品基本信息表

属性	属性解释
item_sku_id	SKU 唯一识别代码
item_first_cate_id	一级品类
item_second_cate_id	二级品类
item_third_cate_id	三级品类
brand_code	商品条码

表 14-2　商品属性信息表

属性	属性解释
Item_sku_id	SKU 唯一识别代码
Attr_cd	属性代码
Attr_value_cd	属性值

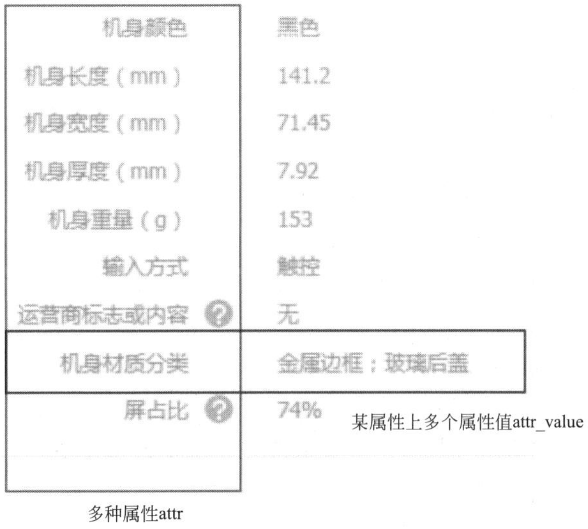

图 14-1　某手机属性信息

表 14-3　销售信息表

属性	属性解释
item_sku_id	SKU 唯一识别代码
dc_id	仓库代码
date	日期
quantity	销量
vendibility	当日结束库存状态

属性	属性解释
original_price	当日价格（0-1）
discount	销售折扣（0-10）

表 14-4　促销信息表

属性	属性解释
item_sku_id	SKU 唯一识别代码
item_third_cate_id	三级品类
date	日期
promotion_type	促销形式代码

本项目选取 2016 年 1 月 1 日—2017 年 11 月 30 日的商品销量数据为训练数据，2017 年 12 月 1 日—2017 年 12 月 31 日的数据为测试数据，分别建立加权深度森林模型（WDF）、深度森林模型（DF）、深度神经网络模型（DNN）、XGBoost 模型（XGB）和随机森林模型（RF）预测商品销量，以平均绝对误差（MAE）和均方误差（MSE）为评价指标进行对比验证模型预测的准确性。

14.2　数据探索性分析

（1）导入相关库，查看销量数据表的前五行。

```
import pandas as pd
import numpy as np
from datetime import date
from datetime import datetime
import matplotlib.pyplot as plt
from matplotlib.dates import DateFormatter,WeekdayLocator,DayLocator,MONDAY,
YEARLY,MonthLocator
sales=pd.read_csv('./data/sku_sales.csv')
sales.columns=['sku_id','dc_id','date','quantity','vend','or_price','discount']
sales.head()
```

输出结果如表 14-5 所示。

表 14-5　销量数据表的前五行

参数	sku_id	dc_id	date	quantity	vend	or_price	discount
0	637	0	2016-10-12	5.0	1.0	0.089 886	7.858 136
1	637	0	2017-09-24	1.0	1.0	0.089 886	8.191 933
2	637	3	2016-07-01	0.0	1.0	NaN	NaN

参数	sku_id	dc_id	date	quantity	vend	or_price	discount
							续表
3	637	3	2016-08-03	2.0	1.0	0.089 886	8.122 392
4	637	3	2017-05-03	4.0	1.0	0.089 886	8.136 300

在该数据中，日期是很重要的一个影响因素。可以从日期中提取年份和月份，使用 strptime（）处理日期字符串，代码如下：

```
#date 属性分析
have_days=sales. sort_values(by=['dc_id','sku_id','date'])
have_days['count']=pd. Series(1,index=have_days. index)
have_days=have_days. groupby(['dc_id','sku_id'])['count']. sum()
def period(time):
    time1=datetime. strptime(time. max(),"%Y-%m-%d")
    time2=datetime. strptime(time. min(),"%Y-%m-%d")
    return(time1-time2). days+1
have=sales. sort_values(by=['dc_id','sku_id','date'])
have=have. groupby(['dc_id','sku_id'])['date']. agg(period)
a=pd. merge(have_days. reset_index(),have. reset_index(),how='outer',on=['dc_
id','sku_id'])
a['q']=a['date']-a['count']
print(a[a['q']%30! =0])
```

输出：

```
Empty DataFrame
Columns:[dc_id,sku_id,count,date,q]
Index:[]
```

（2）查看商品信息表，输出 sku_id 为 1 000 的商品基本信息，代码如下：

```
info=pd. read_csv('. /data/sku_info. csv')
info=pd. DataFrame(info. values,columns=['sku_id','first','second','third','
brand'])
#print info. sort_values(by=['first','second','third','brand','sku_id'])
#print info. sort_values(by=['brand','third'])
aa=info. groupby('third')['sku_id']. unique(). reset_index()
aa['type']=aa['sku_id']. map(lambda x:len(x))
print(info[info. sku_id==1000])
```

输出结果如表 14-6 所示。

表 14-6　sku_id 为 1 000 的商品基本信息

参数	sku_id	first	second	third	brand
999	1 000	1	7	179	137

（3）查看商品属性表，输出按照属性分组的各属性值，代码如下：

```
attr=pd.read_csv('./data/sku_attr.csv')
attr=pd.DataFrame(attr.values,columns=['sku_id','attr','attr_values'])
print(attr.groupby('attr')['attr_values'].unique())
```

输出：

```
attr
1       [1525,2617,2618,4326,2615,523,1433,3480...
2       [148,2720,693]
3       [4689,4193,4752,4756,4109,991,4363,4755...
5       [878,879,2904]
6       [81,29,3955,3954,2835]
   ...
890     [4627]
909     [1263,1990,1298]
924     [71,12]
925     [4781]
952     [4932,4931]
Name:attr_values,Length:237,dtype:object
```

（4）查看商品促销表，代码如下：

```
prom=pd.read_csv('./data/sku_prom.csv')
prom=pd.DataFrame(prom.values,columns=['date','sku_id','third','prom_type'])
print(prom.prom_type.unique())
```

输出：

```
[10 6 1 4]
```

可以看出，输出商品促销的形式有 10、6、1、4 四种。

（5）根据时间和仓库位置进行分组，查看商品销量情况。

```
paint=sales.groupby(['date','dc_id'])['quantity'].sum().reset_index()
def pp(data,cc):
    fig=plt.figure(figsize=(8,4))
    x=[]
    y=[]
    qq=1
    for i in data.date:
        x.append(qq)
        qq+=1
        y.append(float(data[data.date==i].quantity))
    plt.xlabel("quantity-date")
    #print x,y
    plt.bar(x,y,color=cc)
```

```
    plt.show()

pp(paint[(paint.dc_id==0)&(paint.date<='2016-12-31')],'red')
pp(paint[(paint.dc_id==0)&(paint.date>'2016-12-31')],'red')

pp(paint[(paint.dc_id==1)&(paint.date<='2016-12-31')],'blue')
pp(paint[(paint.dc_id==1)&(paint.date>'2016-12-31')],'blue')

pp(paint[(paint.dc_id==2)&(paint.date<='2016-12-31')],'green')
pp(paint[(paint.dc_id==2)&(paint.date>'2016-12-31')],'green')

pp(paint[(paint.dc_id==3)&(paint.date<='2016-12-31')],'purple')
pp(paint[(paint.dc_id==3)&(paint.date>'2016-12-31')],'purple')

paint1=sales.groupby('date')['quantity'].sum().reset_index()
pp(paint1[(paint1.date<='2016-12-31')],'black')
pp(paint1[(paint1.date>'2016-12-31')],'black')
```

输出结果如图 14-2~图 14-11 所示。图 14-2 表示仓库编号为 0、时间在 2016 年 12 月 31 日之前（包括 12 月 31 日）的商品销量，图 14-3 表示仓库编号为 0、时间在 2016 年 12 月 31 日之后（不包括 12 月 31 日）的商品销量；图 14-4 表示仓库编号为 1、时间在 2016 年 12 月 31 日之前（包括 12 月 31 日）的商品销量，图 14-5 表示仓库编号为 1、时间在 2016 年 12 月 31 日之后（不包括 12 月 31 日）的商品销量；图 14-6 表示仓库编号为 2、时间在 2016 年 12 月 31 日之前（包括 12 月 31 日）的商品销量，图 14-7 表示仓库编号为 2、时间在 2016 年 12 月 31 日之后（不包括 12 月 31 日）的商品销量；图 14-8 表示仓库编号为 3、时间在 2016 年 12 月 31 日之前（包括 12 月 31 日）的商品销量，图 14-9 表示仓库编号为 3、时间在 2016 年 12 月 31 日之后（不包括 12 月 31 日）的商品销量；图 14-10 表示时间在 2016 年 12 月 31 日之前（包括 12 月 31 日）的商品销量，图 14-11 表示时间在 2016 年 12 月 31 日之后（不包括 12 月 31 日）的商品销量。

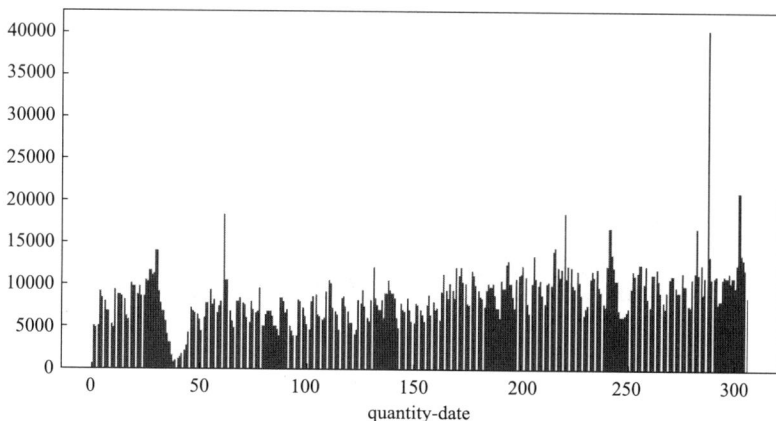

图 14-2 商品销量情况 1

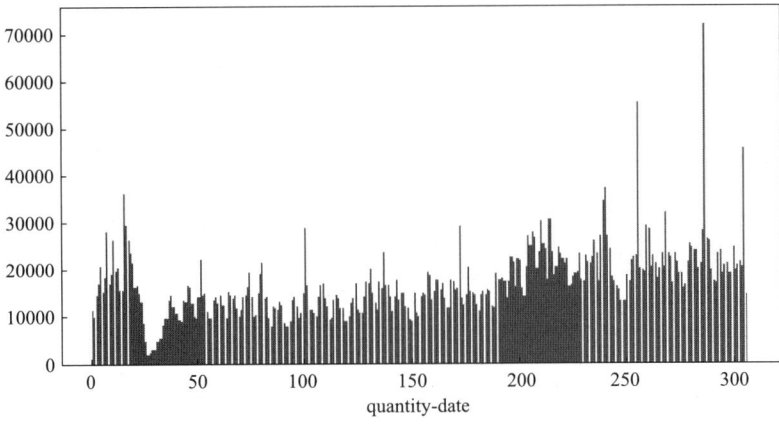

图 14-3　商品销量情况 2

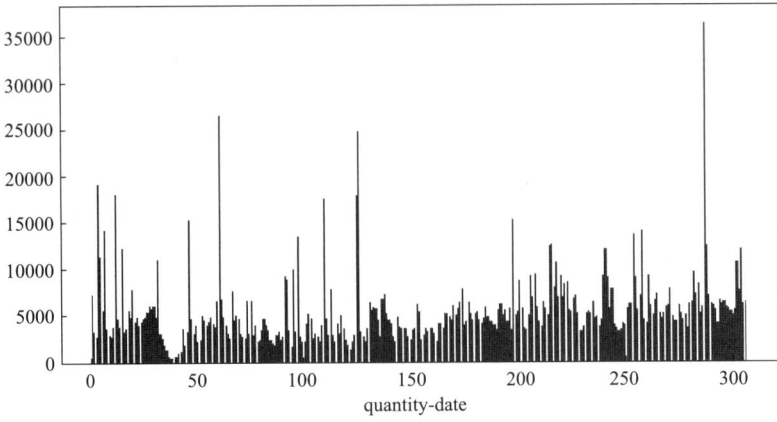

图 14-4　商品销量情况 3

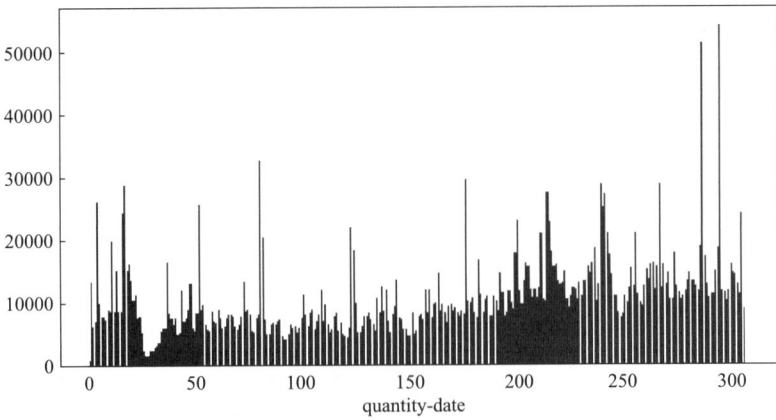

图 14-5　商品销量情况 4

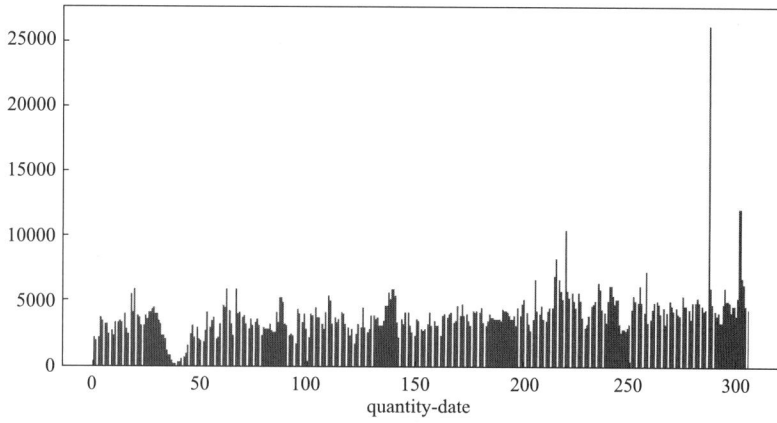

图 14-6　商品销量情况 5

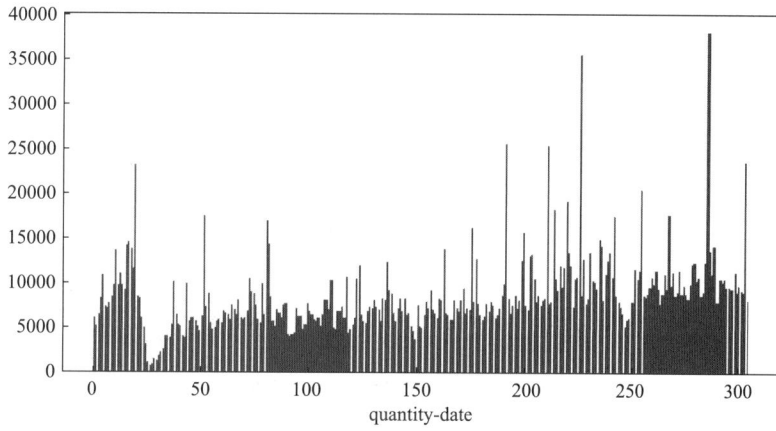

图 14-7　商品销量情况 6

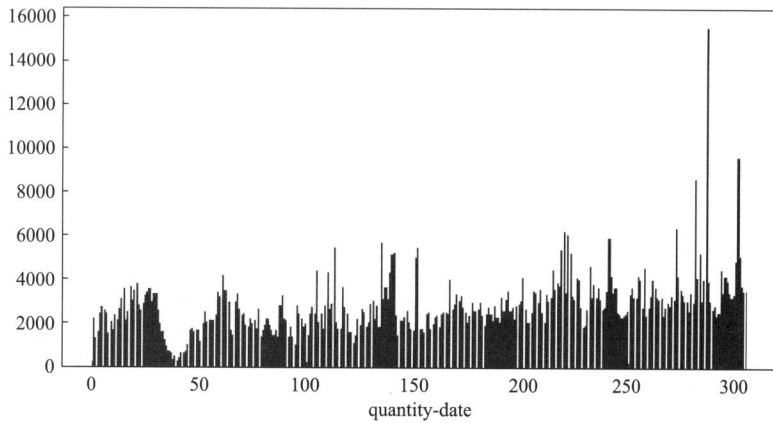

图 14-8　商品销量情况 7

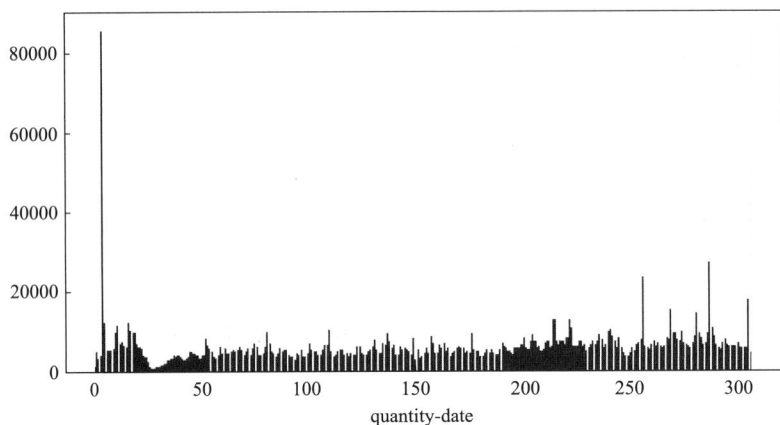

图 14-9   商品销量情况 8

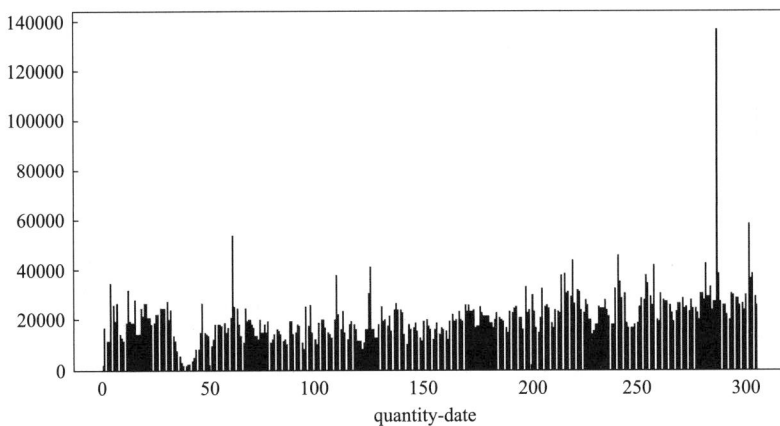

图 14-10   商品销量情况 9

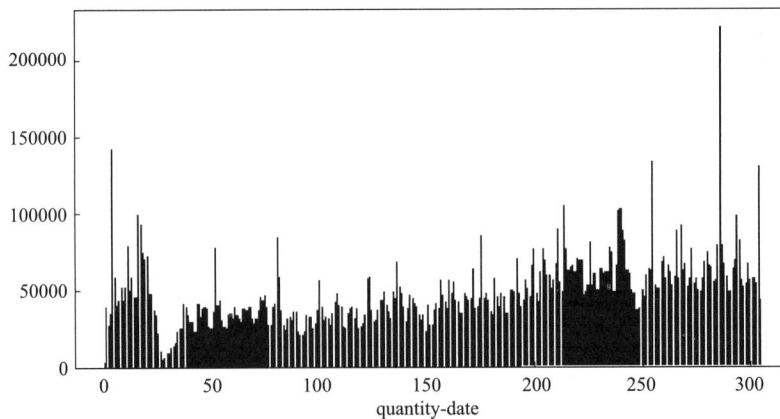

图 14-11   商品销量情况 10

14.3　数据预处理

本节主要将商品销售信息表、商品基本信息表、促销信息表进行合并，并删除冗余信息，方便后续数据分析。

查看商品销售信息表的维度，可以看出有 2 127 485 行，7 列。将商品基本信息表中去除"first""second""brand"三个特征的数据，记为 a。取出促销信息表中商品编码不为 -999的促销信息，记为 prom09。取出促销信息表中商品编码为-999 的信息，并将"sku_id"这一属性去除，记为 b。将 a 和 b 按照"third"这一属性进行合并，记为 prom999。将 prom999 和 prom09 两个表进行连接，记为 prom_ok，查看该表的维度，可以看出有 862 250 行，4 列。concat 方法相当于数据库中的全连接，可以指定按某个轴进行连接，也可以指定连接的方式，与数据库不同的是 concat 不会去重。将商品销售信息表 sales 和 prom_ok 根据商品编码 sku_id 和日期 date 进行合并，记为 business，查看该表的维度，可以看出有 3 842 160行、9 列。

```
import pandas as pd
import numpy as np
# 忽略警告
import warnings
warnings.filterwarnings("ignore")
# 文件路径
file_path='C:/users/灰灰/Desktop/project/data/raw_data/'
deal_path='C:/users/灰灰/Desktop/project/data/deal_data/'
def timetrans(a):
return a[0:4]+'-'+a[5:7]+'-'+a[8:10]
# 读取数据
# SKU 基本信息
info=pd.read_csv(file_path+'sku_info.csv')
info=pd.DataFrame(info.values,columns=['sku_id','first','second','third','
brand'])
# 销售信息
sales=pd.read_csv(file_path+'sku_sales.csv')
sales.columns=['sku_id','dc_id','date','quantity','vend','or_price','discount']
# SKU 属性信息
attr=pd.read_csv(file_path+'sku_attr.csv')
attr=pd.DataFrame(attr.values,columns=['sku_id','attr','attr_values'])
# 促销信息
prom=pd.read_csv(file_path+'sku_prom.csv')
prom=pd.DataFrame(prom.values,columns=['date','sku_id','third','prom_type'])
prom.loc[:,'date']=prom.date.map(timetrans)
a=info.drop(['first','second','brand'],axis=1)
```

```
prom09=prom[prom.sku_id!=-999]
b=prom[prom.sku_id==-999].drop(['sku_id'],axis=1)
prom999=pd.merge(b,a,how='left',on='third')
prom_ok=pd.concat([prom999,prom09])
business=pd.merge(sales,prom_ok,how='left',on=['sku_id','date'])
print(sales.shape)
print(prom_ok.shape)
print(business.shape)
```

输出：

(2127485,7)

(862250,4)

(3842160,9)

按照商品编码和日期分组查看商品促销形式，可以看出每个 SKU 在不同日期的促销形式，如表 14-7 所示。

```
print(prom_ok.groupby(['sku_id','date'])['prom_type'].unique())
```

输出：

Name:prom_type,Length:470222,dtype:object

表 14-7　每个 SKU 在不同日期的促销形式

sku_id	date	促销形式
1	2017-12-25	[10]
	2017-12-26	[10]
	2017-12-27	[10]
	2017-12-28	[10]
	2017-12-29	[10]
⋮	⋮	⋮
1 000	2017-12-27	[6, 1]
	2017-12-28	[6, 1]
	2017-12-29	[6, 1]
	2017-12-30	[6, 1]
	2017-12-31	[6, 1]

首先对"prom_ok"表中的促销类型"prom_type"进行独热编码，记为"a"，列名的前缀为"prom"。get_dummies 是利用 Pandas 实现独热编码的方式，prefix 可以是 string, list of strings 或 dict of strings, default None, 表示 get_dummies 转换后，列名的前缀。将"prom_ok"表和"a"表合并连接记为"b"。透视表是一种可以对数据动态排布并且分类汇总的表

格格式，在 Pandas 中被称作 pivot_table。pivot_table 灵活性高，可以随意制定分析计算要求，脉络清晰易于理解数据，操作性强。pivot_table 有四个最重要的参数 index、values、columns、aggfunc，此处 index 为 "date" "sku_id" "third"。aggfunc 参数可以设置人们对数据聚合时进行的函数操作，当未设置 aggfunc 时，默认 aggfunc＝"mean" 计算均值。此处使用 "aggfunc＝np.sum" 求和，将此透视表记为 "c"。代码如下所示，以商品编码为 637 为例，查看 "c" 表中促销形式 1、10、4、6 均不为 0 的数据，如表 14-8 所示。

```
a=pd.get_dummies(prom_ok['prom_type'],prefix='prom')
b=pd.concat([prom_ok,a],axis=1)
c=pd.pivot_table(b,index=['date','sku_id','third'],aggfunc=np.sum).reset_
index()
print(c[(c.prom_1!=0)&(c.prom_4!=0)&(c.prom_6!=0)&(c.prom_10!=0)&(c.sku_
id==637)])
```

输出：

```
[427 rows x 7 columns]
```

表 14-8　促销形式 1、10、4、6 均不为 0，且商品编码为 637 的数据

参数	date	sku_id	third	prom_1	prom_10	prom_4	prom_6
5 609	2016−01−13	637	17	1	1	1	1
6 067	2016−01−14	637	17	1	1	1	1
6 529	2016−01−15	637	17	1	1	1	1
6 991	2016−01−16	637	17	1	1	1	1
7 453	2016−01−17	637	17	1	1	1	1
⋮	⋮	⋮	⋮	⋮	⋮	⋮	⋮
465 121	2017−12−26	637	17	1	1	1	1
466 070	2017−12−27	637	17	1	1	1	1
467 025	2017−12−28	637	17	1	1	1	1
467 977	2017−12−29	637	17	1	1	1	1
468 931	2017−12−30	637	17	1	1	1	1

生成包含销量信息和促销信息的新表。将商品销售信息表和 c 透视表按照 "sku_id" 和 "date" 两个属性进行合并，并且舍弃 "third" 这一属性信息，记为 "sales_prom"。生成包含销量信息、促销信息、商品基本信息的新表，代码如下所示。将 "sales_prom" 和商品基本信息表 "info" 按照 "sku_id" 这一属性进行合并，记为 "table3"，如表 14-9 所示，该表中促销类型 "prom_10>=2" 的数据，如表 14-10 所示。

```
sales_prom=pd.merge(sales,c,on=['sku_id','date'],how='left').drop(['third'],
axis=1)
table3=pd.merge(sales_prom,info,on=['sku_id'],how='left')
print(table3[table3.prom_10>=2])
```

输出：

```
[490 rows x 15 columns]
```

表 14-9　table3

参数	sku_id	dc_id	date	quantity	vend	or_price	discount
1 272	683	1	2016-05-28	20.0	1.0	0.021 003	6.389 881
2 353	560	1	2016-05-26	0.0	0.0	NaN	NaN
7 836	617	0	2016-05-30	26.0	1.0	0.031 129	7.971 888
26 152	467	3	2016-05-25	0.0	1.0	NaN	NaN
30 032	707	1	2016-05-14	0.0	1.0	NaN	NaN
⋮	⋮	⋮	⋮	⋮	⋮	⋮	⋮
2 111 950	319	2	2016-05-25	0.0	0.0	NaN	NaN
2 115 330	665	3	2016-05-29	0.0	1.0	NaN	NaN
2 117 471	234	1	2016-05-23	2.0	1.0	0.022 253	8.876 404
2 119 946	371	2	2016-05-25	23.0	1.0	0.004 601	9.157 609
2 120 195	176	3	2016-05-27	1.0	1.0	0.004 988	10.000 000

表 14-10　促销类型"prom_10>=2"的数据

参数	prom_1	prom_10	prom_4	prom_6	first	second	third	brand
1272	1.0	2.0	0.0	1.0	6	25	290	254
2 353	0.0	2.0	0.0	0.0	6	24	128	780
7 836	1.0	2.0	0.0	1.0	6	23	287	992
26 152	1.0	2.0	1.0	1.0	6	23	287	771
30 032	0.0	2.0	0.0	0.0	7	30	167	329
⋮	⋮	⋮	⋮	⋮	⋮	⋮	⋮	⋮
2 111 950	0.0	2.0	0.0	0.0	6	23	287	190
2 115 330	1.0	2.0	0.0	1.0	6	23	287	771
2 117 471	1.0	2.0	1.0	1.0	6	25	290	150
2 119 946	1.0	2.0	0.0	1.0	6	24	125	268
2 120 195	0.0	2.0	0.0	0.0	6	26	293	387

　　接下来按照商品编码 sku_id 分别对属性和属性值重新排序，然后使用 map（）做映射，且生成一个新的属性特征 values_rate，values_rate = attr_values/attr，代码如下所示。map（）会根据提供的函数对指定序列做映射，接受函数和可迭代对象作为输入，并返回一个将该函

数应用到可迭代对象的每个元素的迭代器。lambda 匿名函数的格式：冒号前是参数，可以有多个，用逗号隔开，冒号右边的为表达式。其实 lambda 返回值是一个函数的地址，也就是函数对象。table4 如表 14-11 所示，b. copy 结果如表 14-12 所示，a［'values_rate'］结果如表 14-13 所示。

```
b=attr.groupby(['sku_id'])['attr'].unique().reset_index()
b.loc[:,'attr']=b['attr'].map(lambda x:len(x))
a=b.copy()
b=attr.groupby(['sku_id'])['attr_values'].unique().reset_index()
b.loc[:,'attr_values']=b['attr_values'].map(lambda x:len(x))
a=pd.merge(a,b,how='left',on='sku_id')
a['values_rate']=a['attr_values']/a['attr']
table4=pd.merge(table3,a,how='left',on='sku_id')
print(table4)
```

输出：

```
[2127485 rows x 18 columns]
```

表 14-11　table4

参数	sku_id	dc_id	date	quantity	vend	or_price	discount
0	637	0	2016-10-12	5.0	1.0	0.089 886	7.858 136
1	637	0	2017-09-24	1.0	1.0	0.089 886	8.191 933
2	637	3	2016-07-01	0.0	1.0	NaN	NaN
3	637	3	2016-08-03	2.0	1.0	0.089 886	8.122 392
4	637	3	2017-05-03	4.0	1.0	0.089 886	8.136 300
⋮	⋮	⋮	⋮	⋮	⋮	⋮	⋮
2 127 480	873	0	2016-07-13	0.0	1.0	NaN	NaN
2 127 481	873	0	2016-10-14	0.0	0.0	NaN	NaN
2 127 482	873	0	2017-03-19	0.0	1.0	NaN	NaN
2 127 483	873	0	2017-08-31	0.0	1.0	NaN	NaN
2 127 484	873	0	2017-09-06	1.0	1.0	0.012 377	7.979 798

表 14-12　b. copy 结果

参数	prom_1	prom_10	prom_4	prom_6	first	second	third	brand	attr
0	1.0	1.0	1.0	1.0	1	4	17	177	4
1	1.0	1.0	1.0	1.0	1	4	17	177	4
2	1.0	1.0	0.0	1.0	1	4	17	177	4

参数	prom_1	prom_10	prom_4	prom_6	first	second	third	brand	attr
3	1.0	1.0	1.0	1.0	1	4	17	177	4
4	1.0	1.0	1.0	1.0	1	4	17	177	4
⋮	⋮	⋮	⋮	⋮	⋮	⋮	⋮	⋮	⋮
2 127 480	0.0	0.0	0.0	1.0	7	101	437	145	6
2 127 481	1.0	0.0	0.0	1.0	7	101	437	145	6
2 127 482	1.0	0.0	0.0	0.0	7	101	437	145	6
2 127 483	1.0	1.0	0.0	0.0	7	101	437	145	6
2 127 484	0.0	1.0	0.0	0.0	7	101	437	145	6

表 14-13　a ['values_rate'] 结果

参数	attr_values	values_rate
0	4	1.0
1	4	1.0
2	4	1.0
3	4	1.0
4	4	1.0
⋮	⋮	⋮
2 127 480	6	1.0
2 127 481	6	1.0
2 127 482	6	1.0
2 127 483	6	1.0
2 127 484	6	1.0

a 表前五行数据如表 14-14 所示。

```
print(a.shape)
a_test=a
a.head()
```

输出：

```
(1000,4)
```

表 14-14　a 表前五行数据

参数	sku_id	attr	attr_values	values_rate
0	1	2	6	3.0
1	2	1	1	1.0
2	3	1	1	1.0
3	4	4	2	0.5
4	5	4	4	1.0

```
print(table3.shape)
print(table4.shape)
print(sales.shape)
table4.to_csv(deal_path+'train.csv')
```

输出：

```
(2127485,15)
(2127485,18)
(2127485,7)
```

查看"table4"的前五行数据。

```
table4.head()
```

为了减少计算机运行负担，故缩小数据量。随机抽取 10% 的样本，舍弃重复的"sku_id"，输出抽样前样本的维度，为 1 000 行，1 列。取出其中 70% 的数据作为训练样本集，随机数种子 random_state 为 123，输出抽样后训练样本集的维度，为 300 行，1 列。合并销量前 20 的 sku_id，查看该数据的维度，可以看出有 665 547 行，18 列，并显示该数据的前五行。代码如下：

```
#样本随机抽样10%
from sklearn.model_selection import train_test_split
sku_id_sample=table4[['sku_id']].drop_duplicates()
print('抽样前:',sku_id_sample.shape)
sku_id_sample_train,_=train_test_split(sku_id_sample,test_size=0.7,random_
state=123)
print('抽样后:',sku_id_sample_train.shape)
#合并销量前20的sku_id
table_train_target=pd.merge(sku_id_sample_train,table4,on=['sku_id'],how='in
ner')
#查看数据
print(table_train_target.shape)
table_train_target.head()
```

输出：

```
抽样前:(1000,1)
抽样后:(300,1)
(665547,18)
```

保存数据，pd.Series（[list],index=[list]），参数为 list，index 为可选参数，若不填写则默认为 index 从 0 开始。按照"sku_id""attr""attr_values"对属性信息进行分组，并对"count"求和，得到 6776。代码如下：

```
#保存数据
table_train_target.to_csv(deal_path+'train_sample.csv')
attr['count']=pd.Series(1,index=attr.index)
```

```
bbb=attr.groupby(['sku_id','attr','attr_values'])['count'].sum()
print(bbb)
```

输出：

```
Name:count,Length:6776,dtype:int64
```

表 14-15 "bbb" 数据

sku_id	attr	attr_values	sum
1	1	1 433	1
	1 523	1	
	1 524	1	
	1 525	1	
	1 528	1	
⋮	⋮	⋮	⋮
999	277	4 607	1
	411	4	1
	884	4	1
	885	4	1
1 000	277	675	1

14.4 特征工程

目前构建特征的方法是对一个特征进行切分或者将两个甚至多个特征组合，构造得到新的特征。由于电商企业商品销量是一个变化的过程，因此需要针对这些体现电商企业商品销量变化的属性设计一些衍生指标，以京东商品销量数据为例，本书共设计了下面列举的五项指标。

（1）求和值：近 n 个月属性的求和值，用于表示该属性在期间的整体表现，计算公式为 $X^{(n)} = \sum_{i=1}^{m} x_i^{(n)}$，$n$ 为期间总月份数，m 为第 n 月天数，$x_i^{(n)}$ 为该属性在第 n 月第 i 天的值。如特征 sum_vend，即期间当日结束库存量之和。

（2）平均值：近 n 个月属性的平均值，用于表示该属性在期间的整体表现，计算公式为 $\bar{X} = \dfrac{\sum_{n=1}^{n} X^{(n)}}{n}$，其中 $X^{(n)} = \sum_{i=1}^{m} x_i^{(n)}$，$n$ 为期间总月份数，m 为第 n 月天数，$x_i^{(n)}$ 为该属性在第 n 月第 i 天的值。如特征 mean_or_price，即期间平均当日价格。

（3）比例值：近 n 个月某属性占比，用于表现某属性在期间内的重要程度。如特征 vend_pro，即当日结束库存量占比。

（4）趋势值：销量当月属性与近 n 个月属性平均值的比值，用于表示销量最近一个月在期间内的变化程度，计算公式为 $D=\dfrac{X}{\overline{X}}$，其中 X 为销量最近一个月某属性值，$\overline{X}$ 为期间内计算得到的平均值。如特征 mean_values_rate，即平均属性值与属性值的比值。

（5）多个属性混合：将多个属性结合成一个指标，以挖掘各属性之间的内在联系。如将商品条码 brand_code、三级品类 item_third_cate_id 和当日结束库存量 vendibility 三个属性结合在一起形成三级品类商品当日结束库存量 hist_brand_third_vend 特征。

特征选择主要目的是提高训练模型的学习速度和预测能力，避免计算资源的浪费，防止因数据量过大而造成维数灾难，削弱冗余特征的消极影响，提高预测精度，保障电商企业商品销量预测的准确性。京东商品销量数据经过特征工程后最终得到衍生特征共计 1 334 个，代码如下：

```
#将训练数据 train 和分位点数据按照商品编号 sku_id 进行合并，输出该数据的前五行。变成代码
注释
import numpy as np
import pandas as pd
# 文件路径
file_ path='../data/raw_ data/'
deal_ path='../data/deal_ data/'
train=pd. read_ csv (deal_ path+'train_ sample. csv')
train. drop (train. columns [[0]], axis=1, inplace=True)
a=train. copy ()
a ['prom_ times'] =a ['prom_ 1'] +a ['prom_ 4'] +a ['prom_ 6'] +a ['prom_ 10']
a=a. fillna ({'prom_ times': 0})
a ['prom_ ok'] =a. prom_ times. map (lambda x: 1 if x>=1 else 0)
a ['prom_ type'] =a ['prom_ 1'] * 1000+a ['prom_ 4'] * 100+a ['prom_ 6'] * 10+a ['
prom_ 10'] * 1
a=a. fillna (value= {'prom_ type': 0})
train=a. copy ()
quantile=pd. read_ csv (file_ path+'sku_ quantile. csv')
quantile. columns= ['sku_ id', 'quantile']
tt=pd. merge (train, quantile, on= ['sku_ id'], how='left')
tt. head ()
```

将输出 5 行、22 列数据。

```
def cacquantile(a,qi,i):
    qi=np. array(qi)[0]
    aa={}
    for k in a:
        if k in aa. keys():
            aa[k]=aa[k]+1
        else:
```

```
                aa[k]=1

        lena=len(a)
        gradL=-qi* lena
        ans=0
        if lena==1:
            ans=a[0]
        if lena==2:
            ans=max((qi* a[0]+(1-qi)* a[1]),(qi* a[1]+(1-qi)* a[0]))
        if lena>=3:
            uu=list(set(a))
            uu=sorted(uu)
            index=0
            for k in uu:
                y1=gradL
                gradL+=aa[k]
                if gradL>0:
                    if index==lena:#处理一下边界条件,最后才反转
                        x1=uu[index-1]
                        x2=uu[index]
                    else:
                        x1=(k+uu[index-1])/2
                        x2=(k+uu[index+1])/2
                    y2=gradL
                    ans=-y1* (x1-x2)/(y1-y2)+x1#与 x 轴交点
                    break
                index+=1
    return ans

def getset(idset,retset,n,i=0,keyset=[]):
    if len(keyset)==n:
        kk=list(keyset
        retset. append(kk)
        return
    for k in range(i,len(idset)):
        key=idset[k]
        if key not in keyset:
            keyset. append(key)
            getset(idset,retset,n,k,keyset)
            keyset. remove(key)#与上面对应

def get_setid(idset,flag=0):
    retset=[]
```

```
chooseone=['first','second','third','sku_id']
oneset=[]
idset=list(idset)
for i in chooseone:
    if i in idset:
        idset.remove(i)
        oneset.append(i)
for i in range(1,len(idset)+1):
    qq=[]
    getset(idset,qq,i)
    retset.extend(qq)
rretset=list(retset)
for k in retset:
    for i in oneset:
        u=list(k)
        u.append(i)
        rretset.append(u)
        rretset.append([i])
#去重
reset=[]
for i in rretset:
    if i not in reset:
        reset.append(i)
if flag! =0:
    #去掉过于复杂特征
    return reset
    types={'sku_id':1000,
        'dc_id':6,
        'first':3,
        'second':19,
        'third':96,
        'brand':378,
        'date':31,
        'prom_type':23
        }
    ans=[]
    for i in reset:
        times=1
        for key in i:
            times* =types[key]
        if times<=10000:
            ans.append(i)
    return ans
```

```
        else:
            return reset

def getonefeature(key,idset,va,f,data,mark):
    a=pd.DataFrame()
    name=mark
    for i in key:
        a.loc[:,i]=data[i]
        name+='_'+idset[i]
    name+='_'+va
    a.loc[:,name]=data[va]
    a=pd.pivot_table(a,index=key,aggfunc=f)
    a=a.reset_index()
    #print name
return a

def getfeature(idset,values,data,target,mark=''):
    setid=get_setid(idset.keys())
    retdf=target.copy()
    GGG=['prom_1','prom_4','prom_6','prom_10','prom_ok','prom_times']
    for key in setid:
        for va in values.keys():
            if('prom_type'not in key)or(('prom_type'in key)&(va not in GGG)):
                name=mark
                for i in key:
                    name+='_'+idset[i]
                name+='_'+va
                if name not in retdf:
                    a=getonefeature(key,idset,va,values[va],data,mark)
                    if len(setid)==1:
                        oninf=key[0]
                    else:
                        oninf=key
                    retdf=pd.merge(retdf,a,how='left',on=oninf)
    return retdf

def changetime(time):
    year,month,day=time.split('-')
    year=str(int(year)-1)
    time=year+'-'+month+'-'+day
    #print time
return time
    def cacquantile(data):
```

```
        a=np.array(data['quantity'])
        q=np.array(data['quantile'])
        aa={}
        for k in a:
            if k in aa.keys():
                aa[k]=aa[k]+1
            else:
                aa[k]=1
        lena=len(a)
        gradL=0
        for qi in q:
            gradL-=qi
        ans=0
        uu=list(set(a))
        uu=sorted(uu)
        if len(uu)==1:
            ans=uu[0]
        if len(uu)>=2:
            for index in range(len(uu)):
                y1=gradL
                gradL+=aa[uu[index]]
                if gradL>0:
                    if index==len(uu)-1:#处理一下边界条件:最后才反转的
                        x1=uu[index-1]
                        x2=uu[index]
                    else:
                        x1=(uu[index]+uu[index-1])/2
                        x2=(uu[index]+uu[index+1])/2
                    y2=gradL
                    ans=-y1*(x1-x2)/(y1-y2)+x1#与 x 轴交点
                    break
return ans

def ccqi(keyset,data,mark):#计算 qi 分位点
    name=mark
    dddict={'sku_id':'sku',
    'dc_id':'dc',
    'first':'first',
        'second':'second',
        'third':'third',
        'brand':'brand',
        'prom_type':'promt'
    }
```

```
        a=pd.DataFrame()
        for i in keyset:
            name+='_'+dddict[i]
            a[i]=data[i]
        a[name]=data['quantity']+data['quantile']
        a=a.groupby(keyset)[name].unique().reset_index()
        def transform(x):
            a=pd.DataFrame(x,columns=['qi_qu'])
            a['quantity']=a['qi_qu'].map(lambda x:int(x))
            a['quantile']=a['qi_qu']-a['quantity']
            #print a
            return cacquantile(a)
        #print a
        a.loc[:,name]=a[name].map(transform)
    return a

def cacqiquan(idset,data,target,mark,quantile):
    setid=get_setid(idset.keys(),1)
    for keyset in setid:
        name=mark
        dddict={'sku_id':'sku',
          'dc_id':'dc',
          'first':'first',
            'second':'second',
            'third':'third',
            'brand':'brand',
              'prom_type':'promt'
          }
        for i in keyset:
            name+='_'+dddict[i]
        if name not in target:
            a=ccqi(keyset,data,mark)
            if len(a)==0:
                print(a)
            if len(a)>0:
                target=pd.merge(target,a,how='left',on=keyset)
        print(name,':done')
    print("qi_dine!")
    return target

def do_it(full,begin,finish,flag=0,testhist=0):
    if flag==0:#验证集
        train=full[(full.date>=begin)&(full.date<=finish)]
```

```
extend=full[(full.date>=changetime(begin))&(full.date<begin)]
train=train.reset_index()
train.drop(['index'],axis=1,inplace=True)
extend=extend.reset_index()
extend.drop(['index'],axis=1,inplace=True)
if begin=='2017-01-01':
    begin='2016-12-01'
    finish='2016-12-31'
if begin=='2017-12-01':
    begin='2017-10-01'
    finish='2017-10-31'
#print begin,finish
extend_last_month=full[(full.date>=begin)&(full.date<=finish)]
extend_last_month=extend_last_month.reset_index()
extend_last_month.drop(['index'],axis=1,inplace=True)
#去除测试集没有的属性
train.drop(['vend','or_price','discount'],axis=1,inplace=True)
#清除 sum_quantity=0 的数据
dd=train
a=pd.DataFrame()
a['sku_id']=dd.sku_id
a['y']=dd.quantity
a['dc_id']=dd.dc_id
g=a.groupby(['sku_id','dc_id'])['y'].sum().reset_index()
del a['y']
a=pd.merge(a,g,how='left',on=['sku_id','dc_id'])
train.drop(a[a.y==0].index,inplace=True)
train=train.reset_index()
train.drop(['index'],axis=1,inplace=True)
#构造关于分位点参数便于自定义损失函数
z=train
info=pd.DataFrame()
info['sku_id']=z.sku_id
info['quantity']=z.quantity
info['dc_id']=z.dc_id
q=info.groupby(['sku_id','dc_id'])['quantity'].sum().reset_index()
q.rename(columns={'quantity':'sum_quantity'},inplace=True)
info=pd.merge(info,q,how='left',on=['sku_id','dc_id'])
info['date']=z.date
info['quantile']=z['quantile']
#print info
info['k1']=info['quantile']/info.sum_quantity
info['k2']=(1-info['quantile'])/info.sum_quantity
```

```
else:
    extend=testhist[(testhist.date>=begin)&(testhist.date<=finish)]
    extend=extend.reset_index()
    extend.drop(['index'],axis=1,inplace=True)
    if begin=='2017-01-01':
        begin='2017-12-01'
        finish='2017-12-31'
    extend_last_month=testhist[(testhist.date>=begin)&(testhist.date<=finish)]
    extend_last_month=extend_last_month.reset_index()
    extend_last_month.drop(['index'],axis=1,inplace=True)
    train=full
print('train:',train.shape)
print('extend:',extend.shape)
print('extend_last_month:',extend_last_month.shape)
if flag==0:
    print('info:',info.shape)
idset={'sku_id':'sku',
 'dc_id':'dc',
 'first':'first',
   'second':'second',
   'third':'third',
   'brand':'brand',
     'prom_type':'promt'
}
ans1=cacqiquan(idset,extend,train,'qi',quantile)
ans=cacqiquan(idset,extend_last_month,ans1,'qi_lastmonth',quantile)
idset={'sku_id':'sku',
 'dc_id':'dc',
 'first':'first',
   'second':'second',
   'third':'third',
   'brand':'brand',
   'prom_type':'promt'
}
#求均值、求和
values={'quantity':np.mean,
        'vend':np.sum,
        'or_price':np.mean,
        'discount':np.mean,
        'prom_1':np.sum,
        'prom_4':np.sum,
        'prom_6':np.sum,
        'prom_10':np.sum,
```

```
                'prom_times':np.mean,
                'prom_ok':np.sum,
                'attr':np.mean,
                'attr_values':np.mean,
                'values_rate':np.mean}
train_hist=getfeature(idset,values,extend,ans,'hist')
idset={'sku_id':'sku',
    'dc_id':'dc',
    'first':'first',
        'second':'second',
        'third':'third',
        'brand':'brand',
        'date':'date',
        'prom_type':'promt'
    }
#求均值、求和
values={
            'prom_1':np.sum,
            'prom_4':np.sum,
            'prom_6':np.sum,
            'prom_10':np.sum,
            'prom_times':np.mean,
            'prom_ok':np.sum,
            'attr':np.mean,
            'attr_values':np.mean,
            'values_rate':np.mean}
train=getfeature(idset,values,train,train_hist,'now')
idset={'sku_id':'sku',
 'dc_id':'dc',
 'first':'first',
    'second':'second',
    'third':'third',
    'brand':'brand',
        'prom_type':'promt'
}
#求均值、求和
values={'quantity':np.mean,
        'vend':np.sum,
        'or_price':np.mean,
        'discount':np.mean,
        'prom_1':np.sum,
        'prom_4':np.sum,
        'prom_6':np.sum,
```

```
            'prom_10':np.sum,
            'prom_times':np.mean,
            'prom_ok':np.sum,
             'attr':np.mean,
          'attr_values':np.mean,
          'values_rate':np.mean}
    ttrain=getfeature(idset,values,extend_last_month,train,'lastmonth')
    print('train_extend:',ttrain.shape)
    print('\n\n')
    if flag==0:
        return ttrain,info
    else:
        return ttrain
train201701,info201701=do_it(tt,'2017-01-01','2017-01-31')
```

保存 2017 年 1 月份和 2017 年 12 月份的数据, 代码如下:

```
# 保存数据
train201701.to_csv(deal_path+'train201701.csv',index=False)
del train201701
train201712,info201712=do_it(tt,'2017-12-01','2017-12-31')
```

将 2017 年 1 月份的数据定义为 train1, 将 2017 年 12 月份的数据定义为 train2, 并分别输出 train1 和 train2 数据集的大小信息, 代码如下:

```
# 保存数据
train201712.to_csv(deal_path+'train201712.csv',index=False)
del train201712
import pandas as pd
import numpy as np
train201701=pd.read_csv(deal_path+'train201701.csv')
train201712=pd.read_csv(deal_path+'train201712.csv')
train1=train201701
train2=train201712
print(train1.shape)
print(train2.shape)
```

输出:

```
(11746,1342)
(17754,1342)
(18600,1341)
(11746,8)
(17754,8)
```

舍弃 train1 和 train2 数据集中 "sku_id" "dc_id" "date" "first" "second" "third" "brand""quantity"这些属性的数据，并分别输出两个数据集的大小信息，代码如下：

```
train1 = train1.drop (['sku_id','dc_id','date','first','second','third','
brand','quantile'],axis=1)
train2 = train2.drop (['sku_id','dc_id','date','first','second','third','
brand','quantity'],axis=1)
print(train1.shape)
print(train2.shape)
```

输出：

```
(11746,1334)
(17754,1334)
(18600,1333)
(11746,8)
(17754,8)
```

分别保存数据集 train1 和 train2，查看数据 train1 的大小，可以看出有 11 746 行、1 334 列，并输出前五行数据，代码如下：

```
train1.to_csv(deal_path+'train1.csv',index=False)
train2.to_csv(deal_path+'train2.csv',index=False)
print(train1.shape)
train1.head()
```

输出：

```
(11746,1334)
```

查看数据 train2 的大小，可以看出有 17 754 行、1 334 列，并输出前五行数据，代码如下：

```
print(train2.shape)
train2.head()
```

输出：

```
(17754,1334)
```

14.5　模型构建

采用平均绝对误差（MAE）和均方误差（MSE）指标评价算法预测性能。MAE 是回归任务中基础的评估方法，表示真实值和预测值的绝对误差，MSE 表示绝对误差与真实值误差的平方，可用来比较不同预测模型的准确性。计算公式如下：

$$\mathrm{MAE}(y,\hat{y}) = \frac{1}{n_{\mathrm{sample}}} \sum_{i=0}^{n_{\mathrm{sample}}-1} |y_i - \hat{y}_i| \tag{14-1}$$

$$\mathrm{MSE}(y,\hat{y}) = \frac{1}{n_{\mathrm{sample}}} \sum_{i=0}^{n_{\mathrm{sample}}-1} (y_i - \hat{y}_i)^2 \qquad (14-2)$$

其中，y 是真实的数据，$\hat{y}$ 是预测的数据，n_{sample} 是测试数据集的大小。

本节将建立深度森林模型（DF）、加权深度森林模型（WDF）、深度神经网络模型（DNN）、XGBoost 模型（XGB）和随机森林模型（RF）预测商品销量，以平均绝对误差（MAE）和均方误差（MSE）为评价指标对比验证模型预测的准确性。

14.5.1 随机森林模型

随机森林（RF）算法是由 Breiman 和 Bagging 算法结合集成学习思想提出的一种有监督学习算法，它运用 Bootstrap 重复抽样技术得到多种决策树组合，最终将多种决策树组合的预测结果归总后作为整体输出。

1. 导入相关库

```
import re
import os
# 忽略警告
import warnings
warnings.filterwarnings('ignore')
from sklearn.ensemble import RandomForestRegressor
from sklearn.model_selection import GridSearchCV
from sklearn import ensemble
from sklearn.metrics import make_scorer
import matplotlib.pyplot as plt
from sklearn.metrics import mean_squared_error
from sklearn.metrics import mean_absolute_error
```

2. 导入数据

```
# 文件路径
file_path='../../data/raw_data/'#根据实际情况更改文件路径
deal_path='../../data/deal_data/'#根据实际情况更改文件路径
# 读取数据
train1=pd.read_csv(deal_path+'train1.csv')
train2=pd.read_csv(deal_path+'train2.csv')
```

3. 删除缺失值

```
# 删除缺失值
print(train1.shape)
train1.dropna(inplace=True)
print(train1.shape)
```

4. 查看数据集维度

```
print(train2.shape)
```

```
train2.dropna(inplace=True)
print(train2.shape)
```

5. 设置预测变量 quantity 和影响销量预测的因素

```
train_X=train1.drop(['quantity'],axis=1)
train_Y=train1['quantity']
test_X=train2.drop(['quantity'],axis=1)
test_Y=train2['quantity']
```

6. 定义损失函数

```
# 自定义评价函数
def my_custom_metric_func(y_true,y_pred):
```

7. 设置评价指标：平均绝对误差 MAE 和均方误差 MSE

```
def get_metric(true_df,pred_df):
    """
    度量指标
    """
    mae=mean_absolute_error(true_df,pred_df)
    mse=mean_squared_error(true_df,pred_df)
    return mae,mse
```

8. 参数设置

最大特征个数 max_features 表示随机森林中每个决策树的随机选择的特征数目；n_estimators 表示森林里树的个数。max_depth 表示树的最大深度，min_samples_split 指定了分裂一个内部结点需要的最小样本数。首先对外层的 bagging 框架进行参数择优，然后对内层的决策树模型进行参数择优。在优化某一参数时，需要把其他参数设置为常数。经过调试得到最优参数组合，如下所示。将参数导入模型进行训练，得到预测结果，参数调试过程可参考12.4.3 节。

（1）随机森林中每个决策树的随机选择的特征数目 max_features：1。

（2）森林里树的个数 n_estimators：480。

（3）树的最大深度 max_depth：3。

（4）批处理大小 batch_size：256。

（5）分裂一个内部结点需要的最小样本数 min_samples_split：0.2。

```
RFclf=RandomForestRegressor(n_estimators=480,max_depth=3,max_features=1,min_
samples_split=0.2)
RFclf.fit(train_X,train_Y)
```

9. 输出预测结果、平均绝对误差和均方误差

```
# 评测指标
mae,mse,mape=get_metric(test_Y,predit_test_Y)
print('mae:',mae,'mse:',mse)
```

输出：

```
mae:34.034347839710854
mse:5483.99044661289
```

RF 模型最终预测的平均绝对误差为 34.034，均方误差为 5 483.99。由于随机森林中会出现许多相似的决策树来掩盖真实结果，因此在预测商品销量时表现较差。

14.5.2　XGBoost 模型

XGBoost（XGB）是由 Chen 等提出的一种基于回归树的提升算法，是对 GBDT 算法的进一步优化。XGBoost 算法可以自动进行多线程并行计算，而且将损失函数在 $t=0$ 处泰勒二阶展开以提高预测准确率，在损失函数后添加正则化项降低模型的复杂度以避免过拟合问题，这使得 XGBoost 算法相比 GBDT 算法，不仅能降低过拟合程度，还可以减少计算量，使得求解模型最优解更具有效率。

1. 导入相关库

```
import numpy as np
import pandas as pd
import xgboost as xgb
from sklearn.metrics import make_scorer
from sklearn.model_selection import GridSearchCV
from sklearn.metrics import mean_squared_error
from sklearn.metrics import mean_absolute_error
```

2. 导入数据

```
# 文件路径
file_path='../../data/raw_data/'#根据实际情况更改文件路径
deal_path='../../data/deal_data/'#根据实际情况更改文件路径
# 读取数据
train1=pd.read_csv(deal_path+'train1.csv')
train2=pd.read_csv(deal_path+'train2.csv')
```

3. 设置预测变量 quantity 和影响销量预测的因素

```
train_X=train1.drop(['quantity'],axis=1)
train_Y=train1['quantity']
test_X=train2.drop(['quantity'],axis=1)
test_Y=train2['quantity']
```

4. 定义损失函数

```
# 自定义评价函数
def my_custom_metric_func(y_true,y_pred):
    return np.mean(np.abs((y_pred-y_true)^2))
```

5. 设置评价指标——平均绝对误差 MAE 和均方误差 MSE

```python
def get_metric(true_df,pred_df):
    """
    度量指标
    """
    mae=mean_absolute_error(true_df,pred_df)
    mse=mean_squared_error(true_df,pred_df)
    return mae,mse
```

6. 定义评价函数

```python
def get_evafunc(info1,info2):
    def evafunc(pred,dmat):
        if pred.shape[0]==info1.shape[0]:
            info=info1
        if pred.shape[0]==info2.shape[0]:
            info=info2
        op=info
        n=pred.shape[0]
        label=np.array(op['quantity'])
        i=np.array(op['sku_id'])
        j=np.array(op['dc_id'])
        qi=np.array(op['quantile'])
        k1=np.array(op['k1'])
        k2=np.array(op['k2'])
        L=np.zeros((101,6))
        N=np.zeros((101,6))
        for ind in range(n):
            if label[ind]>pred[ind]:
                L[i[ind]][j[ind]]+=k1[ind]*(label[ind]-pred[ind])
                N[i[ind]][j[ind]]+=1
            else:
                L[i[ind]][j[ind]]+=k2[ind]*(pred[ind]-label[ind])
                N[i[ind]][j[ind]]+=1
        ans=0
        for i in range(101):
            for j in range(6):
                if N[i][j]!=0:
                    ans+=L[i][j]/N[i][j]
        myeval=ans
        return myeval
    return evafunc
```

7. 定义损失函数

```
# 自定义损失函数
def get_loss(info1,info2):
    def lossfunc(pred,dmat):
        if pred.shape[0]==info1.shape[0]:
            info=info1
        if pred.shape[0]==info2.shape[0]:
            info=info2
        n=pred.shape[0]
        delta=pred-np.array(info['quantity'])
        k1=np.array(info.k1)
        k2=np.array(info.k2)
        import math
        qiudao1=np.zeros(n)
        qiudao2=np.zeros(n)
        for i in range(n):
            e_delta=math.exp(delta[i])
            qiudao1[i]=(-k1[i]-k2[i])/(1+e_delta)+k2[i]
            qiudao2[i]=(k1[i]+k2[i])/((1+e_delta)**2)*e_delta
        grad=qiudao1 #梯度
        hess=qiudao2
        return grad,hess
    return lossfunc
```

8. 调试参数

对 XGB 的参数进行调试,参数调试过程可参考 12.4.3 节。

(1) XGBoost 模型优化树的个数 n_estimators 初始设置为 {400,500,600,700,800,1000,1200,1400,1600,1800,2000}。

(2) 叶结点最小权重 min_child_weight 初始设置为 {1,2,3,4,5,6}。

(3) 树的最大深度 max_depth 初始设置为 {3,4,5,6,7,8,9,10}。

(4) 增加分支时减少的最小损失 gamma 初始设置为 {0.1,0.2,0.3,0.4,0.5}。

(5) L1 正则化权重 reg_alpha 初始设置为 {0.05,0.1,1,2,3}。

(6) L2 正则化权重 reg_lambda 初始设置为 {0.05,0.1,1,2,3}。

(7) 学习率 learning_rate 一般调小学习率来测试,初始设置为 {0.001,0.005,0.01,0.05,0.1}。

(8) subsample 参数控制对于每棵树随机采样的比例。减小这个参数的值,算法会更加保守,避免过拟合。但是,如果这个值设置过小,它可能会导致欠拟合,一般取 0.5~1。

(9) colsample_bytree 用来控制每棵随机采样的列数的占比(每一列是一个特征),一般取 0.5~1。

首先对参数先进行粗调然后再细调,最后获得 XGBoost 模型最优参数组合:学习率为 0.001,优化树的个数为 460,树的最大深度为 4,叶结点最小权重为 1,随机数的种子 seed 为 0,subsample 为 0.6,colsample_bytree 为 0.6,增加分支时减少的最小损失为 0.3,L1 正则化权重为 2，L2 正则化权重为 2。

```
# XGBoost 训练过程,下面的参数就是刚才调试出来的最佳参数组合
model=xgb.XGBRegressor(learning_rate=0.001,n_estimators=460,max_depth=4,min_
child_weight=1,seed=0,subsample=0.6,colsample_bytree=0.6,gamma=0.3,reg_alpha
=2,reg_lambda=2)
model.fit(train_X,train_Y)
```

9. 输出预测结果

输出预测结果、平均绝对误差和均方误差。

```
# 对测试集进行预测
predit_test_Y=model.predict(test_X)
mae,mse=get_metric(test_Y,predit_test_Y)
print('mae:',mae,'mse:',mse)
```

输出：

```
mae:26.33932343590323
mse:4567.8574899633332
```

XGB 模型最终预测的平均绝对误差为 26.339，均方误差为 4 567.857。通过平均绝对误差和均方误差可以发现，XGBoost 模型依然表现出较大的劣势，这体现了对于此类非线性高维度商品销量数据来说，传统机器学习模型预测能力已经受到限制。这是由于 XGBoost 模型需要利用预排序和近似算法降低寻找最佳分裂点的计算量，但在结点分裂过程中仍需要遍历数据集，预排序过程的空间复杂度过高，不仅需要存储特征值，还需要存储特征对应样本的梯度统计值的索引，相当于消耗了两倍的内存。

14.5.3　深度神经网络模型

深度神经网络（DNN）是深度学习的基础，含有很多隐藏层的神经网络，对多个受限玻尔兹曼机（restricted Boltzmann machine，RBM）逐层叠加。深度神经网络内部的神经网络层可以分为三类、输入层、隐藏层和输出层。

1. 导入相关包及数据处理

```
import numpy as np
import pandas as pd
import matplotlib.pyplot as plt
import seaborn as sns
from scipy import stats
from scipy.stats import (skew,kurtosis)
from scipy.special import boxcox1p
from sklearn import preprocessing as prep
from sklearn.preprocessing import LabelEncoder
from sklearn.model_selection import train_test_split
import tensorflow.compat.v1 as tf
tf.disable_v2_behavior()
from sklearn.metrics import mean_squared_error
```

```
from sklearn.metrics import mean_absolute_error
import warnings
warnings.filterwarnings('ignore')
% matplotlib inline
# 文件路径
file_path='../../data/raw_data/'
deal_path='../../data/deal_data/'
# 读取数据
train1=pd.read_csv(deal_path+'train1.csv')
train2=pd.read_csv(deal_path+'train2.csv')
# 删除缺失值
print(train1.shape)
train1.dropna(inplace=True)
print(train1.shape)
```

输出：

```
(11746,1334)
(8070,1334)
```

```
print(train2.shape)
train2.dropna(inplace=True)
print(train2.shape)
```

输出：

```
(17754,1334)
(10004,1334)
```

```
train_X=train1.drop(['quantity'],axis=1)
train_Y=train1['quantity']
test_X=train2.drop(['quantity'],axis=1)
test_Y=train2['quantity']
```

2. 归一化

```
# 归一化
train_Y=train_Y.values
test_Y=test_Y.values
# 转置
train_Y=train_Y.reshape(train_Y.shape[0],1)
test_Y=test_Y.reshape(test_Y.shape[0],1)
scaler=prep.MinMaxScaler()
train_X=train_X.values.astype(float)
train_X=scaler.fit_transform(train_X)
test_X=test_X.values.astype(float)
test_X=scaler.fit_transform(test_X)
```

3. 自定义评价函数 MSE，评价指标 MAE、MSE

```python
# 自定义评价函数
def my_custom_metric_func(y_true,y_pred):
    return np.mean(np.abs((y_pred-y_true)^2))
def get_metric(true_df,pred_df):
    """
    度量指标
    """
    mae=mean_absolute_error(true_df,pred_df)
    mse=mean_squared_error(true_df,pred_df)
    return mae,mse
def minibatch(num,data,labels):
    idx=np.arange(0 ,len(data))
    np.random.shuffle(idx)
    idx=idx[:num]
    data_shuffle=[data[i] for i in idx]
    labels_shuffle=[labels[i] for i in idx]
    return np.asarray(data_shuffle),np.asarray(labels_shuffle)
train_mse =[]
validation_mse =[]
stp =[]
```

4. 模型训练

DNN 模型含有三个隐藏层：第一个隐藏层神经元个数为 256，第二个隐藏层神经元个数为 128，第三个隐藏层神经元个数为 64，输出神经元个数为 1。

```python
# 模型训练
def tf_model(train_set,test_set,target,actuals=None,validation=False,
            learning_rate=0.001,training_epochs=12000,
            display_step=100,batch_size=256):
    num_inputs=train_set.shape[1]
    n_hidden_1=256
    n_hidden_2=128
    n_hidden_3=64
    num_output=1
    X=tf.placeholder(tf.float32,shape=(None,num_inputs))
    Y=tf.placeholder(tf.float32,shape=(None,1))
    n_samples=train_set.shape[0]
    weights={
        'h1':tf.Variable(tf.random_normal([num_inputs,n_hidden_1])),
        'h2':tf.Variable(tf.random_normal([n_hidden_1,n_hidden_2])),
        'h3':tf.Variable(tf.random_normal([n_hidden_2,n_hidden_3])),
        'out ':tf.Variable(tf.random_normal([n_hidden_3,num_output]))
    }
```

```
    biases={
        'b1':tf.Variable(tf.random_normal([n_hidden_1])),
        'b2':tf.Variable(tf.random_normal([n_hidden_2])),
        'b3':tf.Variable(tf.random_normal([n_hidden_3])),
        'out':tf.Variable(tf.random_normal([num_output]))
    }
    def DNN(x):
        # 第一层
        layer_1=tf.add(tf.matmul(x,weights['h1']),biases['b1'])
        layer_1=tf.nn.relu(layer_1)
        # 第二层
        layer_2=tf.add(tf.matmul(layer_1,weights['h2']),biases['b2'])
        layer_2=tf.nn.relu(layer_2)
        # 第三层
        layer_3=tf.add(tf.matmul(layer_2,weights['h3']),biases['b3'])
        layer_3=tf.nn.relu(layer_3)
        # 输出层
        out_layer=tf.matmul(layer_3,weights['out']) + biases['out']
        return out_layer
    logits=DNN(X)
    pred=tf.nn.relu(logits)
# loss_op=tf.nn.l2_loss(pred-Y)
    loss_op=tf.reduce_sum(tf.pow(tf.log1p(pred)-tf.log1p(Y),2))
    mse=tf.reduce_sum(tf.pow(tf.log1p(pred)-tf.log1p(Y),2))
    optimizer=tf.train.AdamOptimizer(learning_rate=learning_rate).minimize(mse)
    init=tf.global_variables_initializer()
    with tf.Session() as sess:
        sess.run(init)
        for step in range(1,training_epochs+1):
#print(train_set.shape,target.shape)
            batch_x,batch_y=minibatch(batch_size,train_set,target)
            b_x,b_y=minibatch(batch_size,test_set,actuals)
#print(batch_x.shape,batch_y.shape)
            sess.run(optimizer,feed_dict={X:batch_x,Y:batch_y})
            if step % display_step==0 or step==1:
                stp.append(step)
                tr_mse=sess.run(mse,feed_dict={X:batch_x,Y:batch_y})
                train_mse.append(tr_mse)
                vl_mse=sess.run(mse,feed_dict={X:b_x,Y:b_y})
                validation_mse.append(vl_mse)
                print("Step"+str(step)+",Minibatch MSE="+\
                    "{:.5f}".format(tr_mse)
                    +",Minibatch Loss="+\
```

```
                    "{:.5f}".format(sess.run(loss_op,feed_dict={X:batch_x,Y:batch_y})))
        print("Optimization Finished!")
        print("Training Error=",sess.run(mse,feed_dict={X:train_set,Y:target}))
        if validation==True:
            print("Testing error=",sess.run(mse,feed_dict={X:test_set,Y:actuals}))
        return train_mse,validation_mse,stp
```

5. 模型预测

```
# 模型预测
def tf_model2(train_set,test_set,target,learning_rate=0.001,training_epochs=
12000,batch_size=256):
    display_step=100
    num_inputs=train_set.shape[1]
    n_hidden_1=256
    n_hidden_2=128
    n_hidden_3=64
    num_output=1
    X=tf.placeholder(tf.float32,shape=(None,num_inputs))
    Y=tf.placeholder(tf.float32,shape=(None,1))
    n_samples=train_set.shape[0]
    weights={
        'h1':tf.Variable(tf.random_normal([num_inputs,n_hidden_1])),
        'h2':tf.Variable(tf.random_normal([n_hidden_1,n_hidden_2])),
        'h3':tf.Variable(tf.random_normal([n_hidden_2,n_hidden_3])),
        'out':tf.Variable(tf.random_normal([n_hidden_3,num_output]))
    }
    biases={
        'b1':tf.Variable(tf.random_normal([n_hidden_1])),
        'b2':tf.Variable(tf.random_normal([n_hidden_2])),
        'b3':tf.Variable(tf.random_normal([n_hidden_3])),
        'out':tf.Variable(tf.random_normal([num_output]))
    }
    def DNN(x):
        # 第一层
        layer_1=tf.add(tf.matmul(x,weights['h1']),biases['b1'])
        layer_1=tf.nn.relu(layer_1)
        # 第二层
        layer_2=tf.add(tf.matmul(layer_1,weights['h2']),biases['b2'])
        layer_2=tf.nn.relu(layer_2)
        # 第三层
        layer_3=tf.add(tf.matmul(layer_2,weights['h3']),biases['b3'])
        layer_3=tf.nn.relu(layer_3)
        # 输出层
```

```
        out_layer=tf.matmul(layer_3,weights['out']) + biases['out']
        return out_layer
    logits=DNN(X)
    pred=tf.nn.relu(logits)
    loss_op=tf.reduce_sum(tf.pow(tf.log1p(pred)-tf.log1p(Y),2))
    mse=tf.reduce_sum(tf.pow(tf.log1p(pred)-tf.log1p(Y),2))
    optimizer=tf.train.AdamOptimizer(learning_rate=learning_rate).minimize(mse)
    init=tf.global_variables_initializer()
    with tf.Session() as sess:
        sess.run(init)
        for step in range(1,training_epochs+1):
            batch_x,batch_y=minibatch(batch_size,train_set,target)
            sess.run(optimizer,feed_dict={X:batch_x,Y:batch_y})
        predictions=sess.run(pred,feed_dict={X:test_set})
        return predictions
# 画曲线图
def train_plot(stp,train_mse,validation_mse):
    fig=plt.subplots(figsize=(10,5))
    plt.plot(stp,train_mse,'-v',label='Train loss')
    plt.plot(stp,validation_mse,'-o',label='Test loss')
    plt.xticks(stp,rotation='vertical')
    plt.legend(fontsize=15)
    plt.title('Learning curve',y=1.05,fontsize=16)
    plt.ylabel('MSE',fontsize=16)
    plt.xlabel('Epoch Number',fontsize=16)
    plt.show()
```

6. 参数设置

① 激活函数：relu。

② 隐藏层层数为3层，神经元个数分别为：256，128，64。

③ learning_rate：0.001。

④ batch_size：256。

⑤ 迭代次数 training_epochs：12 000。

⑥ 每多少步记录一次 display_step：100。

```
# 参数
learning_rate=0.001
training_epochs=12000
display_step=100
batch_size=256
# 模型训练
pred1=tf_model(train_X,test_X,train_Y,test_Y,validation=True,
            learning_rate=learning_rate,training_epochs=training_epochs,
display_step=display_step,batch_size=batch_size)
```

输出：

```
Training Error=16512.246
Testing error=8168.425
```

7．模型输出

输出预测结果、平均绝对误差、均方误差。

```
# 模型预测
predictions=tf_model2(train_X,test_X,train_Y,learning_rate=learning_rate,
                    training_epochs=training_epochs,batch_size=batch_size)
# 评测指标
reg_mae,reg_mse=get_metric(test_Y,predictions)
print('reg_mae:',reg_mae,'reg_mse:',reg_mse)
```

输出：

```
reg_mae:18.86815273890444
reg_mse:6112.893342662935
```

DNN 模型最终预测的平均绝对误差为 18.868，均方误差为 6 112.893。由于深度神经网络需要大量的训练数据，拥有较多的超参数数量且依赖于调整超参数，因此深度神经网络的预测效果仍显不足，这体现了传统深度学习算法在电商企业商品销量预测领域的劣势。

14.5.4　深度森林模型

深度森林是基于树的学习模型，深度森林模型不需要调整参数，参数设定具有较强的鲁棒性，能够进行并行化计算，模型训练速度快且准确率高。

1．导入相关包

```
# 导入库
import numpy as np
from gcForest import *
from time import time
import pandas as pd
from sklearn.metrics import make_scorer
```

2．导入数据

```
# 文件路径
file_path='../../data/raw_data/'#根据实际情况更改文件路径
deal_path='../../data/deal_data/'#根据实际情况更改文件路径
# 读取数据
train1=pd.read_csv(deal_path+'train1.csv')
train2=pd.read_csv(deal_path+'train2.csv')
```

3．数据处理

```
# 删除缺失值
train1.dropna(inplace=True)
```

```
train2.dropna(inplace=True)
# 数据标签
train_X=train1.drop(['buy_mount'],axis=1).values
train_Y=train1['buy_mount'].values
test_X=train2.drop(['buy_mount'],axis=1).values
test_Y=train2['buy_mount'].values
```

4. 调试参数

为了验证 14.5.5 节加权深度森林模型改进的有效性，深度森林的参数设置与加权深度森林模型相同。将最优参数导入模型进行训练，森林数量 num_forests 为 2，决策树棵树 num_estimator 为 100，允许的最大级联层数 max_layer 为 10，决策树最大深度 max_depth 为 100，并采取 5 折交叉验证。

```
# 最优参数进行训练
start=time.time()
clf=gcForest(num_estimator=100,num_forests=2,max_layer=10,max_depth=1,n_
fold=5)
clf.train(train_X,train_Y,train_weight)
end=time.time()
print("run time:"+str(end-start)+" sec")
```

5. 用测试集进行预测

输出预测结果、平均绝对误差和均方误差。

```
# 对测试集进行预测
predit_test_Y=clf.predict(test_X)
end=time.time()
mae,mse=get_metric(test_Y,predit_test_Y)
print('mae:',mae,'mse:',mse)
```

输出：

```
mae:10.034347839710854
mse:3483.99044661289
```

DF 模型最终预测的平均绝对误差为 10.034，均方误差为 3 483.99，性能比 PNN 模型有了较大提升。

14.5.5 加权深度森林模型

虽然深度森林算法性能优越，但将其应用于电商企业商品销量预测时仍存在一定缺陷。由于深度森林中每棵子树的预测准确率差异较大，对每棵子树的预测结果取平均值容易放大部分子树的错误预测，进而影响整个森林的预测效果，而且随着级联森林不断扩展级数，这种错误有可能会被进一步放大。

为了解决这个问题，提出了一种依据各个子树的预测准确率来计算每一级森林中各个子树权重的加权深度森林预测模型（weighted deep forest，WDF），来提高深度森林的预测准确率。依据该子树预测准确率与预测错误率的比值占该级森林所有子树比值之和的比重为该子树分配权重，子树 T_n 的权重 W_n 计算公式如下所示：

$$W_n = \frac{e^{-\left(\frac{y_n}{1-y_n}\right)^2}}{\sum\limits_{i=1}^{N} e^{-\left(\frac{y_i}{1-y_i}\right)^2}} \qquad (14-3)$$

按照该公式，子树的预测准确率越高，则子树的权重越大，平方操作后预测准确率较高的子树与预测准确率较低的子树权重差距较为明显。权重设计代码如下，共设计了四种权重计算方式，即 func_types1-func_types4，可比较不同权重计算方式对算法改进的有效性，本文采用 func_types1。

```
def optional_weight_func(self,tree_true,tree_false,func_types):
    import math
    if func_types==1:
            index_m=math.pow((tree_true-tree_false),2)
        func_m=math.exp(-index_m/(tree_true+tree_false))
            index_b=math.pow(tree_true,2)
        func_b=math.exp(-index_b/(tree_true+tree_false))
    if func_types==2:
        index_m=abs(tree_true-tree_false)
        func_m=math.exp(-index_m/(tree_true+tree_false))
        index_b=tree_true
        func_b=math.exp(-index_b/(tree_true+tree_false))
    if func_types==3:
            index_m=math.pow((tree_true/tree_false),2)
        func_m=math.exp(-index_m/(tree_true+tree_false))
        index_b=math.pow(tree_true,2)
        func_b=math.exp(-index_b/(tree_true+tree_false))
    if func_types == 4:
        auc_k=tree_true/(tree_true+tree_false)-0.0001
        func_m=-math.pow(auc_k/(1-auc_k),2)
        func_b=math.exp(func_m)
    return func_m,func_b
def improved_weight_index(self,tree_true,tree_false,func_types=1,balance_
factor=0.2):
    if func_types<4:
        func_m,func_b=self.optional_weight_func(tree_true,tree_false,func_types)
        weight_k=(balance_factor* func_m)+(1-balance_factor)* func_b
    else:
        weight_k=self.optional_weight_func(tree_true,tree_false,func_types)
    return weight_k
def total_weight_computer(self,tree_judgment_list,func_types,balance_factor):
    tree_judgment_trans=tree_judgment_list.T
```

```
        total_weight=0
        for sample_data in tree_judgment_trans:
            sample_data_len=len(sample_data)
            tree_true=sample_data.sum()
            tree_false=sample_data_len-tree_true
            total_weight+=self.improved_weight_index(tree_true,tree_false,func_
types,balance_factor)
        return total_weight
    def is_prediction_correct(self,y_hat_list,y,err_pct):
        y_hat_len=len(y_hat_list[0])
        tree_judgment_list=[]
        for y_hat in y_hat_list:
            judgment_list=[]
            for i in range(y_hat_len):
                y_hat_i=y_hat[i]
                y_left=(1-err_pct)*y[i]
                y_right=(1+err_pct)*y[i]
                if y_left<=y_hat_i and y_hat_i<=y_right:
                    judgment_list.append(1)
                else:
                    judgment_list.append(0)
            judgment_list=np.array(judgment_list)
            tree_judgment_list.append(judgment_list)
        return tree_judgment_list
    def subtree_weight_calculation(self,tree_judgment_list,func_types,balance_factor):
        weight_list=[]
        for tree_data in tree_judgment_list:
            tree_data_len=len(tree_data)
            tree_true=tree_data.sum()
            tree_false=tree_data_len-tree_true
            weight_i=self.improved_weight_index(tree_true,tree_false,func_types,
balance_factor)
            weight_list.append(weight_i)
            weight_list=np.array(weight_list)
        total_weight=weight_list.sum()
        weight_list=weight_list/total_weight
        return weight_list
    def dynamic_weighting(self,y_hat_list,y,err_pct,func_types,balance_factor):
        y_hat_list=np.array(y_hat_list)
        y_hat_len=len(y_hat_list[0])
        weight_k=0
        tree_judgment_list=self.is_prediction_correct(y_hat_list,y,err_pct)
        tree_judgment_list=np.array(tree_judgment_list)
```

```
        total_weight=self.total_weight_computer(tree_judgment_list,func_types,bal-
    ance_factor
        weight_list=self.subtree_weight_calculation(tree_judgment_list,func_types,
    balance_factor)
        tree_weight_list=weight_list
        y_hat_trans=y_hat_list.T
        y_hat_pre=np.dot(y_hat_trans,tree_weight_list.T)
        out_weight_list=tree_weight_list.T
        return y_hat_pre,out_weight_list
```

改进的加权深度森林算法步骤如下：

（1）步骤 1：将训练数据集和测试数据集输入深度森林模型。

（2）步骤 2：利用训练数据集训练子树，生成该子树的类向量。

（3）步骤 3：首先根据每棵子树的预测准确率计算得到每一级森林中各个子树的权重，加权求和得到每棵子树的类向量，找出在训练数据集上级联森林中预测准确率最高的一级，将该级森林在测试数据集上的预测结果作为整个森林的预测结果。

① 步骤 3-1：计算得到当前子树的权重；

② 步骤 3-2：根据各个子树的权重计算森林对每个样本所输出的类向量；

③ 步骤 3-3：对预测结果进行判断，确定是否继续扩展下一级。如果是中间级，将上一级的类向量组合原始数据特征向量作为下一级的输入，以此类推；如果是最后一级，将这一级的类向量输出，得到最终预测结果。

1. 导入相关包

```
# 导入库
import numpy as np
from gcForest import*
from time import time
import pandas as pd
from sklearn.metrics import make_scorer
import time
```

2. 导入数据

```
# 文件路径
file_path='../../data/raw_data/'#根据实际情况更改文件路径
deal_path='../../data/deal_data/'#根据实际情况更改文件路径
# 读取数据
train1=pd.read_csv(deal_path+'train1.csv')
train2=pd.read_csv(deal_path+'train2.csv')
```

3. 数据处理

```
# 删除缺失值
train1.dropna(inplace=True)
train2.dropna(inplace=True)
```

```
# 数据标签
train_X=train1.drop(['buy_mount '],axis=1).values
train_Y=train1['buy_mount '].values
test_X=train2.drop(['buy_mount '],axis=1).values
test_Y=train2['buy_mount '].values
```

4. 权重和测试文件

```
# 权重和测试文件
train_weight=[1]* len(train_Y)
test_file=''
```

5. 调试参数

深度森林中森林的构建是模型建立的中心，而森林的核心在于决策树，所以决策树的数量和深度的设置对整个算法的分类效果以及计算效率十分重要。将最优参数导入模型进行训练，森林数量 num_forests 为 2，决策树棵树 num_estimator 为 100，允许的最大级联层数 max_layer 为 10，决策树最大深度 max_depth 为 100，并采取 5 折交叉验证。

```
# 最优参数进行训练
start=time.time()
clf=gcForest(num_estimator=100,num_forests=2,max_layer=10,max_depth=1,n_
fold=5)
clf.train(train_X,train_Y,train_weight)
end=time.time()
print("run time:"+str(end-start)+" sec")
```

6. 用测试集进行预测

输出预测结果、平均绝对误差和均方误差。

```
# 对测试集进行预测
predit_test_Y=clf.predict(test_X)
mae,mse=get_metric(test_Y,predit_test_Y)
print('mae:',mae,'mse:',mse)
```

输出：

```
mae:6.034947839710854
mse:2083.97044661289
```

WDF 模型最终预测的平均绝对误差为 6.035，均方误差为 2 083.97。可见加权深度森林模型求解的预测值和真实值差距较小，性能比 DF 模型有较大提升，可以在实践中用于预测电商企业商品销量。

14.6 预测结果对比分析

各个模型的平均绝对误差（MAE）和均方误差（MSE）结果如表 14-16 所示，预测结果对比分析如下。

表 14-16　各模型评价指标结果

模型	平均绝对误差（MAE）	均方误差（MSE）
随机森林模型（RF）	34.034	5 483.99
XGBoost 模型（XGB）	26.339	4 567.857
深度神经网络模型（DNN）	18.868	6 112.893
深度森林模型（DF）	10.034	3 483.99
加权深度森林模型（WDF）	6.035	2 083.97

（1）随机森林作为深度森林的基础模型，对于一些较为简单的问题往往能取得较好的分类效果。由于随机森林中会出现许多相似的决策树来掩盖真实结果，平均绝对误差和均方误差都比较大，因此在预测商品销量时表现较差。

（2）由于 XGBoost 模型需要利用预排序和近似算法降低寻找最佳分裂点的计算量，但在节点分裂过程中仍需要遍历数据集，预排序过程的空间复杂度过高，不仅需要存储特征值，还需要存储特征对应样本的梯度统计值的索引，相当于消耗了两倍的内存。因此 XGBoost 模型依然表现出较大的劣势，这体现了对于此类非线性高维度商品销量数据来说，传统机器学习模型预测能力已经受到限制。

（3）由于深度神经网络需要大量的训练数据，拥有较多的超参数数量且依赖于调整超参数，因此深度神经网络的预测效果仍显不足。

（4）由于深度森林中每棵子树的预测准确率差异较大，对每棵子树的预测结果取平均值容易放大部分子树的错误预测，进而影响整个森林的预测效果，而且随着级联森林不断扩展级数，这种错误有可能会被进一步放大，因此深度森林模型预测结果也有较大的误差。

（5）加权深度森林的平均绝对误差值和均方误差值在所有模型中均是最小，说明加权深度森林模型的预测值与真实值偏差较小，加权深度森林模型的预测优势更加明显。

综上所述，加权深度森林模型在电商企业商品销量预测中具有较高的准确性。电商企业可根据正确及时的商品销量预测结果制定可靠的决策，包括采购计划、商品调拨和库存决策等，需要以时间最短和成本最低为目标将商品送达给消费者，以提高消费者满意度和电商企业竞争优势。

第15章 区域物流需求量预测

15.1 项目分析

物流业是融合运输、仓储、货代、信息等产业的复合型服务业，是支撑国民经济发展的基础性、战略性产业。加快发展现代物流业，对于促进产业结构调整、转变发展方式、提高国民经济竞争力和建设生态文明具有重要意义。地区物流需求的定量分析对于各种地区物流发展政策、地区物流规划有着重大意义。目前关于物流需求预测方法的研究，主要分为以下几类：（1）传统的统计学方法，即灰色理论模型、多元回归模型、ARIMA 模型等；（2）基于神经网络的预测方法，即 BPNN（反向传播神经网络）、RBF 神经网络、MLP（多层感知器）、GRNN（广义回归神经网络）等；（3）支持向量机的预测方法，其中惩罚系数和径向基核函数 gamma 的选择是关键，由此延伸了众多寻优算法优化的支持向量机，如网格划分（grid search）、GA（遗传算法）、PSO（粒子群算法）等；（4）上述方法的集成融合。

近年来，深度学习作为一种新的机器学习算法在图像识别、语音识别、自然语言处理等人工智能领域有着广泛地应用，尤其是图像领域。2012 年 CNN 网络 AlexNet 在 ImageNet 比赛中突出的表现，使得 CNN 的研究成为热点，并延伸出众多分类性能更为突出的深度学习网络如 VGG、GoogLeNet、ResNet 等。随着模型深度不断增长，百万级当量数据集 Top-5 的错误率降到了 3.5% 附近，已经超过了人眼识别精度。鉴于其优良的学习性能，深度学习也开始广泛地应用于目标变量的预测中。但是目前在物流需求预测领域，模型的建立仍然以支持向量回归机为主，深度学习网络研究尚为数不多。本章提出了基于循环神经网络（recurrent neural network，RNN））的物流预测方法，对某地区物流需求量进行更精准地预测，对地区物流发展政策、物流规划有着重大意义。

15.2 数据描述

选取某地区货运量（y）作为物流需求的目标变量。在相关文献的基础上，选取地区生产总值（x_1）、人均地区生产总值（x_2）、地区生产总值_第一产业（x_3）、地区生产总值_第二产业（x_4）、地区生产总值_第三产业（x_5）、总人口数（x_6）、进出口总额（x_7）、居民消费支出（x_8）、社会消费品零售总额（x_9）、地区生产总值_农林牧渔业（x_{10}）、地区生产总值_建筑业（x_{11}）、地区生产总值_交通运输、仓储和邮政业（x_{12}）、全社会固定资产投资（x_{13}）、居民消费价格总指数（x_{14}）作为目标预测的属性变量。数据来源于某地区统计局网站和国家统计局网站，如 1980—2020 年某地区物流需求量及其影响因子数据.csv 文件所示。

通过对 1980—2020 年某地区物流需求量数据进行探索性分析，从图 15-1 中可以发现：从 2007 年开始，某地区物流需求量进入加速上升期，2017 年物流需求量出现了短暂的下降。从 2019 年开始，某地区物流需求量开始进入加速平缓期。针对未来某地区物流需求量的预测，可以根据物流需求量随时间的变化趋势进行预测。

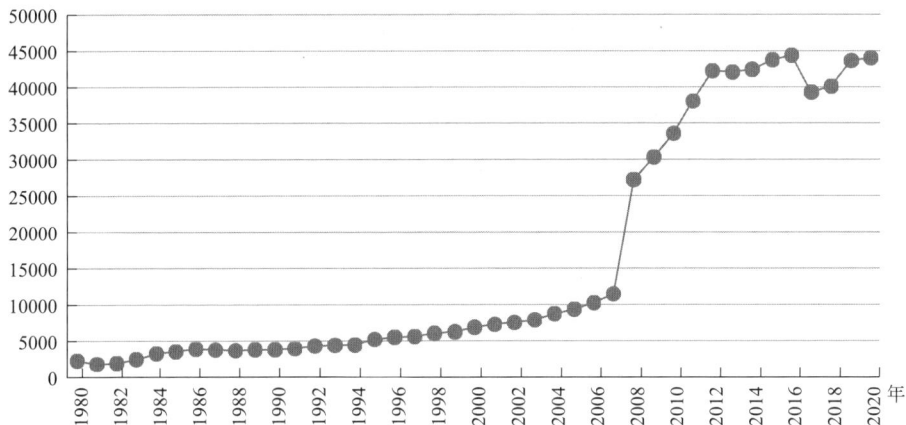

图 15-1　1980—2020 年某地区物流需求量变化趋势

将 1980—2010 年的货运量及其所对应的影响因子数据作为训练集，2011—2020 年的货运量及其所对应的影响因子数据作为测试集，并对原始输入数据归一化，预测完成后逆向处理，得到预测值。以均方误差（mean square error，MSE）和平均绝对百分比误差（mean absolute percentage error，MAPE）为评价指标，验证其预测精度，公式如下所示。

$$MSE = \frac{1}{m} \sum_{i=1}^{m} \| y_i - \hat{y_i} \|^2 \tag{15-1}$$

$$MAPE = \frac{100\%}{m} \sum_{i=1}^{m} \frac{(y_i - \hat{y}_i)^2}{y_i} \tag{15-2}$$

式中，y 是真实的数据，$\hat{y}$ 是预测的数据，m 是测试数据集的大小。

15.3　模型构建

循环神经网络是一类具有短期记忆能力的神经网络，其主要用途是处理和预测序列数据。从网络结构上看，循环神经网络会记忆之前的信息，并利用之前的信息影响后面结点的输出。RNN 的隐藏层之间的结点是有连接的，隐藏层的输入不仅包括输入层的输出，而且

包括上一时刻隐藏层的输出。本节将构建循环神经网络模型预测某地区物流需求量，代码
如下。

1. 导入相关包

```
import numpy as np
import tensorflow as tf
from tensorflow. keras. layers import Dropout,Dense,SimpleRNN
import matplotlib. pyplot as plt
from matplotlib. pyplot import MultipleLocator
import os
import pandas as pd
from sklearn. preprocessing import MinMaxScaler
from sklearn. metrics import mean_squared_error,mean_absolute_error
import math
```

2. 读取数据

数据源于某地区统计局网站，数据完整且无缺失值和异常值，数据量较小，因此不需要
进行数据预处理。

```
# 读取文件
demand=pd. read_csv('C:/Users/灰灰/Desktop/物流需求量预测/处理后数据:某地区物流需求
量数据.csv')
```

3. 划分训练集和测试集

将 1980—2010 年的货运量及其所对应的影响因子数据作为训练集，2011—2020 年的货
运量及其所对应的影响因子数据作为测试集。

```
training_set=demand. iloc[0:41-10,1:16]. values
test_set=demand. iloc[41-10:,1:16]. values
```

4. 对数据进行归一化处理

数据标准化对于时间序列数据非常重要，在此运用 MinMaxScaler（）函数对数据进行规
范化。需要注意的是数据标准化仅应用于训练数据，而不用于测试集，如果对测试集进行归
一化处理，则某些信息可能会从训练集进入到测试集中。

```
# 归一化
sc=MinMaxScaler(feature_range=(0,1))   # 定义归一化:归一化到(0,1)之间
training_set_scaled=sc. fit_transform(training_set)   # 求得训练集的最大值,最小值这
些训练集固有的属性,并在训练集上进行归一化
test_set=sc. transform(test_set)   # 利用训练集的属性对测试集进行归一化
x_train=[]
y_train=[]
x_test=[]
y_test=[]
```

5. 增加货运量特征

利用 for 循环，遍历整个训练集，提取训练集中连续 3 年的货运量作为输入特征 x_train，即用前三年的货运量预测下一年的货运量。

```
for i in range(3,len(training_set_scaled)):
    x_train.append(training_set_scaled[i-3:i,1:15])
    y_train.append(training_set_scaled[i,0])
```

6. 对训练集进行打乱

```
np.random.seed(5)
np.random.shuffle(x_train)
np.random.seed(5)
np.random.shuffle(y_train)
tf.random.set_seed(5)
```

7. 将训练集由 list 格式变为 array 格式

```
x_train,y_train=np.array(x_train),np.array(y_train)
x_train=np.reshape(x_train,(x_train.shape[0],x_train.shape[1],14))
for i in range(3,len(test_set)):
    x_test.append(test_set[i-3:i,1:15])
    y_test.append(test_set[i,0])
x_test,y_test=np.array(x_test),np.array(y_test)
x_test=np.reshape(x_test,(x_test.shape[0],3,14))
```

8. 建立 RNN 模型

神经元的个数指每层网络结构的神经元的个数，神经元个数太少会导致欠拟合，个数太多会导致过拟合。第一层循环核中神经元的个数为 80，第二层循环核中神经元的个数为 100，return_sequences=True 代表返回全部时刻，return_sequences=False 表示返回最后时刻，因为输出值是每一年的物流需求量，只有一个值，所以 Dense 是 1。

```
model=tf.keras.Sequential([
    SimpleRNN(80,return_sequences=True),
    Dropout(0.2),
    SimpleRNN(100),
    Dropout(0.2),
    Dense(1)
])
```

9. 定义损失函数

优化器是指深度学习模型寻找全局最优时所选取的优化算法，此处优化器采用 Adam，因为 Adam 优化算法在优化过程中会更新学习率，因而学习效果更为有效、收敛速度也更快。学习率是指模型每次进行梯度下降时更新的速率，是一个非常重要的超参数，此处学习率为 0.01。损失函数采用均方误差，该指标只观测 loss 数值，不观测准确率，所以删去

metrics 选项，在每个 epoch 迭代显示时只显示 loss 值。

```
model.compile(optimizer=tf.keras.optimizers.Adam(0.01),
            loss='mean_squared_error')   #损失函数用均方误差
checkpoint_save_path="./checkpoint/demand.ckpt"
if os.path.exists(checkpoint_save_path+'.index'):
    print('-------------load the model----------------')
    model.load_weights(checkpoint_save_path)
cp_callback=tf.keras.callbacks.ModelCheckpoint(filepath=checkpoint_save_path,
                                save_weights_only=True,
                                save_best_only=True,
                                monitor='val_loss')
```

10. 保存模型

批处理个数 batch_size，表示一次训练所选取的样本数，其大小会影响模型的优化程度和速度。迭代次数 epoch，表示在训练集上进行训练的次数，每一个训练周期都会输出一个误差损失。经过多次实验，最后确定批处理个数 batch_size = 12，迭代次数 epochs = 200。

```
history=model.fit(x_train,y_train,batch_size=12,epochs=200,validation_data=
(x_test,y_test),validation_freq=1,callbacks=[cp_callback])
model.summary()
```

11. 参数提取

```
file=open('weights7.txt','w')
for v in model.trainable_variables:
    file.write(str(v.name)+'\n')
    file.write(str(v.shape)+'\n')
    file.write(str(v.numpy())+'\n')
file.close()
```

12. 生成 loss 曲线

损失函数采用均方误差，绘制出训练集损失函数曲线和测试集损失函数曲线，如图 15-2 所示，可以看出两条曲线都在趋于下降。

```
loss=history.history['loss']
val_loss=history.history['val_loss']
plt.plot(loss,label='Training Loss')
plt.plot(val_loss,label='Validation Loss')
plt.title('Training and Validation Loss')
plt.legend()
plt.show()
```

输出结果如图 15-2 所示。

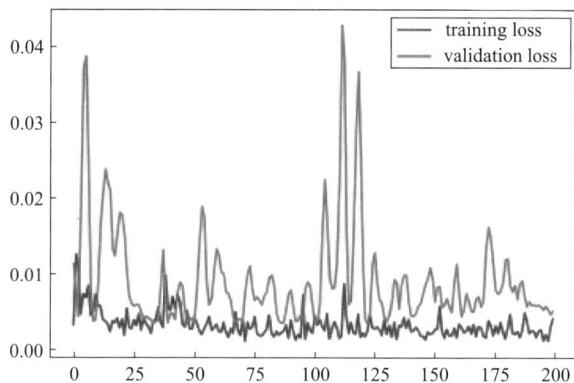

图 15-2　损失函数曲线

13. 将测试集输入模型进行预测

```
################## predict #####################
predicted_demand=model.predict(x_test)
predicted_demand=np.concatenate((predicted_demand,test_set[3:,1:]),axis=1)
predicted_demand=sc.inverse_transform(predicted_demand)
predicted_demand=predicted_demand[:,0]
```

14. 对真实数据还原

将数据从（0，1）反归一化到原始范围。

```
real_demand=sc.inverse_transform(test_set[3:])
real_demand=real_demand[:,0]
```

15. 画出真实数据和预测数据的对比曲线

输出真实物流需求量和预测物流需求量，并画出 2014—2020 年的物流需求量对比图。

```
plt.rcParams['font.sans-serif']=['SimHei'] #用来正常显示中文标签
plt.rcParams['axes.unicode_minus']=False #用来正常显示负号
fig,axes=plt.subplots(figsize=(6,6))
xticks=range(0,7,1)
xtickslabel=range(2014,2021,1)
axes.set_xticks(xticks)
axes.set_xticklabels(xtickslabel)
plt.xlabel('年份')
plt.plot(real_demand,color='green',label='实际值')
print(real_demand)
plt.plot(predicted_demand,color='red',label='预测值')
print(predicted_demand)
plt.ylabel('物流需求量')
plt.title('预测结果图')
plt.legend()
plt.show()
```

输出结果如图 15-3 所示。

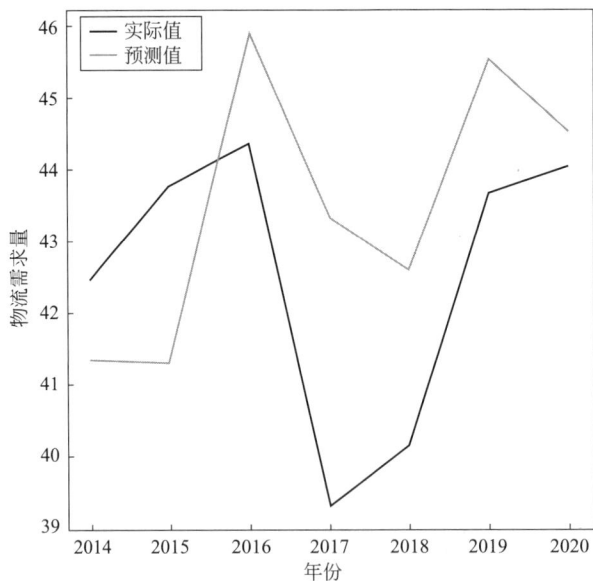

图 15-3 预测结果图

16. 输出均方误差和平均绝对百分比误差

```
#evaluate
mse=mean_squared_error(predicted_demand,real_demand)
def mape(y_true,y_pred):
    return np.mean(np.abs((y_pred-y_true)/y_true))*100
mape1=mape(real_demand,predicted_demand)
print('均方误差:%.6f '% mse)
print('平均绝对百分比误差:%.6f '% mape1)
```

输出：

均方误差:5.07
平均绝对百分比误差:4.77

15.4 预测结果分析

实验运行结果显示，基于 RNN 模型预测某地区物流需求量的均方误差为 5.07，平均绝对百分比误差为 4.77%，误差较小。RNN 模型在时间序列数据上具有记忆能力从而实现信息取舍，对时间序列数据预测精度较高。

参 考 文 献

［1］佘莉，刘闯，韩筱璞，等. 商务数据分析［M］. 北京：清华大学出版社，2016.

［2］吴洪贵. 商务数据分析与应用［M］. 北京：高等教育出版社，2019.

［3］MATTHES E. Python 编程：从入门到实践［M］. 袁国忠，译. 北京：人民邮电出版社，2016.

［4］斋藤康毅. 深度学习入门：基于 Python 的理论与实现［M］. 陆宇杰，译. 北京：人民邮电出版社，2018.

［5］胡华江，杨甜甜. 商务数据分析与应用［M］. 北京：电子工业出版社，2018.

［6］坎姆，科克伦，弗里，等. 商业数据分析［M］. 耿修林，宋哲，译. 北京：机械工业出版社，2017.

［7］赵卫东. 机器学习案例实战［M］. 北京：人民邮电出版社，2019.

［8］MCKINNEY W. 利用 Python 进行数据分析［M］. 唐学韬，等译. 北京：机械工业出版社，2014.

［9］陈彦斌，刘玲君，陈小亮. 基于深度学习 LSTM 模型的通货膨胀率预测研究［J/OL］. 财经问题研究：1 - 14 ［2021 - 09 - 15］. http：//kns. cnki. net/kcms/detail/21. 1096. F. 20210407. 1325.

［10］姚登举. 面向医学数据的随机森林特征选择及分类方法研究［D］. 哈尔滨：哈尔滨工程大学，2016.

［11］殷林飞. 基于深度强化学习的电力系统智能发电控制［D］. 广州：华南理工大学，2018.

［12］魏辉. 基于深度学习的电商企业商品销量预测研究［D］. 北京：北京物资学院，2020.